The Works of William Herebert, OFM

edited by
Stephen R. Reimer

William Herebert was well-known among English Franciscans of his time as the forty-third Lector in Theology at the Franciscan Convent in Oxford, in about 1317-1319. In that capacity, he was the successor to William of Alnwick, and he may have been among the teachers of William of Ockham. He undertook a special study of the works of Roger Bacon, collecting and annotating manuscripts of Bacon's works for the Library of the Oxford Convent.

Herebert's extant works consist of six sermons in Latin (with three additional sermon outlines) and twenty-three lyrics in Middle English. While most of the lyrics have been previously published, they are here newly re-edited and brought together as a complete collection for the first time in print. The sermons have not previously been published. At least three of them are known to have been preached by Herebert while he was in Oxford, and one of these is dateable to the 9th of June 1314. The sermons include some fragments of English verse, and it is possible that Herebert's English lyrics were intended for similar use in the pulpit. The lyrics are, for the most part, translations of hymns and liturgical pieces, with two translations from Nicholas Bozon's Anglo-Norman verse sermons and with two original compositions. These works, both sermons and lyrics, appear in a single manuscript (BL MS Addit. 46919), copied in Herebert's own hand and revised from time to time by himself. Thus we have here an almost unique opportunity to study the notebook of a medieval poet and preacher in several stages of authorial revision.

The introduction in this edition summarizes what is known of Herebert's life, lists the manuscripts known to have been in his possession at one time or another, and surveys the contents of his "Commonplace Book" which includes his own works. The sermons and lyrics are discussed at length, particularly in terms of their style and technique. The volume also has full textual apparatus, notes, bibliography, and indices to names and scriptural citations.

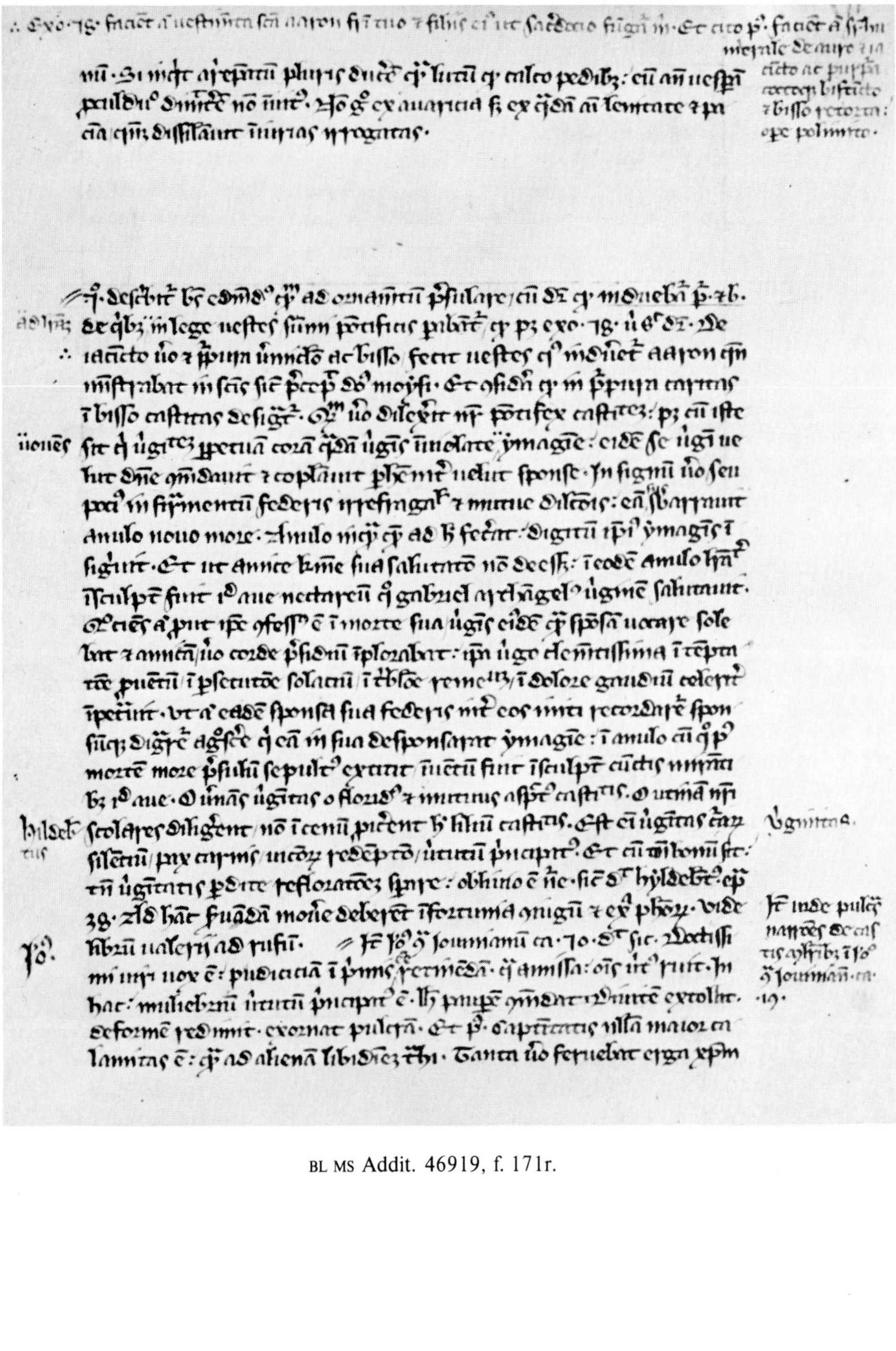

BL MS Addit. 46919, f. 171r.

STUDIES AND TEXTS 81

The Works of
William Herebert, OFM

edited by

Stephen R. Reimer

PONTIFICAL INSTITUTE OF MEDIAEVAL STUDIES

Acknowledgment

This book has been published with the help of a grant
from the Canadian Federation for the Humanities,
using funds provided by the Social Sciences
and Humanities Research Council of Canada

CANADIAN CATALOGUING IN PUBLICATION DATA

Herebert, William, ca. 1270-1333
  The works of William Herebert, O.F.M.

(Studies and texts, ISSN 0082-5328 ; 81)
Text in Latin and Middle English. Introduction in English.
Bibliography: p.
Includes index.
ISBN 0-88844-081-2

I. Reimer, Stephen R. (Stephen Ray), 1955- .   II. Pontifical Institute of
Mediaeval Studies.   III. Title.   IV. Series: Studies and texts (Pontifical Institute
of Mediaeval Studies) ; 81.

PR1990.H47A16 1987   821'.1   C87-093878-9

© 1987 by
Pontifical Institute of Mediaeval Studies,
59 Queen's Park Crescent East,
Toronto, Ontario, Canada M5S 2C4

PRINTED BY UNIVERSA, WETTEREN, BELGIUM

Distributed outside North America by
E. J. Brill, Postbus 9000,
2300 PA Leiden, The Netherlands
Brill ISBN 90 04 08322 7

64,018

To
DR. ALICE HAMILTON

"Dame," quod he, "God yeve yow right good lyf!
Ye han heer touched, also moot I thee,
In scole-matere greet difficultee.
Ye han seyd muche thyng right wel, I seye;
But, Dame, heere as we ryde by the weye,
Us nedeth nat to speken but of game,
And lete auctoritees, on Goddes name,
To prechyng and to scole eek of clergye."

Contents

Abbreviations viii
Acknowledgments ix
Introduction 1

WILLELMI HEREBERT OPERA

Sermo 1, In Dominica secunda post Epiphaniam 29
Sermo 2, In Epiphania 45
Sermo 3, In festo Translationis Sancti Edmundi 57
Sermo 4, In Cena Domini 71
Sermo 5, In occasione incerta 89
Sermo 6, In Circumcisione Domini 93
Sermon Outlines 107
Poems 111

Appendix: Sermo 7, In festo Translationis Sancti Thomae 139
Bibliography 149
Index of Scriptural Passages 163
Index of Names 168

Abbreviations

AH	*Analecta hymnica medii aevi.*
Brev. Rom.	*Breviarium Romanum.*
CCSL	Corpus Christianorum Series Latina.
CH	*The Canterbury Hymnal,* ed. Gernot R. Wieland.
CSEL	Corpus Scriptorum Ecclesiasticorum Latinorum.
DH	*A Dictionary of Hymnology,* 2nd ed., ed. John Julian.
Index	*The Index of Middle English Verse.*
Index, Supp.	*The Supplement to the Index of Middle English Verse.*
Luria and Hoffman	*Middle English Lyrics,* eds. Maxwell S. Luria and Richard L. Hoffman.
MED	*A Middle English Dictionary,* eds. Hans Kurath, *et al.*
OED	*Oxford English Dictionary*
PG	Patrologiae Cursus Completus Series Graeca.
PL	Patrologiae Cursus Completus Series Latina.
Rel. Ant.	*Reliquiæ Antiquæ,* eds. Thomas Wright and James Orchard Halliwell.
RL14	*Religious Lyrics of the XIVth Century,* ed. Carleton Brown.
Stratmann	Francis Henry Stratmann, *A Middle-English Dictionary,* 2nd ed.
TH	*Thesaurus hymnologicus,* ed. Hermann A. Daniel.

In addition, the textual apparatus, beyond the standard abbreviations, makes use of the following:

BM	bottom margin
canc.	cancelled (expuncted)
corr.	corrected (by the author)
foll.	followed
LM	left margin
RM	right margin
TM	top margin

Acknowledgments

My initial transcription of the works of Friar William Herebert was under-taken as a preliminary stage in the production of my doctoral dissertation, completed under the supervision of Professor E. Ruth Harvey; though now invisible, Professor Harvey's corrective hand is present on every page of this edition. For this, and for all that she had taught me over the years of our close association, I offer my thanks.

Professor George Rigg has also read, in typescript, this edition of Herebert's sermons and has suggested many corrections and identified several quotations which I had not recognized. A number of other members of the faculty of the University of Toronto and of the Pontifical Institute of Mediaeval Studies, notably Professor Denton Fox, Fr. Leonard Boyle (now of the Vatican Library, Rome), Fr. Osmund Lewry, and Professor Andrew Hughes, have read portions of this work in various forms, and offered advice on a number of matters relative to this work; I am grateful to all for their contributions.

I also wish to thank the librarians and staff of the University of Toronto Library System, the Pontifical Institute of Mediaeval Studies, the British Library, the Bodleian Library, the libraries of Merton and Queen's Colleges in Oxford, and the library of Hereford Cathedral for the various services which they have rendered to me. I am also indebted to the Department of English of the University of Toronto and to Erindale College for computer funding at various stages of this project, as also to various members of the staff of the University of Toronto Computing Service for much useful advice.

Not least, I here express my gratitude to my wife, Louise, whose patience and encouragement may be considered the *causa efficiens* of this edition.

Introduction

The Latin sermons and Middle English lyrics of Friar William Herebert are contained in a unique, autograph copy in his "Commonplace Book" (London, British Library, MS Addit. 46919). In the sea of anonymity surrounding most Middle English poetry prior to the time of Chaucer, Herebert's name takes on a special importance as one of the few which have been preserved for us. This, together with the preservation of his works in autograph, complete with authorial revisions, provides us with a truly exceptional opportunity for insight into the creation of a collection of medieval literary and didactic pieces.

I

Of the life of William Herebert we know little. For his birth in Wales and his death in the year 1333 we have no earlier an authority than the sixteenth-century cataloguer John Bale, who adds these details to the account of Herebert's life which he found in Leland's *Commentarii de Scriptoribus Britannicis*. The seventeenth-century cataloguer, Fr. Luke Wadding, elaborates slightly upon Bale's statement of Herebert's Welsh birth, claiming for Herebert an "illustrious" Welsh family.[1]

Assisi, Bibl. com., MS 158, which includes a list of disputations held at Cambridge in the latter part of the thirteenth century, lists among the respondents to John Trussebut (in about 1280) one "Herb." The editor of this list, F. Pelster, has suggested that this "Herb." may have been our William Herebert, but he admits that the likelihood is small.[2] Given the great length of time between the date of this disputation and Herebert's known university career in the 1310s, and given the number of other men whose names might fit here equally well, we can hardly accept this as useful evidence of Herebert's activities in this period.

Similarly, the *Lanercost Chronicle* includes, under the year 1290, a tale of an act of impiety against the Host committed at Easter-tide by a Jew with

---

[1] John Bale, *Scriptorum illustrium maioris Britanniae catalogus* (1557-1559; rpt. Farnborough, 1971), 1:404, elaborating upon John Leland's *Commentarii de Scriptoribus Britannicis*, ed. Anthony Hall (Oxford, 1709), 2:304. Helmut Gneuss in his article, "William Hereberts Übersetzungen," *Anglia* 78 (1960) 170, accepts Bale's statement without reservation despite the absence of any collaborating evidence. For Wadding's entry on Herebert, see his *Scriptores Ordinis Minorum* (1650; rpt. Rome, 1906), p. 153.

[2] Andrew G. Little and F. Pelster, *Oxford Theology and Theologians, c. A.D. 1282-1302*, Oxford Historical Society no. 96 (Oxford, 1934), pp. 87-88, 114.

the aid of a female Christian serving in his household. The streams of blood
from the mutilated Host led to the discovery of the sin, and both the Jew and
his Christian servant were condemned: the Jew was drawn and hanged, and
both he and the woman were burnt. But the Chronicler adds:

> Et tamen frater W. Herbert, qui vidit, aliter refert; dicit quod mulier poenituit,
> episcopum adiit, factum retulit et salvata fuit. . . .[3]

The tale is, of course, nothing more than the common mutilation tale told at
various times of various Jews, but it is difficult to know whether the
reference to "frater Herbert" can be dismissed as merely an attempt to
provide verisimilitude or whether it should be regarded as historical
evidence. That this "frater Herbert," in Paris at Eastertide of 1290, was the
same as the author of the works we are about to examine has been generally
accepted.[4] A.G. Little, in his article on Herebert in the *Dictionary of
National Biography* (9:669), has gone so far as to call this the single "date
of any certainty" in the biography of our author. There is, however, no
corroborative evidence, either in the works of Herebert himself or
elsewhere, that our author was ever in Paris, and Little might have done
better to temper his statement and leave it as one of possibility rather than
certainty.

Two small items of chronological and geographical evidence provide
somewhat more certain information for the biography of Herebert. In two
manuscripts of the Franciscan Chronicle by Brother Thomas (known as
"Thomas of Eccleston" since Bale first referred to him by that appellation),
appears a list, seemingly in chronological order, of the Lectors to the
Franciscan convent at Oxford down to about 1350. The list has been found
to be generally reliable and has been accepted as an important source for the
history of the Oxford convent. This listing includes the entry: "43. frater
Willelmus Herberd, iacet Herefordiae"; from this position in the chronological list, we may with some certainty place Herebert at Oxford,

---

[3] *Chronicon de Lanercost*, ed. Joseph Stevenson, Bannatyne Club no. 65 (Edinburgh, 1839), pp.
135-136.

[4] Cf., for instance, Gneuss, "Übersetzungen," pp. 170-171, and A.B. Emden, *A Biographical
Register of the University of Oxford to A.D. 1500* (Oxford, 1957-1959), 2:911. Some of the pieces in
Herebert's "Commonplace Book" are in continental French, and might be cited as evidence that he may
have been to Paris; these, however, are evidence only that he knew the language, with no hint of how he
came to know it.

Another difficulty with this identification is that the *Chronicle* is a decidedly northern production,
showing little awareness of events in southern England. While there are several references for the years
1280-1290 to Oxford (and, particularly, the Oxford Minorites), this reference to "frater W. Herbert"
does not explicitly link him with Oxford; indeed, the name is dropped so casually as to suggest that it
would have been immediately recognizable by the chronicle's northern readership, making it less
probable that this is the same man as the author of the texts edited here.

incepting for his DD, in about the year 1317.[5] Further, the reference to his burial at Hereford suggests that the friary there was his native convent. Both of these implications are quite consistent with the evidence presented by his works as contained in his "Commonplace Book": three of the sermons include headings stating that they were preached by Herebert in Oxford (two in St. Mary's, one "in the pulpit of the Minorites"), and the dialect of the English verses which he composed is clearly that of the South-West Midlands.

The second piece of chronological information which we have comes in the heading to one of Herebert's sermons. The heading to his sermon for the feast of the Translation of St. Edmund Rich specifies that the sermon was delivered in St. Mary's on a Sunday.[6] A.G. Little has argued that this sermon must have been preached in 1314 on the grounds that, in the early fourteenth century, the pulpit of St. Mary's was reserved on Sundays for the Dominicans and the Franciscans preached there only on feast days which fell in mid-week. However, as a result of disputes between the University and the Dominicans during the second decade of the fourteenth century, the Preachers were, for a number of years, suspended from such academic privileges (indeed, for part of this period, they were excommunicated by the Archbishop of Canterbury at the University's request). Thus, 1314 is the only year in which the ninth of June (the feast of St. Edmund's Translation) falls upon a Sunday and in which a Franciscan would have been called upon to give a Sunday sermon in St. Mary's.[7]

[5] On the chronicler's name, see Little's edition, *Fratris Thomae (vulgo dicti de Eccleston)*, *Tractatus de Adventu Fratrum Minorum in Angliam* (Manchester, 1951), p. xxi. The Herebert entry may be found on p. 55. The list of lectors is found in both London, BL, MS Cotton Nero A.ix, ff. 77r-v, and Oxford, Bod., MS Lat. misc. C.75 (*olim* Phillipps 3119), f. 76r. The latter, according to Little's Introduction to the edition just cited, p. xviii, is copied from the former; the former, originally bound together with the "Lamport Fragment" of the Chronicle, London, BL, MS Egerton 3133, was, in the fourteenth century, part of the library of the Franciscan convent at Hereford and was, possibly from about 1308 (see Little's edition, p. 50, n. "j"), in the possession of Herebert himself in whose hand it was corrected and annotated. See Little's edition, pp. xi-xviii, and his "The Lamport Fragment of Eccleston and its Connexions," *English Historical Review* 49 (1934) 299-302.

[6] London, BL, MS Addit. 46919, f. 169r; see the heading of Sermo 3, below. On the use of the cognomen "Rich" in reference to St. Edmund of Abingdon, Archbishop of Canterbury, see my note, "St. Edmund Rich," *Notes and Queries* n.s.30 (1983) 292-293. I there cite the sermon presently under discussion as evidence, against Emden's declaration that this cognomen originated with Anthony Wood, that it does have medieval precedent.

[7] This argument for the dating of the Herebert sermon was first presented by A.G. Little in his article on "The Lamport Fragment," p. 302. The documents relative to the dispute between the Dominicans and the University (which involved, among other things, the statute of 1303 which moved the site of the preaching of examinatory sermons from the friars' halls to St. Mary's), have been edited by Hastings Rashdall and printed in *Collectanea, Second Series*, ed. Montagu Burrows, Oxford Historical Society no. 16 (Oxford, 1890), pp. 193-273. For a general account of the conflict, see Rashdall's *The Universities of Europe in the Middle Ages*, 2nd ed., ed. F.M. Powicke and A.B. Emden (Oxford, 1936), 3:67-74.

Little, however, offers no evidence for his premise that the pulpit of St. Mary's was thus reserved, and, indeed, the Oxford statutes for this period offer no support for such a contention.[8] In Pelster's list of Oxford sermons for the years 1290-1293, there is a marked pattern of Sunday sermons being delivered at the Dominican house and week-day festival sermons at the Franciscan, but there are exceptions (as when the Franciscan Minister General visited in October 1291, and preached on a Sunday). But there is no indication that this division of responsibility for preaching was also applicable to the pulpit of St. Mary's.[9]

Nevertheless, despite this lack of direct support for Little's argument, his conclusion that Herebert's sermon was preached in 1314 seems most probable if we are correct in dating Herebert's inception as having taken place in 1317. The other two nearest possibilities, that is, years in which the ninth of June fell on a Sunday, are 1308 (when the ninth of June was Trinity Sunday, making it unlikely that St. Edmund's translation would be the principal subject of a sermon on that day) and 1325 (some six years after the presumed completion of Herebert's regency). There is no reason to believe that Herebert would have been in Oxford in either of these two years, while it is almost certain that he would have been there in 1314 in order to incept in 1317, and it thus seems safe to assume that 1314 was the year in which the St. Edmund Rich sermon was preached.

In summary, then, Herebert was born, probably not earlier than 1270, in the West, possibly in Wales. He may have been in Paris in 1290, and was probably preaching in Oxford on the ninth of June 1314 (and thus at least of the status of BTh by that time). We know that he assumed the lectorship of the Oxford Franciscan convent upon incepting as DD around 1317, a position which he would have held for two years, and that at some point shortly thereafter he returned to Hereford, which was probably his native convent, where he was buried after his death around 1333.

Herebert's career, as here proposed, places him in Oxford during a period when a number of other notable people had connections there, and it is tempting to speculate on which of these people he may have known personally. Beryl Smalley, in *English Friars and Antiquity in the Early Fourteenth Century*, has written of several most fascinating men known to have been associated with the Oxford Mendicant convents and who shared a certain "classicizing" tendency in their writing, and it would be a matter of great interest to know whether any relations existed between Herebert and this group.[10] Of these friars, the careers of John Ridevall and Robert

[8] See the *Statvta Antiqva Vniversitatis Oxoniensis*, ed. Strickland Gibson (Oxford, 1931), esp. pp. 52-53 and 116-118, for the rules regarding preaching during this period.

[9] For the list of sermons, see Little and Pelster, pp. 155-165, and also see Pelster's discussion of where these sermons were preached, pp. 174-177.

[10] Beryl Smalley, *English Friars and Antiquity in the Early Fourteenth Century* (Oxford, 1960).

Holcot (who incepted in 1331 and 1332, respectively) place them as Herebert's juniors, making it not impossible, but unlikely that Herebert crossed paths with either of them at Oxford. On the other hand, Thomas Waleys is known to have been Lector to the Dominican convent at much the same time as Herebert's regency in the Franciscan, and, although no evidence of such exists, they probably would have had dealings with each other.

Besides the temporal separation of Herebert from the better known of Smalley's friars, there are also temperamental distinctions which would make it a serious error to attempt to link him with them too closely. While he does share, for instance, a fondness for St. Bernard and the Victorines with Ridevall, and for Boethius with Holcot, he does not share their distinctive trait of combining a love of the classics and of the moralized tale.[11] Herebert's use of classical writings was slight indeed, and the number of *exempla* in his sermons can be counted on one hand.

With regard to other personages whom Herebert may have known, Helmut Gneuss has suggested personal acquaintance between Herebert and Roger Bacon, William of Ockham, and John Duns Scotus.[12] With Bacon, who died about 1292, and whose last years were spent in ill health and, possibly, partly in confinement, it would seem unlikely that there was any significant contact, although Herebert is known to have collected and corrected copies of Bacon's works. There is a greater possibility that Herebert might have met Duns Scotus, who seems to have moved between France and England several times between 1290 and his death in 1308. However, there is no mention of Scotus in any of Herebert's extant works nor any other traces of influence.

With regard to William of Ockham, however, there seems a better chance that he and Herebert may have known each other. According to A.B. Emden's *Biographical Register of the University of Oxford*, Ockham entered the Franciscan convent at Oxford about 1308, incepting as BTh about 1317 and giving his lectures on the *Sentences* of Peter Lombard from about 1317 to 1319, at much the same time as Herebert was doing his regency.[13] Thus, though to what effect is unknown, there must have been a great deal of contact, even consultation, between them.

Emden notes further that a remark of Ockham's criticizing certain views of William of Alnwick, Herebert's immediate predecessor in the lectorship, has been preserved in a copy of Walter Chatton's commentary on the *Sentences*. This may be an indication that Ockham had heard Alnwick's

---

[11] Cf. Smalley, *English Friars*, pp. 112 and 152.

[12] "Es ist sehr gut möglich, daß Herebert Roger Bacon und William of Occam–beide ebenfalls Oxforder Franziskaner–und vielleicht auch Johannes Duns Scotus persönlich kannte"; Gneuss, "Übersetzungen," p. 171.

[13] Emden, *Biographical Register*, 2:1384-1387.

regency lectures, at least, if not Herebert's own.[14] Later, in the 1320s and 30s, both Alnwick and Ockham were involved in the disputes concerning evangelical poverty, which first arose in the thirteenth century and which led to many divisions within the Order, and they were united in their opposition to, and flight from, Pope John XXII. Herebert, by contrast, was presumably living quietly and working in Hereford during this crisis; at least, we have no reports of any other activity, and such retirement from this sort of political activity is consistent with the tendency evident in his sermons of avoiding inflammatory issues. He is, for instance, strangely silent on the dispute between the friars and the University over the prerequisite of inception in Arts prior to proceeding to higher degrees in Theology; this issue provoked the suspension of the Dominicans during Herebert's time in Oxford, and was of pressing concern to the members of his own Order as well. He also says nothing about the dispute between the secular clergy and the Mendicants over parochial rights, even though this dispute, too, struck at the very heart of his Order, challenging the rights of friars to preach and hear confession, as the former dispute challenged their right to obtain degrees in Theology. There is, however, one exception to this reticence in Herebert's writings, and it is on the same question of evangelical poverty which so actively engaged Alnwick and Ockham (among others) a decade later. In a sermon for Epiphany, Herebert refers to Luke 2:12, "And this shall be a sign unto you," interpreting the star, the sign of Christ, as the evangelical life, which now is under attack:

> Nonne illi precipue, qui deberent esse stelle et celi luminaria et diuidere noctem ac diem et illuminare terram, precipue contra signa Christi predicta latrant? Sunt enim quidam in maioribus Ecclesiis, oculis sublimes, ocio uacantes, saccum Iohannis odientes, tunicam Benedecti, mattulam Eulalii, lacrimas Arsenii, nuditatem Apostoli, ollam Helysei, cordulam Francisci, baculum et librum Dominici deprauantes. . . . Hii sunt qui iuniores informant contra paupertatem, et retrahunt ad uanitatem, et pertrahunt ad uoluptatem, dicentes mendacium esse ueritatem, et uicium uirtutem, uitam Christi esse uanam, et mundanorum esse sanam. "Stelle namque retraxerunt splendorem suum," Ioel 2<:10>. (S. 2, ll. 199-209)

Such strong words, however, are quite exceptional, and this is the single instance in his extant works of such a public declaration of position in a matter of controversy; his name is not heard among the combatants when this same issue flared into open rebellion and riot a decade later.

---

[14] Emden, *Biographical Register*, 2:1385, citing Paris, BN, MS lat. 15887, f. 71v.

II

Turning to the corpus of Herebert's writings, we again find ourselves faced with a number of uncertainties. Leland, in his brief account of the life and works of Herebert, assigns to him three works: a collection of Quodlibets and two commentaries, one on Deuteronomy, the other on the Apocalypse. Bale, again not satisfied merely to repeat Leland's account, specifies that each of these three was of a single book in length, and that Herebert also wrote "some others."[15] Since Quodlibets were a regular academic exercise, it is possible that Herebert left such a collection, though it has not been found. Further, given the number of references in his sermons to the Apocalypse, it is not inconceivable that he had done some special work on that book, perhaps for his lecture series for the doctorate or perhaps as part of his regency. However, if these works ever did exist, they are not now known; conversely, it is also curious that the "Commonplace Book," upon which most of our knowledge of Herebert is based, appears to have been unknown to these catalogers.

Beyond these "lost" works and the "Commonplace Book," we also know of a number of manuscripts which Herebert had in his possession, for they are corrected and annotated in his hand. That this particular hand, which is the same as that in which Herebert's sermons and lyrics were copied, is Herebert's own has been generally accepted on the basis of a note (again in the same hand) which prefaces the collection of lyrics at the end of the "Commonplace Book" and which refers to the poems as written by William Herebert "in manu sua."[16] Further, the number of substantial revisions (not merely scribal corrections) made in the same hand to the wording of both the sermons and the poems confirms the impression that this is the author's autograph copy, revised at various times by himself.

There are seven manuscripts, besides the "Commonplace Book," which contain marginalia in Herebert's hand: two contain works by Roger Bacon, two "Eccleston's" *Tractatus*, and three include an assortment of theological works; all seven appear to have come from the Hereford Franciscan Convent, providing further evidence that this was Herebert's native convent.[17] However, Herebert's principal literary remains, the sermons and lyrics collected here, are found only in his "Commonplace Book" (London, BL, MS Addit. 46919). This manuscript, of roughly quarto size,

---

[15] ". . . Scripsit de *More Scholastico Quodlibeta, Commentarios* quoque in *Deuteronomion & Apocalypsin*"; Leland, *Commentarii*, 2:304. Bale's elaboration may be found in his *Scriptorum*, 1:404.

[16] The text of this note is given in full in Section IV, below.

[17] These seven manuscripts are now London, BL, MSS Royal 7.A.iv, 7.F.vii and viii, BL, MS Cotton Nero A.ix, BL, MS Egerton 3133, Oxford, Bod., MS Rawlinson C.308, and Hereford, Cathedral Library, MS O.1.iv.

with 213 leaves, is a collection of a wide variety of works in about thirteen different hands. On f. 1v, along with a table of contents, appears the following inscription:

Ex collacione fratris Willelmi Herebert, auctoritate Ministri Generalis.

Catchwords to aid the binder appear in Herebert's hand (ff. 49v, 61v, and 73v), and it thus seems that it was Herebert himself who assembled the various, originally separate, quaternions and had them bound together. Further, many of the works not of his authorship are copied here in his hand, and many more were corrected and annotated by him.

In general, the contents of the manuscript, apart from Herebert's own works, are, for the most part, such as a friar-preacher might well find useful. However, the collection is quite eclectic, and it is difficult now to understand the motivation for the inclusion of some of the items. The contents of the manuscript may be summarized as follows:

ff. 2r-14v	A manual of Anglo-Norman grammar by Walter de Bibbesworth (in Anglo-Norman)
ff. 15r-15v	A series of "demandes amoureuses" (Anglo-Norman)
ff. 15v-18v	A treatise on venery by William Twiti (Anglo-Norman)
ff. 19r-24v	A collection of recipes, some in Herebert's hand (Middle English)
ff. 24v-36v	An anonymous treatise on falconry (Anglo-Norman)
ff. 37r-37v	Blank
ff. 38r-59r	Religious poems, a number of them by Nicholas Bozon (Anglo-Norman and Continental French)
ff. 59r-59v	A debate, in verse, between a mother and daughter concerning the choice of a husband (Anglo-Norman)
ff. 59v-62r	An anonymous prayer, in verse, to the Blessed Virgin (Anglo-Norman)
ff. 62r-65v	An anonymous treatise on the monastic life (Anglo-Norman)
ff. 66r-80r	Poems, some by Bozon (Anglo-Norman)
ff. 80v-85v	Nine verse sermons by Bozon (Anglo-Norman); Herebert's marginal annotations include a draft translation of "Vous purueez" (Poem 13) on f. 84r, and "Vóur þynges ʒe ofte ysœth" (Poem 23), the translation of a second extract, on f. 85r.
ff. 85v-86v	Religious poems (Anglo-Norman and Continental French)
ff. 86v-87r	Two notes, the first on the different species of hawks, the second on a knight's equipment (Latin)
ff. 87r-90r	A poem on the Crusades, by Hue de Tabarie (French)

ff. 90v-95v	Religious poems, some by Bozon (Anglo-Norman)
ff. 96r-104r	A collection of proverbs with Biblical concordances (Anglo-Norman)
ff. 104v-106v	Notes for sermons, in plummet in Herebert's hand; now practically unreadable (Latin)
ff. 107r-116r	An adaptation of Boethius' *Consolatio* by Simon de Fresne (Anglo-Norman)
ff. 116r-119r	Poems (Anglo-Norman)
f. 119v	Blank
ff. 120r-153v	The *Contes moralisés* of Bozon (Anglo-Norman)
f. 154r	Two notes, one on sparrow-hawks, the other on horses (Anglo-Norman and Latin)
ff. 154r-157r	Extracts from the *Convertimini*, St. Jerome, and Roger Bacon, some in Herebert's hand (Latin)
ff. 157v-158v	Notes for sermons, in plummet in Herebert's hand; now practically unreadable (Latin)
ff. 159r-179v	Herebert, Sermones 1-5, Sermon Outlines 1-2, some now unreadable notes, and the anonymous sermon included in the Appendix to this volume (Latin)
ff. 180r-180v	Blank
ff. 181r-181v	Extracts from the letters of Robert Grosseteste (Latin)
ff. 181v-184v	Herebert, Sermo 6 (Latin)
ff. 185r-188v	Biographical notes on eight popes (Latin)
ff. 189r-203v	A treatise on the seven deadly sins by Malachy of Ireland (Latin)
f. 204v	Extracts from Alcuin's *Pippini Regalis disputatio cum Albino scholastico* (Latin), with one extract translated by Herebert ("Quomodo se habet homo?"–Poem 22)
f. 204v	Herebert, Sermon Outline 3 (Latin)
ff. 205r-211v	Herebert, Poems 1-19 (Middle English)

Finally, the list of contents on f. 1v also includes Hendyng's *Proverbs* and the *Epistola Valerii ad Ruffinum*, but these are no longer in the manuscript.[18]

---

[18] A fuller description of the manuscript is contained in the British Library's *Catalogue of Additions. . . 1946-1950*, 1:197-206. For a list of all, and edition of some, of the Anglo-Norman pieces in the manuscript, see Paul Meyer, "Notice et extraits du MS 8336 de la bibliothèque de Sir Thomas Phillipps à Cheltenham," *Romania* 13 (1884) 497-541. The catalogue produced to announce the sale of the manuscript by W.H. Robinson in 1950, *Phillipps MS. 8336*, Sale Catalogue no. 79 (London, [1950]), contains a description of the manuscript which, while generally less accurate than the British Library description, does make a greater attempt than the latter to distinguish the various hands in the manuscript. A more general description, based primarily upon the Robinson catalogue, was published by the British Museum to announce their purchase of the manuscript in 1950; see B. Schofield, "The Manuscript of a Fourteenth Century Oxford Franciscan," *British Museum Quarterly* 16 (1951) 36-37.

As is evident from this description, much of the collection is devoted to religious poetry in Continental and Anglo-Norman French, much of this being works of the Franciscan friar Nicholas Bozon (fl. 1300-1320), including a number of his lyrics, a version of his *Contes moralisés*, and a series of nine verse-sermons.[19] That Herebert had read these pieces with care and interest is indicated by the number of them that are copied in his own hand, by the number that he annotated, and also by two translations which he made from Bozon's verse-sermons.[20] He also knew (and annotated) the copy of Bibbesworth's manual of Anglo-Norman grammar found at the very beginning of the manuscript. However, without more knowledge of his familial or educational background, it is impossible to say how it is that he came to know Anglo-Norman, nor how his particular interest in Bozon came about. And it is also curious, given his obvious knowledge of the language and his very large collection of preaching material in that language, that he never once in his sermons makes use of Anglo-Norman as he does of English.

Also of obvious homiletic (or otherwise "spiritual") use are the collection of Anglo-Norman proverbs, the extract from the *Convertimini* frequently ascribed to Robert Holcot,[21] the extracts from Grosseteste and others, and the treatise on the seven deadly sins, once considered to be the work of Grosseteste but now thought to be by the late thirteenth-century Irish Franciscan, Malachy of Ireland.[22] The metrical abridgment in Anglo-Norman of Boethius' *Consolatio*, by Simon de Fresne, a canon of Hereford at the beginning of the thirteenth century, and the series of extracts from Alcuin's *Pippini*, could also provide useful sermon material.[23]

Perhaps also of some homiletic or didactic use, or perhaps intended to aid "the evangelist at the breakfast table,"[24] is the series of "demandes

---

[19] The *Contes* have been edited by Lucy Toulmin Smith and Paul Meyer, Société des anciens textes français (Paris, 1889). Bozon's verse-sermons have been recently edited from this manuscript by Brian J. Levy, *Nine Verse Sermons by Nicholas Bozon: The Art of an Anglo-Norman Poet and Preacher*, Medium Ævum Monographs n.s. 11 (Oxford, 1981).

[20] Cf. Poems 13 and 23, below.

[21] This extract, on f. 154r of Herebert's "Commonplace Book," is an abridgment of the first paragraph of the *Convertimini*. Smalley, *English Friars*, p. 147, accepts the common ascription of the work to Holcot, and suggests that it was composed at much the same time as his *Moralitates* which she dates as after 1334-1336. This is problematic, however, as it places the composition of the work at a date after the accepted date of Herebert's death, but the extract here appears to be in Herebert's own hand; this may suggest that the question of the date and authorship of the *Convertimini* remains open.

[22] M. Esposito, "Friar Malachy of Ireland," *English Historical Review* 33 (1918) 359-366.

[23] The Alcuin extracts are from an otherwise unknown version of the work in which the responses of Albinus are significantly longer than those in the version printed in PL 101:975-980.

[24] The phrase is used to describe the works of John of Wales by W.A. Pantin, *The English Church in the Fourteenth Century*, Mediaeval Academy Reprints for Teaching no. 5 (1955; rpt. Toronto, 1980), p. 147.

amoureuses," the "debate" between mother and daughter on choosing a husband, the description of monastic life, the treatises on hunting, falconry, and chivalry, and the English translation of a French cook-book.[25] But just what Herebert's intention was in collecting such works can never be established with certainty.

After Herebert's death, the manuscript disappears from view until the seventeenth century when it resurfaces in the library of the Fermor family of Tusmore, Oxfordshire. While in their possession, it was seen by Thomas Warton, who makes reference to it in *The History of English Poetry*.[26] Sometime after 1816, it was sold by the Fermor family to Richard Heber, upon whose death it was again offered for sale (in 1836). It was purchased by Payne and Foss, Booksellers, from whom Sir Thomas Phillipps acquired it. In 1950, as part of the dissolution of the Phillipps collection, it was sold by William H. Robinson, Ltd., to the British Museum. There, in 1965, the eighteenth-century binding was replaced with the manuscript's present reddish-brown cover and slipcase.[27]

III

The original works of Herebert are contained in the latter part of the manuscript, and consist of six sermons in Latin, a number of short outlines for further sermons, a collection of nineteen lyrics in Middle English, most of which are translations of Latin hymns and antiphons, and four further English poems, two of which appear in the sermons, one in the margin of one of Bozon's verse-sermons, and one in the margin of the extracts from Alcuin's *Pippini*.[28] Besides these sermons and lyrics, the present edition includes, in an Appendix, one additional sermon which was placed by

[25] The French original of the first part of this cook-book appears in London, BL, MS Royal 12.C.xii, ff. 11r-13r, as well as in others.

[26] *The History of English Poetry* (London, 1778), 2:194, n. "s," and 221, n. "m."

[27] On the history of the manuscript, cf. the *Catalogue of Additions . . . 1946-1950*, 1:206. The price set by Robinson's catalogue for the 1950 sale was £8,500.

[28] A.G. Little assigned to Herebert several further works, partly on the basis of Phillipps' catalogue and partly from sources unknown, but without personal examination of the manuscript; see Little, *The Grey Friars in Oxford*, Oxford Historical Society no. 20 (Oxford, 1892), pp. 167-168. He ascribes to Herebert: (1) "Epistolae summo Pontifici, Episcopo Coventrensi et Lichfeldensi (Roger of Wesham?), Symoni de Montfort, etc." These are, rather, the extracts from Grosseteste's letters, mentioned above, copied into the "Commonplace Book" in Herebert's hand (cf. item no. 51 in the British Library description; ff. 181r-v of the manuscript). (2) An "Historia quaedam de Papis Romanis"; this collection of biographical notes on eight consecutive Popes (from Martin VI to John XXII) is probably not entirely of Herebert's composition, for only the first entry is in his hand. (3) A "Tractatus de Veneno et Antidotis"; this title appears on f. 1v in the table of the manuscript's contents, probably referring to the treatise by Malachy on the seven deadly sins, mentioned above. Malachy's treatise begins: "Racio veneni conuenit peccato. . . ." Of Herebert's authentic works, Little lists only two sermons and makes reference to "hymns in Old English."

Herebert between two of his own, but, unlike them, is not written in his hand and does not appear to be of his composition.

Herebert's sermons are not arranged in the manuscript in the order of the liturgical year; it is perhaps a not unreasonable assumption that Herebert copied them into his "Commonplace Book" in the order in which they were composed, and that they cover a period of several years. If this assumption is correct, and if we are correct in dating the Edmund Rich sermon (S. 3) as having been preached in the year 1314, and in dating Herebert's lectorship as roughly 1317-1319, this would suggest that at least the first three of the sermons were given prior to his lectorship and may have been in fulfilment of requirements for the BTh.

In his sermons, Herebert comes across as a man with a great deal of learning and a little wit, and as an excellent Latinist and highly skilled rhetorician. All six of these sermons take the form of "thematic" sermons as defined in the thirteenth and fourteenth-century "arts of preaching" such as Robert of Basevorn's *Forma praedicandi*.[29] Robert's work is of particular relevance here, for it appears to have been composed around 1322 (thus within a few years of Herebert's regency), and it describes, as models for others, different methods of preaching including those in use at the universities of Paris and Oxford.

In terms of the overall structure outlined in the *Forma*–protheme, theme, introduction, declaration and confirmation of the division, the prosecution of the division (principally by means of subdivision), and conclusion–Herebert's sermons in general conform to the model. In terms of certain particulars, however, Herebert's sermons no more match Robert's prescriptions than do the two Oxford sermons from the 1290s printed by Little and Pelster,[30] and even within this collection of sermons there is a greater variety of method than Robert would admit, suggesting that the form of an Oxford sermon was, in certain matters, rather more fluid than his discussion implies.

For instance, only one of Herebert's sermons (S. 3) concludes with the sort of formulaic prayer (turning the audience's attention to God, Heaven, or Hell, as is most appropriate to the particular sermon) that the *Forma* recommends,[31] although it is quite possible that Herebert simply did not

[29] Edited and discussed by Th.-M. Charland, OP, in his *Artes praedicandi: Contribution a l'histoire de la rhétorique au moyen âge*, Publications de l'institut d'études médiévales d'Ottawa no. 7 (Paris and Ottawa, 1936). A useful summary of the medieval development of rhetorical theories of preaching is given by James J. Murphy, *"Ars praedicandi*: The Art of Preaching," Chapter 6 of his *Rhetoric in the Middle Ages: A History of Rhetorical Theory from Saint Augustine to the Renaissance* (Berkeley, 1974), pp. 269-355.

[30] Little and Pelster, pp. 193-215. These two sermons are, respectively, by Hugh of Hartlepool, OFM, delivered on Good Friday, 1291, at the Oxford Franciscan convent, and by Simon of Gaunt, Chancellor of the University, delivered in St. Mary's on Ash Wednesday, 1293.

[31] *Forma praedicandi*, Chap. 47, in Charland, pp. 307-310.

record the conclusions which he actually used in the pulpit. Again, Robert emphasizes that there should be a division of the theme into three parts, and that each part should have three subdivisions, because this is best suited for the amount of time that a sermon is to occupy (but he does admit that not everyone is in agreement on this point).[32] In practice, only two of Herebert's six sermons have three principal parts (SS. 1 and 5); the sermon by Chancellor Simon of Gaunt (printed by Little and Pelster) does as well, but the sermon by Hugh of Hartlepool (also printed by Little and Pelster) offers, first, a division into two parts, then a second division into three, and finally a division into the four parts which he actually intends to pursue.[33] The number of subdivisions also appears to be quite irregular in most of these sermons, and these preachers seem quite unconcerned about matching the number to the amount of time which they have, for the completion of the *prosecutio* of all of the members seems to be the exception rather than the rule (in Sermo 4, for instance, Herebert does not get beyond the seven subdivisions of the first of the four members of the principal division).

More significantly, since on this point Robert claims, without qualification, to be describing the Oxford method, the pattern of a three-fold declaration and confirmation of the parts of the division appears not to be the rule in practice. Of the three divisions offered in Hugh of Hartlepool's sermon, the first follows Robert's three-fold pattern except that no confirmation is offered; the second division (into three parts) is declared only once with an immediate tying of the members to phrases of the theme, but without confirmation; the third division (into four) offers no confirmation and links the members to phrases of the theme only after some intervening discussion.[34] In Simon of Gaunt's sermon, the three points are neither confirmed nor linked to the theme, but five statements elaborating the various members are added.[35]

Herebert's usual pattern is to use a two-fold restatement of the division, declaring the parts, then linking the parts to phrases of the theme. After the declaration is complete, each of the parts is elaborated, including a confirmation from some concordant passage or passages of Scripture and other authorities. However, Herebert is not consistent; in Sermo 3, for instance, the declaration is complicated by longer statements of the members and by the immediate introduction of subdivisions within the declaration, and there is not here the usual tying of the members to phrases of the theme, nor is there here the usual confirmation (although both of

---

[32] *Forma praedicandi*, Chap. 20, in Charland, pp. 255-256, and Chap. 48, in Charland, pp. 310-314.

[33] Little and Pelster, pp. 207 and 195-196.

[34] Little and Pelster, pp. 195-196.

[35] Little and Pelster, pp. 207-208.

these latter are included in the declaration of the subdivisions of the two principal divisions). Again, in Sermo 6, the two parts of the theme are declared, then the first is rephrased with a tying to a phrase of the theme, and an immediate confirmation by concordant Scriptural passage is introduced before the second member is similarly restated and developed.

Both of the sermons printed by Little and Pelster and five of Herebert's sermons (S. 5 being the exception) begin with a "protheme," using all or part of the theme as the basis of a statement on preaching in general (particularly the responsibility of the listeners to be attentive), and leading to an invocation of divine aid for the preacher and audience prior to re-proposing the theme for division. The absence of a protheme in Sermo 5 would appear to indicate that this sermon has been preserved in an incomplete form and may, in fact, have never been preached. Similarly, unlike Sermones 1, 3, and 4, which each begin with a heading in Herebert's hand indicating where they were preached, Sermones 2 and 6 (like 5) bear no such headings and it is possible that these, too, may never have been delivered publicly. But such evidence is obviously inconclusive.

This sense of the incompleteness of Sermo 5, together with the amount of revision which Herebert performed on all of the sermons and lyrics edited here, makes it evident that we are dealing with Herebert's "working copy" of his works rather than with a finished product. The margins of nearly every page of the sermons are full of corrections and additions in Herebert's hand, and there are many notes which have not been worked into the text but are suggestive of ways in which topics mentioned could be further elaborated. At many points in the text of the sermons, blank spaces are left between paragraphs, again, presumably, to allow for further expansion. The poems, too, have been worked over several times by Herebert, with adjustments to both rhythm and sense, and with, at times, substantial modifications to whole lines and stanzas. We are thus presented with a series of very fluid and shifting works (difficult to reproduce in type), showing all of the signs of a very self-conscious artistry. The *divisiones* of the sermons are formal and make quite skillful use of the rhetorical devices of *isocolon* and *paramoiosis*, parallelism both of structure and of sound.[36] Similarly, the play on numerical correspondences, so much a part of the medieval concept of universal order, is used to good effect in a number of Herebert's sermons. The structure of Sermo 4 (for Maundy Thursday) may be taken as an illustration of these tendencies towards complex parallelisms, for it begins with a four-fold explication of the significance of the Feast of the Lord's Supper as the introduction to the theme, leading to a four-fold *divisio*, and then proceeds to a moral

---

[36] Robert of Basevorn speaks of such parallelisms under the ornament of "coloratio" (Chap. 50, in Charland, p. 320; and at greater length in the expansion found in four of the MSS, Charland, pp. 321-322).

disquisition, under the first of the four heads, of the seven deadly sins. Thus, Herebert first draws a parallel between four parts of the liturgical ritual for the day, four "names" of the Feast, and a four-fold division of the theme, "Wash ye your feet, and rest ye under the tree. And I will set a morsel of bread, and strengthen ye your heart" (Gen. 18:4-5). In the day's liturgy, he says, we find

pedum ablutio, penitentum reconciliatio, Eukaristie institutio, et crismatis consecratio. (ll. 43-44)

These parallel the first four clauses of the theme, illustrating the "four-fold privileges" of the Feast:

Documentum exemplaris perfectionis, complementum singularis processionis, sacramentum salutaris refectionis, et hortamentum pugillaris congressionis. (ll. 50-53)[37]

These, in turn, are parallel to four names applied to the Feast: "mandatum," "dies remissionis," "Cena Domini," and "capitilauium" (ll. 59-63). After some brief explication of each, Herebert turns to the first, the "documentum exemplaris perfectionis" evident in the washing of feet, subdividing the topic according to the seven substances with which "washing" is done in the Scriptures, which correspond to the seven times Naaman was required to dip himself into the Jordan River:

[lotio] flaminis, fluminis, sanguinis, lactis, vini, nitri, et butiri. . . . (ll. 197-198)

Each of these substances is salutary against one of the seven deadly sins, which are then considered in some detail, with *auctoritates* and *exempla*, in the remainder of the sermon.

Herebert's sermons are also marked by their use of a wealth of illustrative material from various sources, a feature common among sermons particularly of the universities.[38] While he makes use of the

[37] Here, Herebert's parallelism leads to some ambiguities when thus taken out of the context of the sermon. As he goes on to say, Christ's "exemplary perfection" is made evident by his washing of the disciples' feet and by the similar ceremony in the ritual of this feast day; the "singular procession" which "complements" the feast refers to the ceremony, unique to the day (therefore "singular"), in which the penitents are invited into the Church and, further, invited to "rest . . . under the tree" of the Cross in the words of the Introit of the Mass: "It is proper for us to glory in the cross of our Lord Jesus Christ"; the "sacrament of salutary refection" is clearly the Eucharist, corresponding to the "morsel of bread" of the theme; the "pugilary congression" or "pugilistic meeting" refers to the "Soldiers of the Lord." This assembly is given support and "encouragement" in the ceremony of the consecration of the chrismatic oils "quia iam sunt inuncti pugiles ad bellandum" (l. 180); this encouragement is paralleled in the words of the theme: "Strengthen ye your heart."

[38] Cf. Smalley, *English Friars*, pp. 37-44.

liturgy, saints' lives, *exempla*, and proverbs and verses (in both Latin and English), the bulk of his illustrative material is in the form of quotations from the Scriptures, the Fathers, and other writers on theology and science. Such quotations are extremely numerous in all of these sermons, to the extent that, in terms of the number of words, nearly 70% of Sermo 6 is quoted material, and none of the sermons is less than about 30% quotation.[39] Herebert frequently repeats themes in several sermons, such as the devotion owed to the Name of Jesus, the desirability of virginity and sobriety, and the personal qualities most conducive to the acquisition of wisdom, and this permits him to re-use many of his favourite quotations. Thus there are quotations from John of Salisbury's *Policraticus* repeated in Sermones 3 and 6; quotations from Aristotle's *Physics*, on the need for rest and quietness for the acquisition of wisdom, repeated in SS. 4 and 6; from St. Gregory's *Moralia in Job*, on humility, repeated in SS. 4 and 6; from Hildebert's *Epistle* 21, on virginity, repeated in SS. 1, 3, and 4; from the first of Grosseteste's *Dicta*, comparing the "lover of this world" to a man in a garden clutching at the shadows of the fruit, repeated in SS. 4 and 6; from St. Peter Chrysologus, against drunkenness, in SS. 1 and 3, and, on the same subject, from the Pseudo-Boethian *De disciplina scholarium*, in SS. 1 and 6; and, from the *Disciplina*, the passage on the attentiveness, benevolence, and teachability to be sought in one's listeners, repeated in the prothemes of SS. 2 and 4.

The additional sermon placed between SS. 1 and 2, printed here in the Appendix and referred to as Sermo 7, in this matter of paralleling themes and quotations, appears to be the "odd man out." This sermon was preached on the Feast of the Translation of St. Thomas Becket (7 July) on the theme, "The sun was risen upon the earth" (Gen. 19:23). The theme is taken from the story of Lot, but there is no reference anywhere in the sermon to this context; Herebert's sermons, on the other hand, regularly include (either in the protheme or in the introduction to the theme) some consideration of the context from which the theme is taken. This sermon proceeds without protheme directly to a *divisio* in which St. Thomas is compared to the sun in terms, first, of illumination/virtue and, secondly, of elevation/reward.

As the sermon progresses, these two solar qualities are each subdivided into three, and an appropriate quotation from St. Thomas' *Vita* is supplied for each of the six points. The sermon is much more heavily laden with scientific, particularly astronomical, lore than any of Herebert's sermons

---

[39] These figures are, of course, based on the quotations which I have been able to identify; there may well be more quotations which I have not recognized as such. The actual counts for each of the six sermons are as follows: Sermo 1: roughly 39% quotation; S. 2: 29.5%; S. 3: 55.4%; S. 4: 43.5%; S. 5: 30.5%; S. 6: 68.6%; by comparison, S. 7 (in the Appendix) is quite distinct, being only 14.7% quotation.

are, citing such authorities as Ptolemy (from whose *Almagest* Herebert also quotes, but not from the same passages), Martianus Capella, Bede's *De temporibus*, Boethius' *De arithmetica* and *De musica*, Jordanus de Nemore's *De ponderibus*, and Witelo's *Perspectiva* (none of which works, besides Ptolemy's, does Herebert ever mention). On the other hand, there are here no citations of Herebert's favourite authors, Saints Augustine and Gregory, nor any references to Isidore, the *Consolatio* of Boethius, nor the *Liber de disciplina scholarium*.[40] The only quotation which appears here as well as in one of Herebert's sermons is the *dictum*, from the book of Isaiah, "omnis caro fenum" (Isa. 40:6, quoted by Herebert in S. 1, M147 TM). Further, while the Scriptural quotations in Herebert's sermons rely as much upon the New as the Old Testament, making most use of the Gospels, there are here no references whatsoever to the Gospels, and only two quotations from the New Testament, as opposed to fourteen from the Old.

There are also differences to be noted between this sermon and the other six in terms of style and, particularly, of vocabulary. There is here, for instance, a tendency to use the genitive in references to titles of books being cited (e.g., "primo *Musice*," as in l. 100), where Herebert normally uses the ablative, and less abbreviated, form (e.g., "in Libro 1, *De musica*"), as well as a noticeable fondness for "merito," but such stylistic variants may be no more than scribal differences. However, the vocabulary itself of this sermon is significantly different from that which Herebert normally uses. Comparing a concordance of Sermo 7 with a concordance of the other six sermons indicates a much more technical vocabulary here, with a large number of scientific terms occurring repeatedly but which occur nowhere else in Herebert's sermons.[41] This tendency towards a scientific rather than theological vocabulary is in keeping with what we noted above regarding the tendency here to cite scientific rather than patristic *auctoritates*.

Some other curiosities of the vocabulary should also be noted. Sermo 7 consistently refers to practitioners of Ptolemy's science as "astronomi" or "mathematici"; the one time that such are referred to in the other sermons, in Sermo 1, they are referred to as "astrologi" (l. 355). Again, "pastores" are referred to by Herebert twice, once in Sermo 1 and once in Sermo 6, in

---

[40] There is, however, one quotation from St. Jerome's *Epistola ad Paulinum*, a work which Herebert also cites (S. 7, ll. 28-31; S. 1, ll. 195-199).

[41] The concordances were computer-produced, using the COGS program (*CO*ncordance *G*eneration *S*ystem) designed by John Bradley of the University of Toronto Computing Services.

The following words, as well as others, occur in various forms in S. 7 but not in any of the other sermons: armonia (and armonicus), mathematicus, aulicus, beatificus, ciclus, circumferentia, cuspis, dyatesseron, eccentricus, eclypsis, emisperium, horoscopo (and oroscopo), ictus, inequalis (and inequaliter), longanimis, meridionalis, methaphora, nigresco, nutricius, opacitas (and opacus), periodicus, proportio. (and proportionaliter), retrogradus, semicirculus, solsticium, stationarius, superhabundantia, tonus, triangularis, tropicus, uniformis (and uniformiter), and virilis (and viriliter).

both cases with reference to the shepherds of the Nativity story. Sermo 7 uses the words "pastor" and "pastoralis" a total of three times, referring in each case to the office of the clergy. Finally, the words "Iesus" and "Christus" occur in the six sermons of Herebert a total of 206 times (an average of over 34 times per sermon); even in Sermo 3, like Sermo 7 in being a celebration of the virtues of a saint, Herebert repeatedly points to St. Edmund's manner of life as being in imitation of Christ's. There is, however, not a single reference to "Jesus" or "Christ" in Sermo 7.

Such details, combined with the physical evidence of the small and crabbed hand of the scribe of this sermon, so different from Herebert's, and the difference in page size between these two folios and the preceding and succeeding signatures, weigh heavily against any ascription of this sermon to Herebert despite his positioning of it among his own. Further, even if we were to speculate on the possibility of this being a *reportatio* of a sermon by Herebert, thus ascribing the stylistic differences to some unknown auditor, it would seem very strange indeed that Herebert, once the pages came into his possession, did not correct and annotate this as he did all of the other six sermons which we believe to be his own. There are at least two points in Sermo 7 where such correction is certainly necessary, for there are two blank spaces left at points where the scribe has forgotten, in one case, the name of a person and, in the second, a source reference, but Herebert, as though this were no child of his, has not supplied the missing details.

But it was certainly Herebert who positioned it thus between two of his own sermons, for the verso of the second folio bears some short notes in his hand for two, otherwise unknown, sermons, and the foliation is continuous, eliminating the possibility that these folios were tipped into the manuscript at some later date. Thus, we can only wonder why he should choose to place it here among his own rather than in some separate part of the "Commonplace Book."

IV

Of the 23 poems here collected, 19 were collected by Herebert himself in the final quaternion of the "Commonplace Book" (ff. 205r-211v); the remaining four, numbered 20-23, appear elsewhere in the manuscript. All four of these latter are short and epigrammatic, and thus of a rather different order than the principal collection of 19; two of them (nos. 20 and 21) are contained in sermons, one (no. 22) is found in the margin of a page of extracts from Alcuin's *Pippini Regalis disputatio cum Albino scholastico* (it is a translation of one of those extracts), and the fourth (no. 23) in the bottom margin of f. 85r, translating four lines of the ninth verse homily of Friar Nicholas Bozon which appears on that page.

Most of the lyrics are translations; for only two of the 23 can no single, direct source be cited. The principal sources of the 21 translations are Latin hymns, antiphons, and other liturgical and Scriptural pieces. The two for which no single source has been found are no. 6, "Þou wommon boute uére" (the first few stanzas of which, however, use phrases taken from the Latin hymn, "Virgo gaude speciosa"), and no. 20, "Þys nome ys also on honikomb" (which may have been suggested by a passage from St. Bernard's fifteenth sermon on the Canticle of Canticles). The specific sources for the others are cited in the notes accompanying the poems.

Herebert provides some indication of the nature of these lyrics in the note, mentioned above, which appears at the bottom of the first page of the collection of the principal 19 poems:

> Istos hympnos et Antiphonas, quasi omnes, et cetera, transtulit in Anglicum, non semper de uerbo ad uerbum, sed frequenter sensum, aut non multum declinando, et in manu sua scripsit frater Willelmus Herebert. Qui usum huius quaterni habuerit, oret pro anima dicti fratris. (f. 205r)

As we stated above, the phrase "in manu sua" in this note is the primary evidence for the identification of the hand of the poems and sermons, as well as of notes in other manuscripts, as Herebert's own. This identification is further confirmed by the very large number of alterations made in the text of the poems in the same hand as the original. These alterations, as is evident from an examination of the apparatus to the poems, are not merely corrections of spelling and grammar, which might be those of any scribe, but substantial changes to wording and sense (even to the extent of replacing or inserting whole stanzas), which are surely evidence of authorial rather than scribal revision.[42]

Herebert's claim, and qualification, in this note of the literalness of his translation is quite accurate. He follows his sources, not so slavishly as to preclude embellishment and *amplificatio*, but closely enough that his chief editors and critics to date have been almost unanimous in considering this a major fault of his poetry.[43] Given Herebert's sophistication in Latin, his seeming awkwardness in English is the more surprising. If, however, we consider that Herebert was more concerned with didactic and evangelical

---

[42] Cf. Gneuss, "Übersetzungen," pp. 175-176.

[43] Carleton Brown, for instance, accused him of an inflexibility which made the poems of little value apart from purely linguistic and historical interest; RL14, p. xiv. Helmut Gneuss, similarly, speaks of Herebert's poems as "suffering under his efforts to achieve almost word for word correspondence with his sources . . ." (Gneuss does, however, go on to admit that, at points, Herebert shows some poetic potential)–"Übersetzungen," p. 190: "Daβ die Nachdichtung unter Hereberts Bemühen gelitten haben, seine Vorlagen in den meisten Fällen so wörtlich wie möglich wiederzugeben–'non multum declinando,' wie er selbst sagt–zeigt ein Vergleich mit diesen. . . . [Aber] Herebert konnte als Dichter auch mehr geben. . . ." Gneuss also points out, quite correctly, that Herebert's literalness has the advantage that many of our difficulties in understanding his sense are easily cleared up by reference to his sources (p. 178).

usefulness than with poetic composition, the obvious advantages of such literalness become clearer.

Another phrase in this note, the "quasi omnes" of the first line, has caused some difficulty due to its ambiguity. Herebert probably intended this to be taken as "for the most part, these are translated," suggesting either that some whole poems (like "Þou wommon boute uére") were not translations, or that, as we have noted, there are points at which he has departed from his sources with little flourishes of his own. Gneuss, however, interprets this phrase as "for the most part these are translated by Herebert," suggesting that not all of the pieces are by him, and Gneuss uses this as part of an argument that the translation of "Aue maris stella" (no. 7) is not Herebert's at all. While admitting that this was merely one possible interpretation of the evidence, he notes that this poem is the one instance where Herebert did not write his own name beside the opening of the poem (but Gneuss admits that this may have been no more than an oversight), and he declares that the "Aue maris" translation does not seem to be as bad a poem as the rest, making Herebert's authorship of it dubious.[44] Further, Gneuss argues that the wording of this translation differs significantly from that of the other poems, but he fails to cite any substantial evidence.[45]

Having said this, Gneuss immediately proceeds to argue, as we did above, that the revisions throughout the texts are of the nature of authorial rather than scribal changes, but he fails to mention that the text of the "Aue maris" is as subject to these "authorial" revisions as the others. Further, quite to the contrary of Gneuss's claims of significant variation between this poem and the rest, a comparison, for instance, of the "Aue maris" with the translation of "Alma redemptoris mater" (no. 9), also in praise of the Blessed Virgin, reveals a number of significant parallels, not wholly explicable on the basis of similarities between the two Latin poems. Nor has Gneuss suggested any reason for Herebert to have included a single poem by an unknown translator in a collection otherwise entirely his own. Thus, without more substantial evidence and some indication of motive, it seems unreasonable to reject the more probable hypothesis that Herebert's collection is entirely his own work, including the "Aue maris," though by some oversight he failed to put his name to it. And it is most unfortunate

[44] Gneuss, "Übersetzungen," p. 175.

[45] Gneuss does point out, in his tabulation of features of the dialect (p. 188), that "Aue maris" (l. 19) includes the word "sinne" which, in the other poems, is spelled "sunne." However, the spelling "sunne" occurs elsewhere in the same poem (l. 11), making this orthographical argument of little effect.

The vocabulary argument is difficult either to prove or disprove since the poems are each too short to establish any "normative" use against which abnormalities could be tested. However, for what it is worth, I have made a complete concordance of the collection of lyrics and compared with it a separate listing of the words in "Aue maris stella"; I could not discover from this any greater differences in vocabulary than is apparent between any two of the other poems.

that the author of the description of the manuscript for the British Library catalogue accepted Gneuss's rejection of the piece without hesitation when even Gneuss himself was careful to express it only as a possibility of which he was unable to be certain.[46]

A further aspect of the poems which has sparked some debate is whether Herebert intended these pieces for singing. Thus, for instance, Stuart Degginger suggested that Herebert intended to translate the complete cursus of Vesper hymns in metrical equivalents of the Latin originals so that they could be sung to the same melodies.[47] Little, similarly, suggested that some of Herebert's poems seemed to him to be intended for congregational singing, and Rossell Hope Robbins examined certain of Herebert's poems in relation to the carol-form. However, R.L. Greene has derided all such suggestions, declaring that, given the metrical and stanzaic irregularities of these pieces, they could hardly have been intended as songs of any sort.[48]

Carleton Brown first made the suggestion that Herebert's poems were intended to be used as illustrative material in sermons, and Gneuss, following Brown's lead, made a fairly strong case for the acceptance of this argument, though without examining each of the lyrics individually to see whether each and every one of them was suited for such a purpose.[49] As Gneuss points out, the first two poems translated in Herebert's collection, "Hostis Herodes impie" and "Vexilla regis prodeunt," were cited (though in Latin with no trace of the English translation) in extant sermons of Herebert (in SS. 2 and 4, respectively), and Gneuss further noted, as have we, the number of English passages that do appear in the sermons.[50] In particular, Poems 20 and 21 are, as we noted, found within the texts of two of Herebert's sermons; the former, indeed, quite appropriately, looks rather more like a *distinctio* than a lyric. Further, "Quomodo se habet homo?" (no. 22), the translation from Alcuin, is of the gnomic sort of material which is always useful in a sermon, and quite similar to the matter from "Secundus Philosophus" from which Herebert quotes several times;

---

[46] British Library, *Catalogue of Additions . . . 1946-1950*, 1:204-205.

[47] Stuart H.L. Degginger, "The Earliest Middle English Lyrics, 1150-1325: An Investigation of the Influence of Latin, Provençal, and French," Diss. Columbia, 1953, pp. 60, 146-147. This suggestion, of course, fails to account for those among these hymns which were not sung at Vespers, nor for the poems in the collection which are not hymns at all.

[48] Little, "The Lamport Fragment," p. 302, n. 1; Rossell Hope Robbins, "Friar Herebert and the Carol," *Anglia* 75 (1957) 194-198; Richard Leighton Greene, ed., *A Selection of English Carols*, Clarendon Medieval and Tudor Series (Oxford, 1962), pp. 13-14, and his *The Early English Carols*, 2nd ed. (Oxford, 1977), p. cliii and n. 6. Greene, like Gneuss, makes reference to W.F. Schirmer, *Geschichte der englischen und amerikanischen Literatur*, 4th ed. (Tübingen, 1959), 1:121, who characterizes Herebert's poems as "unsanglicher Deklamationsvers."

[49] RL14, p. xiv; Gneuss, "Übersetzungen," pp. 190-192, and his *Hymnar und Hymnen im englischen Mittelalter* (Tübingen, 1968), pp. 216-217 and 221-222.

[50] Gneuss, "Übersetzungen," pp. 191-192.

and "Vóur þynges ȝe ofte yscæth" (no. 23), like "Vous purueez en cete vye" (no. 13), is taken from a homiletic poem by Bozon, and could very well have been used by Herebert in one of his passages of complaint against clerics. It is thus quite possible that Herebert provided himself with English translations of some of these hymns and other pieces for use as illustrative material in sermons.

There are, however, at least two poems which seem less likely to have been so used. For instance, the translation of Isaiah 63:1-7, "Quis est iste qui uenit de Edom" (no. 16), includes, in the margin, rubrics indicating speakers' voices. The first and third stanzas are marked "Questio angelorum," the second and fourth "Responsio Christi," and the last is said to be the words of Jews doing penance. This dramatic form, requiring a multiplicity of voices for effective presentation, would seem to suggest some other use than that of a single preacher quoting the whole from the pulpit. Similarly, the poem here entitled "Euangelium: Missus est angelus Gabriel" (no. 19) refers to itself as a "lay" (ll. 6, 40) and takes on certain characteristics of the romances in its concentration on the immediacy of a single, dramatic "scene"; the avoidance of elaborate ornament and the at times almost stichomythic dialogue are not dissimilar to the *lais* of Marie de France or the English *Sir Orfeo*. There is also here a heroic prologue appealing to ancient authority for the truth of the tale (St. Luke) and announcing the substance of the tale about to be told. We might conclude that this poem was intended, though on a less grandiose scale, to perform a similar function as the stated intention of such works as the *Cursor Mundi* or Mannyng's *Handlyng Synne*: to be a holy "geste" to turn the minds of idlers, sitting at feast or ale, from secular heroes to spiritual. We have, of course, no evidence that this poem was ever so used, just as we have no evidence that any of the poems was ever used in any way, and we can do no more than speculate on ways in which Herebert may have hoped that they would be used based upon what can be gleaned from the texts themselves.

A further point in support of the suggestion that one, at least, of Herebert's intentions was to provide in these translations material for sermons is their appropriateness for this purpose in terms of theme and image. Thus, for instance, the poems in general make an affective appeal, intended to produce in the hearers contrition and penitence. They focus on the Infancy and Passion of Christ, both emotionally appealing aspects of Christ's life. The Cross and the Blood of Christ are presented repeatedly, with a strong sense of pathos. Christ as King and Judge is also central, and Judgment and Hell are used to compel the hearer both to contrition and to moral improvement in this life. The Blessed Virgin is similarly presented as a focal point for emotional response, particularly as our "companion" and "mother," and as "intercessor" for us with her Son.

There are also many recurrent images, again emotionally charged, and principally visual. Light, particularly star-light, but also "light of the bliss of Heaven," is used in many of the poems. Similarly, fire, particularly the fire of Judgment, but also the pillar of fire guiding the chosen through the wilderness (as well as the fire of the "lantern in the wind," soon snuffed out) occurs frequently. A more intellectual appeal is made only in the opening stanzas of "Þou wommon boute uére" in the presentation of the *mater/filia* paradox, but that poem, too, soon turns to considerations of Christ's "robe of flesh" by which He was made our brother, to the charter written in His own blood, to His wounds, and to the Blessed Virgin's intercession. These themes and images are quite consistent with passages of affective appeal in the sermons, and Herebert's collection of poems, in general, would be quite useful for the sort of sermons that he preached.

The prosody of Herebert's translations is quite varied in terms of line lengths, metre, and stanza forms. Without listing all of the forms, and all of the irregularities within them, of this collection, we can say, in general, that the metre is predominantly iambic, tending towards long lines (particularly septenaries), and most frequently in couplets. Degginger's attempt to show that Herebert was striving to give English equivalents of his sources, not only in terms of their meaning but also in terms of their metre, is not convincing for it cannot be consistently applied.[51] Some of the pieces do indeed appear in forms quite similar to the original, as, for instance, Herebert's reproduction of Bozon's stanza form in "Vous purueez." But to set Herebert's highly irregular "Conditor alme siderum" (no. 10), with its varying line lengths and three (or is it four?) different stanza forms, beside the Latin original, with its regular quatrains of dactylic trimeter, and to suggest that the former is a (however faulty) metrical imitation of the latter seems absurd.[52]

We are on less shifting ground in describing, on the basis of certain consistent features of the orthography of these pieces, Herebert's dialect as being that of the South-West Midlands, presumably Herefordshire. Helmut Gneuss has provided an excellent and detailed tabulation of the features of Herebert's orthography, which we will not reproduce here,[53] except to point to Herebert's very consistent use of u/v for initial "f," his rounding of vowels in words such as "sunne" (sin), "fur" (fire), and "monne" (man), his use of -eth[54] instead of -es in the third person singular and in the plural forms of the present conjugation of verbs, and his almost consistent use of -inge in the present participle in place of -inde.[55] All of

---

[51] Degginger, p. 60.

[52] Cf. Degginger, pp. 144-145.

[53] Gneuss, "Übersetzungen," pp. 188-190. Mary S. Serjeantson, in her study of "The Dialects of the West Midlands in Middle English" *Review of English Studies* 3 (1927) 54-67, 186-203, 319-331, also has much to say on Herebert's dialect.

[54] For the "th" sound, Herebert regularly uses the "Þ" for initial and medial positions, and "th" (or "t" or "ht") for final. Cf. Gneuss, "Übersetzungen," p. 190.

[55] Gneuss notes the single exception of "blówinde" in "Eterne rex altissime" (no. 15), l. 19; Gneuss, "Übersetzungen," p. 189.

these, according to the dialect areas as defined in the introduction to the *Middle English Dictionary*, are features of the dialect of the South-West Midlands.[56]

V

The present edition of Herebert's works claims completeness with certain limitations: beyond the seven sermons and twenty-three lyrics, it includes only three of the short outlines of sermon themes which appear in the "Commonplace Book" (there are several more but these are now indecipherable), and we have not included the vast assortment of Herebert's annotations and corrections to the large number of other works both in the "Commonplace Book" and in the seven manuscripts mentioned above. To assemble these fragments and to provide adequate commentary to make them useful would require the expenditure of much time and money with few tangible rewards.

As this edition is from a single, autograph manuscript, editorial emendation has been limited to the correction of obvious errors, the supplying of missing words or details, and the modernization of punctuation and capitalization. With the exception of punctuation and capitalization, all such editorial emendations are enclosed in angle brackets; cruces in the text are surrounded by obelisks.

Abbreviations in the Latin text are silently expanded, with as strict regard to Herebert's usual orthography as possible; the much fewer abbreviations in the English poems are italicized. The italicization of titles of books is also editorial, but we have italicized the words of Scriptural quotations only where Herebert has used underlining in the manuscript (which he usually used for each repetition of phrases from the theme of the sermon).

The paragraphing of the sermons and stanza divisions of the poems follow, as closely as possible without causing confusion, Herebert's intentions; these are usually well marked in the manuscript, normally by a double virgule. Herebert's intentions with regard to the vast amount of additional material in the margins of the sermons is not, however, made quite so clear. Marginal and interlinear material marked for insertion or replacement has been incorporated into the text. In the many cases where insertion or replacement is not indicated nor made clear by the context, the marginalia are printed in an apparatus of authorial commentary. Similarly, the points in the text at which Herebert has left blank space for later additions have been indicated in the textual notes.

We have mentioned above the wealth of quotation in these sermons; we have attempted to identify the source of each quotation and to cite the best

---

[56] Hans Kurath, "Plan and Methods," MED, 1:8-11.

editions of Herebert's sources in the notes. The wording of these quotations frequently varies quite widely from that of modern editions, with frequent small additions or omission of a few words or even whole sentences. We have not attempted to "correct" these quotations on the basis of currently accepted readings, nor have we wished to overwhelm the text by the careful indication of all such variants.

It is the editor's hope that these procedures have produced a reasonable compromise between a strictly diplomatic transcription and a readable and easily accessible text.

WILLELMI HEREBERT
OPERA

Sermo 1

Sermo Fratris Willelmi Herebert in Ecclesia Beate Marie Virginis Oxonie
<in Dominica secunda post Epiphaniam>.

"Dixit Mater Iesu ad eum: 'Vinum non habent,'" Io. 2<:3>. In hiis   f. 159r
uerbis introducitur Regina Clemencie uelut pie compaciens uerecundie
nubencium pro uini carencia in conuiuio nupciali. "Nupcie," inquit
Euangelista <Io. 2:1-3>, "facte sunt in Chana Galilee, et erat Mater Iesu
5 ibi. Vocatus est autem Iesus et discipuli eius ad nupcias. Et deficiente uino,
dixit Mater Iesu ad eum: 'Vinum non habent.'" In quibus uerbis, si,
secundum Bedam, super Ex. 30, per uinum "doctrine poculum"[1] intelligamus, describit Euangelista suggestionem de presenti sermone ut uiscerosam et querulosam. Viscerosam, inquam, pro mera pietate, *quia "dixit*
10 *Mater Iesu ad eum"*; querulosam pro uestra dignitate: *"Vinum non habent."*
Notatur ergo pietas cum premittitur: *"Dixit Mater Iesu ad eum."* Super quo
uerbo dicit Beatus Bernardus in sermone Euangelii hodierni: "Quid,"
inquit, "de fonte pietatis procederet, nisi pietas? Quid, inquam, mirum, si
pietatem exhibent uiscera pietatis? Nonne qui pomum tenuerit in manu sua
15 dimidia die, reliqua diei parte pomi seruabit odorem? Quantum ergo
uiscera illa uirtus pietatis affecit in quibus nouem mensibus requieuit?"[2]
"Nupcie" igitur, id est, concursus et aliquantula cohabitatio ex mutuo
consensu, hodierna die "facte sunt in Chana Galilee," id est, in uentre
presentis Ecclesie. Nam Chana Galilee "zelus transmigrationis" interpre-
20 tatur.[3] Et certe isti Ecclesie zelum debetis reuerencie in qua ut pro multis

12 (f. 159r, RM) Qui sic incipit in lectione: "Compassa est enim eorum
uerecundie, sicut misericors, sicut benignissima."

2 uerbis] *added above the line*   15 die] *added above the line*   19 Ecclesie] *added
above the line*

[1] The phrase is from Bede's *De tabernaculo et vestibus sacris*, 3.12 (PL 91:492); however, Herebert
may be drawing upon the *Glossa* rather than quoting Bede directly; see the *Biblia Sacra cum Glossa
ordinaria*, 1:815-816 (interlinear), on Ex. 30:9, *"libamina."*
[2] St. Bernard, "Dominica prima post octavam Epiphaniae, Sermo I," in his "Sermones de tempore,"
Opera omnia, ed. J. Leclercq, C.H. Talbot and H.M. Rochais (Rome, 1957-), 4:315 (cf. PL 183:155).
[3] Cf. *Glossa*, 5:192ra (marginal), on Jo. 2:4, *"Quid mihi"*; the *Glossa* cites St. Augustine, but I have
not been able to locate such a passage in his works.

uestrum loquar, percipitis et impenditis salutaria sacramenta, spiritalia
documenta, corporalia iuramenta et magistralia ornamenta; hic migratis
etiam de solo ad solium, ad pallium et pillium magistratus. "*Et erat Mater
Iesu ibi*": Mater in themate, Mater in opere, Mater in ymagine, et Mater ex
25 nomine Maria. Quid ergo restat nisi Iesu et discipulos eius ad nupcias
uocare? Nam hoc nomen, "Iesus," "lucet predicatum, pascit recogitatum,
lenit et ungit inuocatum," sicut dicit Beatus Bernardus, Omelia 15 super
Canticum.[4] Restat etiam erigere mentales oculos ad Matrem Virginem
Mariam, ad stellam enigmatum, ad cellam aromatum, ad aram karisma-
30 tum, ut scilicet vnigenitum suum, Iesum, pro nobis interpellet, quia tunc
instat pietas, "*dixit Mater*"; astat pietas, quia "*Iesus*"; et artat neccesitas,
quia "*vinum non habent.*" Dignetur igitur dulcis Iesus, qui potens est, pro
Matris clemencia sex ydrias positas aqua repletas, quinque scilicet sensus
meos et intellectum, sua gracia uisitare et aquam in vinum commutare, vt
35 igitur illa dicere ualeam que tam proli quam Matri cedant ad laudem et
commendationem. Vtrumque deuote salutemus.

   "*Dixit Mater Iesu ad eum: 'Vinum non habent,*'" Io. 2<:3>. Sicut
scribit Beatus Bernardus, Omelia 15 super Canticum: "Aridus est omnis
anime cibus, si non oleo nominis Iesu perfundatur. Insipidus est, si non hoc
40 sale condiatur. Si scribas, non sapit michi nisi legero Iesu. Si disputes aut
conferas, non sapit michi nisi sonuerit ibi Iesus. Iesus mel in ore, in aure
melos, iubilus in corde."[6] Hic igitur ad nupcias, sicut hodiernum
Euangelium declarat, nouo miraculo, aque scilicet in vinum conuersione,
diuinitatis sue potentiam declarauit. "Hoc," inquit Euangelista, "fecit
f. 159v 45 /inicium signorum Iesus in Chana Galilee et manifestauit gloriam suam"
<Io. 2:11>. In quibus uerbis Beatus Euangelista predictum miraculum
innuit tripliciter extollendum, scilicet quantum ad scrinium prudencie
singularis, surculum memorie paternalis, et poculum leticie nupcialis.
Describit, inquam, scrinium singularis prudencie, sed reseratum: "*Dixit,*"
50 inquit, "*Mater*"; subdit surculum paternalis memorie, sed incarnatum:
"*Iesu*"; subnectit poculum nupcialis leticie, sed relegatum, sed abnegatum,
sed non oblatum ibi: "*Vinum non habent.*"

32 (f. 159r, BM) Ieronymus, Epistola 90: "Mater et filia sunt nomina pietatis,
officiorum uocabula, uincula nature secundaque post Deum federatio."[5] Hec ille.
Potissime uero de Matre Virgine et eius Filio, magis quam de quacumque alia
matre et sua filia, uerificantur predicta.

---

   21 et impenditis] *added in marg.*   22 hic] *added above the line*   M32.3 Potissime]
o *added above the line*   49 scrinium] *foll. by* pu; *probably the beginning of*
prudencie *which was then postponed, probably to improve the rhyme, until after* singularis
51 Iesu] *added in marg.*

[4] St. Bernard, *Opera*, 1:85 (cf. PL 183:846).
[5] Cf. St. Jerome, "Epistola 117" (PL 22:954).
[6] St. Bernard, *Opera*, 1:86 (PL 183:847).

Dicit ergo pro primo, *"dixit Mater,"* ubi notatur scrinium prudencie sed
reseratum. "Conseruabat enim omnia uerba" pastorum, magorum, ange-
55 lorum, prudenter "conferens in corde suo" <Luc. 2:19>. Vnde de ipsa
dicit Beatus Ambrosius, libro *De uirginitate*, quod erat "corde humilis,
uerbis grauis, animo prudens, loquendi parcior, legendi studiosior."[7]
Denique salutata obmutuit et appellata respondit. De hoc scrinio dicit
Salomon, Prou. 31<:1-2>: "Verba Lamuelis regis, visio qua erudiuit eum
60 mater sua: 'Quid, dilecte mi? Quid, dilecte uteri mei? Quid, dilecte
uotorum meorum?'" "Lamuel" interpretatur "in quo est Deus";[8] hic est
Iesus qui personaliter est Deus et Verbum Patris. Littera tamen Hebraica
est datiui casus, sicut docet *Glossa Hebraica*[9] sic: "Verba Lamueli regi,"
id est, "uerba Deo regi." "Visio qua erudiuit eum mater sua": hoc est qua
65 Mater Iesu ipsum erudita suggestione ad vini miraculosam productionem
inclinauit. Et ait: "Quid, dilecte mi?": Ecce uinculum communis nature;
"Quid, dilecte uteri mei?": Ecce uinculum materne geniture; "Quid, dilecte
uotorum meorum?": Ecce uinculum singularis unigeniture. Hic est
funiculus triplex qui difficile rumpitur. "Quid," inquit, "dilecte uteri mei?"
70 Hic enim uirtus uirginalis dicitur solarium in quo propheta per quem
instruimur, erarium in quo moneta per quam redimimur, armarium in quo
athleta per quem eripimur, cellarium in quo dieta per quam reficimur. Est,
inquam, solarium in quo propheta per quem instruimur; est igitur scrinium
prudencie singularis. "Ne ergo dimittas legem matris tue," Prou. 1<:8>.
75   Secundo, notatur surculus memorie paternalis cum dicitur: *"Iesus,"* cui
etiam demones attestantur quod Filius quod Verbum quod Surculus sit Dei
Patris. Matt. 8<:29>: "Quid," inquiunt, "nobis, et tibi, Iesu Fili Dei?
Venisti huc ante tempus torquere nos?" Qui etiam Io. 16<:28> de seipso
dicit: "Exiui a Patre et ueni in mundum; iterum relinquo mundum et uado
80 ad Patrem," quasi diceret: "Exiui a Patre" per eternalem emanationem, et
"ueni in mundum" per temporalem propagationem, "iterum relinquo

---

61   (f. 159v, LM) Et subaudiendum est in omnibus tribus interrogationibus, *"quid"*
scilicet est faciendum.

54-58 Conseruabat . . . respondit] *added in marg.*   78 Venisti . . . nos] *added in marg.*

---

[7] St. Ambrose, *De virginibus ad Marcellinam sororem suam*, 2.2; ed. Otto Faller, SJ, Florilegium
Patristicum fasc. 31 (Bonn, 1933), p. 47 (cf. PL 16:220).

[8] Cf. *Glossa*, 3:1737 (marginal), on Prov. 31:1, *"Verba Lamuelis."*

[9] Professor Frank Talmage has identified for me the source of this interpretation as being the
commentary by Rashi (Rabbi Solomon ben Isaac, 1040-1105). According to Herman Hailperin, *Rashi
and the Christian Scholars* (Pittsburgh, 1963), most Latin commentators who made use of Rashi's
work, such as Nicholas de Lyra, refer to him by name; however, William de la Mare (fl. 1280) "seems
always to refer to Rashi as the 'glosa' or the 'glosa hebraica' . . ." (p. 131). It would thus seem quite
probable that Herebert derived his reference from William de la Mare or some similar secondary source
rather that directly from Rashi.

mundum" per corporalem afflictionem, et "uado ad Patrem" per uirtualem ascensionem.

    Tertio, subdit poculum leticie nupcialis, sed relegatum, cum dicitur:
85 *"Vinum non habent.*" Nam, pre omnibus liquoribus, vinum moderate sumptum corpora plus confortat, corda letificat, morbos euacuat, et uulnera sanat, propter quod, Thren. 2<:12>, "Matribus suis dixerunt: 'Vbi est triticum et vinum?' cum deficerent quasi uulnerati in plateis ciuitatis, cum exhalarent animas suas in sinu matrum suarum." "Vbi,"
90 inquam, "est triticum" seu panis cor hominis confirmans et "uinum" letificans? Inter omnes namque liquores et succos arborum, uinum quodammodo uendicat principatum, secundum Augustinum, *De ciuitate Dei*, Libro 7, Capitulo 26.[10]

    Merito ergo *"dixit Mater Iesu ad eum*: *'Vinum non habent,'"* ubi
95 considerari possunt sex virginis eloquia quantum ad primum, sex huius nominis Iesu preconia quo ad secundum, sex uini genera quo ad tertium, quibus etiam ministrant sex ydriarum uascula, que in Euangelio tanguntur: "Erant autem ibi lapidee ydrie sex posite," etc. <Io. 2:6>.

f. 160r   /Sed, primo, de nomine Iesu aliqua preconia perstringamus. Considero
100 siquidem in scriptura nomen Iesu eternaliter predestinatum, prophetaliter prenunciatum, figuraliter preexemplatum, supernaliter preconizatum, uirtualiter interpretatum, et singulariter exaratum. Lego igitur nomen Iesu eternaliter predestinatum. Nempe hoc ei nomen est "ab eterno," dicit Bernardus in sermone primo de circumcisione.[11] Hoc idem dicit Glossa,
105 Matt. 1 F <:21>.[12] Vnde dicit super isto uerbo, "Vocabis nomen eius Iesu": "Non impones, quod ab eterno <im>positum est."[13] Sicut enim eterne mentis oculo precognitus fuit humani generis lapsus, sic precognita fuit eius per Iesu procuranda salus, de quo dicitur, Ad Rom. 1<:4>, quod Iesus "predestinatus est Filius Dei," Dei "in uirtute," id est, in eadem
110 potentia cum Patre. "Qui" etiam, sicut dicitur, Eph. 1<:5>: "Predesti-nauit nos in adoptionem filiorum per Iesum Christum in idipsum," id est, sola gracia nos preelegit ad bona que filiis preparantur. Sed notandum

---

93 Dei] *added in marg.*   100 nomen Iesu] *repeated in marg.*   104-106 Hoc . . . est] *added in marg.*   109 Iesus] *added in marg.*   110 sicut dicitur, Eph. 1] *added in marg.*

---

[10] Cf. St. Augustine, *De civitate Dei*, 7.21 (CCSL 47:202-203; CSEL 40.1:330-331; PL 41:210-211).

[11] St. Bernard, *Opera*, 4:275 (cf. PL 183:132).

[12] Here (as also in M233 and in S. 6, l. 10) Herebert uses letters of the alphabet to indicate the relative position of the quotation in the Biblical chapter. This system of citation was developed (possibly under the influence of Hugh of St. Cher) in the first half of the thirteenth century at the Dominican house of St. Jacques as part of the development there of the verbal concordance to the Bible; see Richard H. Rouse and Mary A. Rouse, "The Verbal Concordance to the Scriptures," *Archivum Fratrum Praedicatorum* 44 (1974) 5-30.

[13] *Glossa*, 5:8r (interlinear), on Matt. 1:21, *"vocabis nomen"*; this gloss is again referred to below in M233.

diligenter quia, sicut dicitur, Rom. 8<:29>: "Quos presciuit, et predesti-
nauit conformes fieri ymaginis Filii sui, ut sit ipse primogenitus in multis
115 fratribus." Glossa: "Quos presciuit conformes fieri ymaginis Filii sui," id
est, Filii sui "qui est ymago vsquequaque idem cum Patre, hos predesti-
nauit," id est, ad gloriam preelegit.[14] Est enim Iesus Filius, Verbum,
Candor, et Speculum Dei Patris. Est et Liber Vite, de quo Ps. <138:16>:
"Et in libro tuo omnes scribentur." Nam in ipso describitur omnis forma
120 iuste viuendi quia ad forma<m> uite Christi potest quilibet corrigere
uitam sui. Glossa: "In me" quem dedisti formam iusticie hominibus, vnde
verba sunt Christi ad Patrem secundum Glossam; "scribentur," id est,
"instruentur et nominabuntur."[15] "In quo sunt omnes thesauri sapientie et
scientie absconditi," Col. 2<:3>. Est, inquam, liber scriptus intus et foris.
125 Est, inquam, liber duas habens paginas. Immensissimus quantum ad
paginam diuinitatis in qua relucent omnes rationes ydeales, breuissimus
quantum ad paginam humanitatis in qua relucent omnes perfectiones
morales. Nam prima pagina est expressiua omnium fiendorum per
potentiam, regendorum per prouidentiam, dampnandorum per prescien-
130 ciam, saluandorum per predestinationis graciam. In humanitatis pagina
scripte sunt morales regule omnium uirtutum; habemus enim exemplar et
regulam paupertatis in paruulis, exemplar humilitatis in cunabulis,
exemplar temperancie in ieiuniis, exemplar prudencie in responsis,
exemplar constancie in aduersis, et sic de ceteris. Respice ergo et fac
135 secundum exemplar quod tibi in monte monstratum est, quia hos
predestinauit, "quos presciuit conformes fieri ymaginis Filii sui." Qualiter
ergo predestinantur qui in nullo predictorum Christo Iesu conformantur?
Reuera "popule meus, qui beatum te dicunt, ipsi te decipiunt," Ysa.
3<:12>. Dicit enim Apostolus, II Cor. 8<:9>: "Scitis enim graciam
140 Domini nostri Iesu Christi, quoniam propter nos egenus factus est, cum
esset diues." Vbi dicit Augustinus, et est in Glossa (et est Augustinus,
prima parte sermonum, Sermone 34, post principium): "Nemo igitur se
contempnat quia pauper, pauper in cella, diues in conscientia. Securior
pauper dormit in terra, quam auro diues in purpura. Non ergo expauescas
145 cum tua mendicitate ad illum accedere, qui indutus est nostra paupertate.

---

113 sicut dicitur, Rom. 8] *added in marg.*   119-123 Nam . . . nominabuntur] *added in*
marg.   129 potentiam] *in marg. for* sapientiam *canc.*   135 tibi] *added above the*
line   138-139 Ysa. 3] *added in marg.*   141-142 et . . . principium] *added in marg.*

---

[14] Cf. the *Glossa*, 6:112 (marginal), on Rom. 8:29, "*Nam, Deus, predestinavit*": ". . . *fieri*
conformes filii, qui est imago patris, usquequaque eadem cum patre. . . . Praedestinatio . . . est gratiae
praeparatio, quae sine praescientia esse non potest."
[15] Cf. the *Glossa*, 3:1512 (marginal), on Ps. 138:15, "*substantia mea*," and 1513-1514 (interlinear),
on Ps. 138:16, "*in libro*" and "*scribentur*."

Vbi se pauperauit, pauperes ditauit."[16] Hec ille. Sit ergo nomini Iesu eternaliter predestinato laus et gloria.

Secundo, lego nomen Iesu prophetaliter prenunciatum. Quem enim ab antiquis patribus intueor ardentibus desideriis expectatum, frequentibus
150 suspiriis inuocatum, fulgentibus misteriis declaratum, hunc intueor euidentibus in testimoniis prophetiis prenunciatum. "Testimonium enim Iesu est spiritus prophetie," Apoc. 19<:10>. Vnde Abac. 3<:18>: "Ego," inquit, "in Domino gaudebo et exultabo in Deo Iesu meo." Item, in Apocalypsis Esdre <IV Ezra 7:28-30>: Vox Patris intonuit: "Reuelabitur
155 Filius meus Iesus cum hiis qui cum eo iocundabuntur qui relicti sunt in annis quadringentis. Et erit: Post hos annos <et> morietur Filius meus Iesus, et conuertetur seculum." Gaudium est mentis leticia, exultatio uero in uerbis est et membris. Hoc attendens, Apostolus dicit, Ad Phil. 2<:10>: "In nomine Iesu omne genu flectatur celestium, terrestrium, et
160 infernorum." Quod reuerenter pertractans, uir apostolicus, Gregorius X,
f. 160v extrauagans "De immu/nitate Ecclesiarum," "*Decet domum Dei sanctitudo*": "Conuenientes," inquit, "in Ecclesia fideles nomen Iesu, quod est super omne nomen, exhibitione reuerencie specialis attollant, et quod generaliter scribitur, ut 'in nomine Iesu omne genu flectatur,' singuli
165 singulariter in seipsis implentes, precipue dum aguntur Missarum sacra misteria, gloriosum illud nomen quandocumque recolitur, flectant genua

147 (f. 160r, ™) Bernardus, super Canticum, Omelia 35: "Cognosce, pecus, quem non cognouisti homo; adora in stabulo quem fugiebas in Paradiso; honora presepium, cuius contempsisti imperium; comede fenum, quem panem et panem angelicum fastidisti."[17] Verbum enim caro factum est, et "omnis caro fenum"
5 <Isa. 40:6>.

147 (f. 160r, ʙᴍ) Bernardus, super Canticum, Omelia 43: "Hec michi mundi conciliant Iudicem, dum tremendum potestatibus mitem humilemque figurant; dum non solum placabilem, sed et imitabilem representant eum, qui inaccessibilis est principatibus, terribilis apud reges terre. Propterea hec michi in ore frequenter,
5 sicut uos scitis; hec in corde semper, sicut scit Deus; hec stilo meo admodum familiaria, sicut apparet; hec mea subtilior interiorque philosophia, 'scire Iesum, et hunc crucifixum' <I Cor. 2:2>."[18]

151 in testimoniis] *added in marg.*   151-152 Testimonium . . . Apoc. 19] *added in marg.*   153-157 Item . . . seculum] *added in marg.*   163 attollant] *added in marg.*

[16] *Glossa*, 6:416 (marginal), on II Cor. 8:9, "*Vt inopia illius*." The first two of the four sentences are an abbreviated form of a passage from St. Augustine, "Sermo 36" (ᴘʟ 38:216).

[17] St. Bernard, *Opera*, 1:252 (ᴘʟ 183:965).

[18] St. Bernard, *Opera*, 2:43.

cordis sui, quod uel capitis inclinatione testentur."[19] Hec ille. Sit igitur
nomini Iesu prophetaliter prenunciato honor et latria.

Tertio, considero nomen tuum, Iesu, exemplariter prefiguratum, non
170 solum in Scripturis Sacris, sed etiam in poeticis et astrologicis. Multiplici
siquidem titulo signorum premonstratus est sanctus sanctorum, habuit et
Iudea quosdam "Iesous," quorum uacuis gloriatur uocabulis. Et illi quidem
premissi sunt tanquam baculus ad mortuum prophetam preueniens, et sua
interpretari nomina nequiuerunt, vacua quippe erant. "Nichil enim ad
175 perfectum adduxit lex," Hebr. 7<:19>. Non tamen in uanum quia rem per
figuram et ueritatem per umbram Scriptura designauit, premisit namque
Iesum filium Naue, Iesum filium Iosedech, Iesum filium Syrach, Iesum
Filium Virginis figurantes. Prefiguratus est enim noster Iesus ut propugnator strenuus per Iesum Naue, ut reparator sedulus per Iesum Iosedech, ut
180 informator sobrius per Iesum Syrach. Quis enim fortiter in stadio mundum
expugnauit? Quis potenter in patibulo dyabolum superauit? Quis ualenter
in triduo limbum spoliauit? Quis clementer ab opprobrio hominem
liberauit, nisi noster Iesus Naue quem Deus Pater misit in mundum "ut
saluetur mundus per ipsum" (Io. 1 <3:17>)? "Fortis enim in bello Iesus
185 Naue, successor Moysi in prophetis, qui fuit magnus secundum nomen
suum, maximus in salutem electorum Dei, expugnare insurgentes hostes,
ut consequeremur hereditatem Israel," Eccli. 46<:1-2>. Miranda mag-
nalia tanti ducis, "Naue" quidem "pulcritudo" interpretatur et "Nun"
"Patrem" designans, qui dicit in Ps. <49:11>: "Pulcritudo agri mecum
190 est." Igitur Iesus Naue <significat> Iesus Filius eterni Patris. Iste fuit
fortis in bello quod commisit cum hoste antiquo, quem excecauit in
incarnatione, relegauit in triplici temptatione, et incarcerauit in passione.
Hic dicitur successor Moysi quia legem per Moysen datam uenit

168 (f. 160v, TM) Vnde, de isto nomine loquens, Salomon, Can. 1<:2>, dicit:
"Oleum effusum nomen tuum," plane effusum primo in omnium redemptionem et
consolationem, effusum secundo per orbem contra tocius mundi impugnationem
ad omnium restorationem, effusum tertio ad humilium informationem, effusum
5 quarto in terram ad illuminationem, in celum ad fruitionem. Pro quibus omnibus
dicitur, I Cor. 1<:30>: "Ex ipso autem uos estis in Christo Iesu, qui factus est
nobis sapientia a Deo et iusticia et sanctificatio et redemptio."
174 (f. 160v, LM) IV Reg. 4<:18-37>, de Heliseo.
180 (f. 160v, LM) Vel ut fortis propugnator, ut iustus reperator, ut doctus
legislator.

167 Hec ille] *foll. by* Vnde dicit Bernardus, Omelia 98, "Electuarium habes" *canc.; cf.*
l. 219   174-175 Nichil ... Hebr. 7] *added in marg.*   179 Iosedech] *foll. by* ut
legislator uel *canc.*   181 potenter] *foll. by* in potenter *canc.*   190 Filius] *added in*
marg.

[19] Pope Gregory X, "De immunitate Ecclesiarum," no. 25 of the "Constitutiones a Gregorio papa
decimo in concilio Lugdunensi [1274]," beginning "Decet domum Dei sanctitudo"; the text is contained in *Sext.*, 3.23.2.

adimplere. "Lex enim per Moysen data est, gracia et ueritas per Iesum
195 Christum facta est," Io. 1<:17>. Vnde Ieronymus, in Epistola ad
Paulinum: "Iesus Naue, typum Domini non solum in gestis, uerum etiam in
nomine prefert, Iordanem transit, hostium regna subuertit, diuidit terram
uictori populo, et Ecclesie celestisque Ierusalem spiritualia regna describit."[20] Figuratur etiam per Iesum filium Iosedech, Sacerdotem Magnum,
200 propter populi reuocationem, propter ciuitatis Ierusalem reedificationem,
et propter templi restaurationem, de quibus legitur <I> Esdre 3. Figuratur
etiam per Iesum filium Syrach propter moralem informationem, de quo
dicitur in Eccli. 50<:29>, quem ipse scripsit: "Doctrinam sapientie et
discipline scripsit in codice isto Iesus, filius Syrac, Ierosolimita, qui
205 renouauit sapientiam de corde suo." Et certe in doctrina nostri Iesu
tamquam in omnium moralium compendio, tamquam in omnium sapien-
tialium epilogo, tamquam in omnium uirtutum sacrario, tamquam in
omnium aromatum cellario, omnis uite spiritualis perfectio continetur. Sit
igitur nomini Iesu figuraliter preexemplato laus et uictoria.

f. 161r 210   /Quarto, reperio nomen Iesu uirtualiter interpretatum. Nam sicut dicit
Beatus Ieronymus, super illud Ps. 97<:2>, "Notum fecit Dominus
salutare suum": "Vbicumque nos habemus 'Salutare,' in Hebraico habetur
'Iesus.'"[22] Et merito, salutare nomen Iesu. "Notum sit omnibus uobis et

209 (f. 160v, BM) Bernardus, super Canticum, Omelia 15: "Tristatur aliquis
uestrum, ueniat in cor Iesus, et inde saliat in os; et ecce ad exortum nominis lumen,
nubilum omne diffugit, et redit serenum. Labitur quis in crimen, currit insuper ad
laqueum mortis desperando, et nonne si inuocet nomen uite, confestim respirabit
5 ad uitam? Cui aliquando stetit ante faciem salutaris nominis duricia, ut assolet,
cordis, ignauie torpor, rancor animi, languor accidie, cui fons forte siccatus
lacrimarum, inuocato Iesu, non continuo erupit uberior, fluxit suauior? Cui,
queso, in dubiis estuanti et fluctuanti, non ad inuocationem clari nominis subito
emicuit certitudo? Cui in aduersis diffidenti, iamiamque deficienti, si nomen
10 adiutorii sonuit, defuit fortitudo? Nimirum morbi et languores anime isti sunt,
illud medicina. Denique et probare licet: 'Inuoca me,' inquit, 'in die tribulationis;
eruam te, et honorificabis me' <Ps. 49:15>. (f. 161r, TM) Nichil ita ire impetum
cohibet, superbie tumorem sedat, sanat liuoris uulnus, restingit luxurie fluxum,
extinguit libidinis flammam, sitim temperat auaricie, ac tocius indecoris fugat
15 pruriginem," etc. "Hec omnia simul michi sonant, cum sonuerit Iesus."[21]

199 Sacerdotem Magnum] *added in marg.*   201 3] *in marg. for* 2   203 dicitur]
foll. by d *canc.*   203 50] *added in marg.*   203 ipse] *added in marg.*   204-
205 Iesus . . . suo] *added in marg.*   209 figuraliter preexemplato] *in marg. for* exemplariter prefigurato   M209.2 lumen] *foll. by* lu *canc.*   213-215 salutare . . . Petri] *added
in marg.*

[20] St. Jerome, "Epistola 53" (CSEL 54:456; PL 22:545-546).
[21] St. Bernard, *Opera*, 1:86-87.
[22] Cf. St. Jerome, *Tractatus in librum Psalmorum* (CCSL 78:163; PL 26:1186-1187): "Vbicunque
enim Salvator dicitur, in Hebraico Iesus ponitur."

omni plebi Israel quia <in> nomine Iesu Christi Nazareni," etc., "iste
215 astat coram uobis sanus," Act. 4<:10>; uerba sunt Petri. "Nec enim est
aliud nomen sub celo datum hominibus, in quo oportet nos saluos fieri,"
Act. 4<:12>. Nam secundum Beatum Bernardum, Omelia 15 super
Canticum: Hoc nomen Iesus "confectionem" quamdam in se claudit "cui
similem medicorum nemo facere possit. Hoc tibi electuarium habes, O
220 anima mea, reconditum in uasculo nominis huius, quod est Iesus,
salutiferum certe, quodque nulli umquam pesti tue inueniatur inefficax.
Semper tibi in sinu sit, semper in manu, quo tui omnes in Iesum et sensus
dirigantur et actus."[23] Quod etiam nomen gloriosum, cum Sanctum
Franciscum proferre contingeret "labia sua pre dulcedine quasi lingere
225 uidebatur."[24] Nec mirum, est enim nomen Iesu mellificum, dans saporis
suauitatem:

> Þys nome ys also on honikomb þat ȝyfþ ous sauour and swetnesse,
> And hyt ys a seollich nome þat maketh ous wondren hys héynesse,
> And hyt ys on holsom nome þat brȳngh ous bóte of wykkenesse,
230 And hyt ys a nome of lyf þat brȳngþ ous ioie and gladsomnesse;[25]

mirificum, dans stuporis immensitatem, in Ps. <8:2,10>: "Domine,
Dominus noster, quam admirabile est nomen tuum in vniuersa terra";
saluificum, dans curationis remedium, Matt. 1<:21>: "Vocabis nomen

225 (f. 161r, RM) Ex. 16<:31>: "Appelauit domus Israel nomen eius Man."[26]
233 (f. 161r, BM) Item, Rabanus super illud Matt. 1<:21>, "Vocabis nomen eius
Iesu": "'Iesus' Hebreo sermone 'Saluator' dicitur."[27] Item, quod hoc nomen Iesus
conuenit Filio Dei essentialiter sicut Deus et "potens saluare. Christus autem est
nomen officii sacerdotalis quia unctus est ad interpellandum pro nobis"; in Glossa,
5 Matt. 1 A[28] et infra F dicitur quod "ab eterno fuit ei impositum."[29] Item, quod
"Iesus" fuit eius "proprium," "Christus" "commune nomen dignitatis," Glossa,
Matt. 16 G.[30]

218 claudit] *foll. by* diuine nature scilicet et humane *canc.* 223 nomen] *foll. by*
cum *canc.* 223 cum Sanctum] *added in marg.* 227-230 þys ... gladsomnesse]
added in marg. 227 ȝyfþ] þ *added above the line*

---

[23] St. Bernard, *Opera*, 1:87 (cf. PL 183:847).

[24] St. Bonaventure, "Legenda maior S. Francisci," 10.6; *Analecta Franciscana* 10 (1926-1941)
604.

[25] Cf. Poem 20, below.

[26] Ex. 16:31 continues: "quod erat quasi semen coriandri album, gustusque eius quasi similae cum
melle."

[27] Raban Maur, *Commentarius in Mattheum*, Bk. 1 (PL 107:751).

[28] *Glossa* 5:5ra (marginal), on Matt. 1:1, "*Iesu Christi*."

[29] *Glossa*, 5:8r (interlinear), on Matt. 1:21, "*vocabis nomen*"; this gloss was referred to above,
l. 106.

[30] *Glossa*, 5:52va (marginal), on Matt. 16:20, "*ut nemini*"; cf. St. Bede, *Expositio in Evangelium S.
Matt.*, Chap. 1 (PL 92:1).

eius Iesum, ipse enim saluum faciet populum suum," etc.; viuificum, dans
235 fruitionis tripudium, Apoc. 2<:17>: "Vincenti dabo manna absconditum
et dabo ei calculum candidum, et in calculo nomen nouum scriptum, quod
nemo scit, nisi qui accipit." "Si quis igitur non amat Dominum nostrum,
Iesum Christum, sit anathema maranatha"; I Cor., ultimum <16:22>:
"Anathema," id est, "separatus a Deo" uel "condempnatus"; "maranatha,"
240 id est, "in aduentu Domini."³² Sit igitur nomini Iesu tam uirtualiter
interpretato theosebia.

Quinto, reperio nomen Iesu supernaturaliter preconizatum quia ab
archangelo Gabriele. Qui enim ab archangelo debuit preconizari, debuit
merito predestinari, prenunciari, prefigurari, et debuit interpretari salu-
245 taris, propter quod dicit angelus Marie, Luc. 1<:31>: "Ecce concipies in
utero, et paries filium, et uocabis nomen eius Iesum." Nam hoc nomen
precise est uotis amabile, donis laudabile, signis mirabile, et scriptis
notabile. Quid eque mentem cogitantis impingat? Quid ita exercitatos
reparat sensus, uirtutes roborat, uegetat mores bonos atque honestos,
250 castas fouet affectiones? Igitur glorioso nomini Iesu supernaliter preconizato sit yperdulia.

Sexto, reperio nomen Iesu singulariter exaratum. Nam hoc solum
nomen, Iesus Christus, in Scriptura Sacra conspicio Grecis litteris
conscriptum. Non enim, ut falso multi putant, scribitur hoc nomen "IHS"
255 litteris Latinis "I," "H," "S," sed Grecis "I," "H," et "S." Nec "XPS"
scribitur per "X," "P," "S" litteras Latinas, sed per "X," "P," "S" mere
Grecas. Et hoc est quod dicit Beda, in principio *Artis metrice*: Latini "post
perceptionem Dominice fidei, 'H' et 'S' admiserunt propter auctoritatem
nominis Iesu, 'X' et 'P' propter nomen Christi, 'a' et 'w' propter Dominici

237 (f. 161r, RM) Vt "sit societas nostra cum Patre et Filio eius Iesu Christo," I Io.
1<:3>. Falsa est igitur grammaticorum regula que dicit quod nullum proprium
nomen recipit comparationem excepto hoc nomine Codrus, et nemo codrior illo,
etc. Nota.³¹
246 (f. 161r, RM) Luc. 2<:21>: "Vocatum est nomen eius Iesus, quod uocatum
est ab angelo prius quam in utero conciperetur.": Item, I Cor. 12<:3>: "Nemo
potest dicere: 'Dominus Iesus,' nisi in Spiritu Sancto." *Glossa*: "Dicere
cogitatione, uerbo, et opere, Iesus est Dominus et ego seruus eius sum, nisi a
5 Spiritu Sancto quia omne uerum est a Spiritu."³³

242 preconizatum] *in marg. for* prenominatum   244 debuit] *added in marg.*
250 preconizato] *in marg. for* prenominato

³¹ Herebert's example may be from some commentary upon *Priscianus maior*, 3.1.2, where Priscian
speaks of the comparison of names, but I have been unable to find a precise parallel.
³² *Glossa*, 6:353-354 (interlinear), on I Cor. 16:22, "*anathema*."
³³ *Glossa*, 6:302 (marginal), on I Cor. 12:3, "*et nemo*."

260 sermonis auctoritatem <Apoc. 21:6>."[34] Grece uero est hoc nomen Iesus
trissillabum et triplex "i" ponitur, quia prima sillaba est ex "i" (iota),
secunda ex "H" (ita), tertia ex "S," "O," "V," "S," ac si Latinis litteris
diceremus "iisus," ut duo "ii" faciant duas sillabas primas et tertiam faciant
quatuor sequentes. Sed hoc est aput eos, quia iota semper est uocalis et
265 numquam consonans. Oportet igitur quod apud eos sit hoc nomen
trissillabum sed apud nos potest "I" esse consonans sequente uocali; et ideo
cum "H," quod est uocalis, sillabicatur "i" apud nos in hoc nomine Iesus
quasi diceremus "iisus"; sed quoniam pro "ita" Latini semper sonant "e,"
ideo dicimus "Iesus." Et quia hoc solum nomen,/Iesus Christus, in tota   f. 161v
270 sacra pagina litteris scribitur peregrinis, id est, Grecis, ideo merito dicit
Apostolus, I Cor. 3<:11>: "Fundamentum aliud nemo potest ponere
preter id, quod positum est, quod est Christus Iesus." Nam in hoc solo
nomine, Iesus, clauditur fundamentum omnium credendorum, complementum omnium preceptorum, fulcimentum omnium meritorum, condi-
275 mentum omnium premiorum. Exprimit enim pulcherrime primum articulum
fidei, scilicet articulum Trinitatis, eadem uocalis "i" ter figurata, sicut in
diuinis una et eadem est esse in tribus personata. Premittit etiam
complementum omnium preceptorum decalogi. Nam, sicut dicit Beda,
super 30 Capitulo Ex.: "Nomen Iesu apud Hebreos et Grecos, a ioth et iota
280 incipit, quod utrumque nota est denarii numeri." Et addit: "Forte ideo
dictum est: Vnum iota de lege non posse preterire <cf. Matt. 5:18>, quia
uirtus decalogi qui ibi continetur, et fides nominis quod ibi signatur, nulla
potest infidelium perturbatione corrumpi."[35] Ecce quam firmum
fundamentum.
285   Continet etiam hoc nomen in Scriptura fulcimentum omnium meritorum, scilicet "humilitatem sine qua qui uirtutes reliquas congregat, quasi
puluerem in uentum portat," secundum Gregorium, *Moralia*.[36] Omnis
enim usus laboris perditur, si in humilitate non figitur, dicit Gregorius,

272 (f. 161v, LM) Non enim pondero ad presens siue dicatur vnum nomen uel duo,
uel vnum proprium et aliud quasi commune uel cognomen.

261 iota] *added above the line*   262 ita] *added above the line*   263 sillabas] *in
marg. for* litteras   274-275 condimentum omnium premiorum] *added in marg.*
285 etiam] *added above the line*   287 Moralia] *foll. by* Immo "sine humilitate uirtus
quelibet, in uitio deputatur," secundum Ysidorum, Libro 2, *De summo bono*, Capitulo 38 C
[i.e., *Sententiarum*, 2.38 (PL 83:639)]. Est enim locus bonorum, mater aliarum uirtutum,
et tamen alias uirtutes nescit *canc.*   288 figitur] *sentence repeated in marg.*: Omnis enim
usus laboris perditur, si in humilitate non figitur; *Moralia* 34

[34] St. Bede, *De arte metrica*, Chap. 1 (CCSL 123A:83; PL 90:151).

[35] St. Bede, *De tabernaculo*, 3.13 (PL 91:495), but the wording here is closer to that of the *Glossa*,
1:817 (marginal), on Ex. 30:13, "*dimidium sicli*."

[36] This quotation is not from the *Moralia* but from St. Gregory's *XL Homiliarum in Evangelia*, Bk.
1, Sermon 7 (PL 76:1103).

Moralia 34.[37] Nam per "i" litteram, que in omni lingua huius nominis
290 capud est, apud Latinos humilitas intelligitur; et quia tertio in hoc nomine
apud Grecos ponitur, triplex gradus in scala humilitatis designatur, scilicet

Spernere mundum, spernere nullum, spernere sese.[38]

Nam spernere se seipsum sub tertio gradu collocatur. Huiusmodi est igitur
qui merito de se dicit, Matt. 11<:29>: "Discite a me, quia mitis sum et
295 humilis corde." "Discite," inquit, "a me," id est, a meo nomine et a meo
opere.[39] Qui in Ps. <21:7> dicit: "Ego autem sum uermis et non homo,
opprobrium hominum et abiectio plebis." Nomen uero Christi Greci
scribunt quandoque per vnam litteram tantum que pulcherrima est et
misteriis plena et uocatur "Monogramma," sicut docet Victorinus,
300 Primasius et Ticonius.[40] Vnde illud Apoc. 13<:18>: "Hic est sapientia,"
et intellectus de Christi nomine exponunt, humiliemus igitur animas
nostras dulcissimo nomini Iesu quoniam, secundum Apostolum, Ad
Phil. 3<:20-21>: "Saluatorem expectamus Dominum Iesum Christum,
qui reformabit corpus humilitatis nostre, configuratum corpori claritatis
305 sue." Cui nomini, sic eternaliter predestinato, sic prophetaliter prenunciato, sic exemplariter prefigurato, sic uirtualiter interpretato, sic supernaliter preconizato, sic singulariter exarato, sit laus et gloria.
    Item, in Matre Iesu notatur scrinium prudencie. Hec est enim apis
prudens et celici mellis mater. Nam sicut apis, mire ingeniata, domum
310 exagonam construit quam melle replet que etiam figura uacuum non
relinquit, sicut dicitur tertio *De celo et mundo*,[41] sic huius uirginis tantum

---

296 dicit] *added in marg.*   299 et uocatur "Monogramma"] *added in marg.*
300 est] *added above the line*   301 igitur] *added in marg.*   305 sic eternaliter] sic
added above the line   307 gloria] *foll. by 3 blank lines, presumably for some later insertion*

---

[37] St. Gregory, *Moralia*, 34.23; cf. PL 76:747: "Hi nimirum, quia humilitatem, quae virtutum mater
est, nesciunt, usum laboris sui perdunt, etiamsi qua bona sunt quae operari videantur, quia surgentis
fabricae robusta celsitudo non figitur, quae nequaquam per fundamenti fortitudinem in petra solidatur."

[38] Cf. Hans Walther, *Lateinische Sprichwörter und Sentenzen des Mittelalters in alphabetischer
Anordnung*, Carmina medii aevi posterioris latina no. 2 (Göttingen, 1963-1969), 5:95 (no. 30154),
and his *Initia carminum ac versuum medii aevi posterioris latinorum*, 2nd ed., Carmina medii aevi
posterioris latina no. 1 (Göttingen, 1969), p. 970 (no. 18492). Cf. also Hildebert, "De quatuor bonis et
quatuor malis"; PL 171:1437.

[39] Cf. *Glossa*, 5:40va (marginal), on Matt. 11:29, *"discite a me,"* which mentions "verbo et
exemplo."

[40] Cf. Primasius, *Commentarius in Apocalypsin*, Bk. 4 (on Apoc. 13:18) (PL 68:884). The
commentary by Victorinus (CSEL 49; PL 5:317-344) does not mention the Monogrammaton, nor do the
extant fragments of Tyconius' commentary: PL Supp 1:622-652; *The Turin Fragments of Tyconius'
Commentary on Revelation*, ed. Francesco Lo Bue and G.G. Willis, Texts and Studies n.s.7
(Cambridge, 1963).

[41] Aristotle, *De caelo et mundo*, 3.8 (306b7).

sex uerba reperio non superuacua, sed celico melle plena mortisque
amaritudinem pellentia, sicut egregius uersificator, ipsam breuiter alloquens, testatur, dicens:

315   Mortis amara rapis,
       Imperialis apis.[42]

Quod enim fuerit alium uerbum, quo scilicet salutauit Elizabet, scriptum
non habemus. Igitur in primo uerbo fulget pudor uirginitatis: "Quomodo
fiet istud," etc. <Luc. 1:34>; in secundo, tenor humilitatis: "Ecce ancilla
320 Domini" <Luc. 1:38>; in tertio, honor diuinitatis: "Magnificat anima mea
Dominum" <Luc. 1:46>;/in quarto, feruor caritatis: "Fili, quid fecisti f. 162r
nobis sic?" <Luc. 2:48>; in quinto, dulcor pietatis: "Vinum non habent";
in sexto, ualor strenuitatis: "Quodcumque dixerit uobis, facite" <Io.
2:5>. Et ista in se claudunt apicem tocius moralis perfectionis, videlicet si
325 ex uoto virgo et castus, si pauper et modicus, si deuotus, si feruidus, si pie
compaciens, si prompte obediens. Ponuntur autem sex ydrie secundum
modum Iudeorum. Et sunt fluens luxuria, tumens superbia, repens
auaricia, furens iracundia, liuens inuidia, et torpens accidia. Et uide quia
ad quodlibet uerbum Marie, si indigeas, precipiet Iesus unam ydriam rorari
330 et lauari aqua contricionis et confessionis quam mutabit in vinum
compunctionis. Hiis autem sex uerbis uirginis, sex uini genera correspondent. Ad litteram enim inuenio uinum quod altario offertur, et hoc uocatur
infertum uel oblatum, defecatum, gariofilatum, rosatum, conditum,
salgiatum.[43] Vinum oblatum est castitas renouata; vinum defecatum est
335 transquillitas pacata; vinum gariofilatum, fragrans deuotio; vinum rosatum, flagrans dilectio; vinum conditum, pia compassio; vinum salgiatum,
prompta subiectio. Salgia enim, nisi transplantetur, arescit; et nisi flos
amputetur, resiluescit. Sunt autem sex alia uini genera, scilicet spurcum,
turbidum, acetosum, crudum, limphatum, et saccatum.
340   Igitur in primo Marie uerbo lucet pudor uirginitatis, quia dixit ad
Angelum <Luc. 1:34>: "Quomodo fiet istud, quoniam uirum non
cognosco?" Super quo uerbo dicit Bernardus, Omelia 3 super "Missus est":
"O Virgo prudens, O Virgo deuota, quis te docuit Deo placere uirginitatem? Que lex, que iusticia, que pagina Veteris Testamenti uel precipit, uel

---

314 dicens] Versus *appears in marg.*   318 uerbo] *foll. by a second* uerbo *canc.*
321 caritatis] *corr. from* dilectionis   322 pietatis] *corr. from* compassionis   323 ualor
strenuitatis] *in marg. for* rigor subiectionis   326 sex ydrie] *repeated in marg.*
333 uel oblatum] *added in marg.*   334 Vinum] *repeated in marg.*   337 Salgia]
Vinum *appears in marg.*   340 dixit] *foll. by* Marie *canc.*   343 Deo] *added above the
line*

---

[42] I have not been able to discover the author of these verses.

[43] I have not been able to find any direct source for this catalogue of wines.

345 consulit, uel hortatur in carne non carnaliter uiuere et in terris angelicam
uitam ducere?"[44] Dixerat siquidem Salomon, quasi ad improperium
mulierum, Eccl. 7<:29>: "Virum de mille unum reperi, mulierem ex
omnibus non inueni." Sed habemus pro eis responsum in Maria. Vnde
super eodem uerbo sic respondet Alexander, dicens: "Mulierem non
350 reperisti, O Salomon, omnibus aliis preferendam? Virginem inuenire
poteris. Hec est uirginum aureola, martyrum gloria, peccatorum refugium,
solacium miserorum, delicie angelorum. Hec prima virginitatem uouit
primaque dixit in terris: 'Quomodo fiet istud, quoniam uirum non
cognosco?'"[45] Hanc non solum predixerunt sancti prophete, sed etiam
355 astrologi et poete. Vnde Albumasar, Libro 6, *Maioris introductorii*,
Differentia 1, Capitulo 7, dicit quod signum uirginis, ut dicunt Indi, habet
"tres facies, et ascendit in prima facie illius puella, et est uirgo pulcra atque
honesta prolixi capilli et pulcra facie, habens in manu sua duas spicas, et
mittit puerum dans ei ius ad comedendum; et uocant ipsum puerum quedam
360 gentes Iesu, quem nos Grece 'Christum' dicimus."[46] Cui per omnia
concordat Ouidius, libro *De mutacione uite*.[47] Hec igitur est omnium
continentium et precipue uirginum ducissa. O karissimi, quicumque hanc
margaritam, virginitatem, inquam, adhuc tenetis, ne eam pro uili delectatione proiciatis in lutum; nam semel proiectam, si totum daretis mundum,
365 non eam uenalem inuenietis quia, sicut dicit Hyldebertus, Epistola 38:
"Virginitatis reflorationem sperare, nature obliuio est."[48] Est igitur
uirginitas, sicut ipse dicit, "curarum silencium, pax carnis, uiciorum
redemptio, uirtutum principatus."[49] Si igitur uirgo es, hoc a Maria
f. 162v   exemplariter habes. Nam primus/discendi ardor, nobilitas est magistri.
370 Quod si sigillum pudicicie ruptum est, si baratro desperationis incipias
absorberi, dicat pro te iudici Maria, sed lacrimis inuocata. "Quomodo fiet

355 Albumasar] *repeated in marg.*   363 virginitatem, inquam] *added in marg.*

[44] St. Bernard, *Opera*, 4:40 (cf. PL 183:74).

[45] I have been unable to discover the source of this quotation from "Alexander," but it is probably
from the commentaries of Alexander Neckham on the Sapiential books.

[46] This quotation is from the translation of Albumasar's *Introductorium* by John of Seville; cf. Paris,
BN, MS lat. 16204, p. 108, col. b.

[47] Pseudo-Ovid, *De vetula*, 3.623-633, gives a poetic paraphrase of Albumasar's description of
Virgo; Dorothy M. Robathan, ed., *The Pseudo-Ovidian De vetula: Text, Introduction, and Notes*
(Amsterdam, 1968), pp. 131-132. The poem is frequently ascribed to Richard de Fournival (fl. 1246).
London, BL, MS Royal 7.F.vii, containing various works of Roger Bacon (and annotated in
Herebert's hand), includes (on f. 83v) the first 180 lines of Bk. 3 of *De vetula*. Following this folio,
there are two stubs visible in the binding, and these two missing folios presumably contained the rest of
the book; it was probably from this manuscript that Herebert knew the poem.

[48] Hildebert, "Epistola 21" (PL 171:196).

[49] Hildebert, "Epistola 21" (PL 171:195). These quotations from Hildebert on virginity are repeated
in SS. 3 and 4, below (S. 3, ll. 231-234, and S. 4, ll. 477-481, respectively). Herebert is known to have
had in his possession a manuscript of Hildebert's epistles owned by the Franciscan Convent of
Hereford, now London, BL, MS Royal 7.A.iv.

istud, quoniam uirum non cognosco?" Laues ydriam primam aqua contricionis et confessionis offerasque causam Christo dicens: "Potabimus nos uino compunctionis" <Ps. 59:5>; dicetque pro te Matri: "Lauabit in
375 vino stolam suam" <Gen. 49:11>; "stolam," inquam, deturpatam per corruptionem, "lauabit in uino" per feditatis deplorationem, per castitatis amplexationem. Dicitur enim, Zach. 9<:17>: "Quid enim bonum est aut quid pulcrum eius, nisi frumentum, oleum, et uinum germinans uirgines?" Est enim uirginitas inuiolata per innocenciam, reparata per penitentiam,
380 reprobata per negligentiam. Sed aliud est uinum spurcum dictum, quasi spurcum, id est, immundum, quod offerri non licet. Et de hoc exponi potest illud Sap. 19 <Eccli. 19:2>: "Vinum et mulieres apostatare faciunt etiam sapientes." De vino dicit Boecius, *De disciplina*, Libro 1, Capitulo 8: "Vinum modice sumptum intellectui conferre uidetur acumen, non modice
385 autem sumptum rationem perturbat, intellectum ebetat, memoriam eneruat, obliuionem immittit, errorem infundit, ignoranciam producit. Vbi enim ebrietas, ibi furor dominatur; vbi furor, ibi nulla sapientia, sed desipiencia peruagatur."[50] De qua dicit Petrus Rauennas, Sermone 12: "Ebrietatem nullus agnoscit Christianus et subdit rationem."[51] Sermone
390 26: "Ebrietas," inquit, est "mater cedis, genitrix furoris, petulancie magistra deformis. Hanc qui habet, non est homo. Est enim demon blandus, dulce uenenum, honestatis illecebra et iniuria pudoris."[52] Hec ille.
    Qualiter autem "mulieres apostatare" faciant "sapientes," tangit Rufinus
395 ad Valerianum: "Optima femina, que rarior est fenice, amari non potest sine amaritudine metus et frequentis infortunii. Male autem quarum tam

393 (f. 162v, тм) Distinctio 35: "In principio generis humani, ignorabatur ebrietas; primus Noe uineam plantauit, dedit naturam, sed ignorauit potentiam. Itaque vinum non suo pepercit auctori. Manebat autem antequam uinum inueniretur, omnibus inconcussa libertas; nemo sciebat a consorte sue nature
5 obsequia seruitutis exigere. Non esset hodie seruitus, si ebrietas non fuisset." In *Decretis*, Distinctio 35 <Caput 8>.[53]

377 Dicitur enim, Zach. 9] *added in marg.*   384 acumen] *corr. from* accumen

[50] Pseudo-Boethius, *De disciplina scolarium*, Chap. 2; ed. Olga Weijers, Studien und Texte zur Geistesgeschichte des Mittelalters, Band 12 (Leiden, 1976), p. 102 (cf. PL 64:1228).
[51] St. Peter Chrysologus, "Sermo 12" (PL 52:222-226), deals with various ills within the Church, including drunkness, but this specific phrase does not appear there, and has not been found elsewhere.
[52] St. Peter Chrysologus, "Sermo 26" (PL 52:273). This quotation is repeated in Sermo 3, ll. 131-136 below, where the wording is rather closer to the published edition than it is here, and where it is cited as "Sermo 5" rather than "26."
[53] Gratian found this quotation in St. Ambrose, *De Helia et jejunio*, Chap. 5; ed. and trans. Sister Mary Joseph Aloysius Buck, The Catholic University of America Patristic Studies vol. 19 (Washington, DC, 1929), p. 52 (cf. CSEL 32.2:418-419; PL 14:736).

copiosa sunt examina ut nullus locus expers sit malignitatis earum, cum amantur amare pungunt et afflictioni uacant usque ad diuisionem corporis et spiritus. Amice," inquit, "ethicum est videto cui des. Ethica est videto
400 cui te des. Si alleges pudiciciam Sabine, Lucrecie, et Penolope, respondeo tibi quia nulla est Sabina, nulla Lucrecia, nulla Penolope, time omnes."[54] "Ne intenderis fallacie mulieris," dicit expertus Salomon, Prou. 5<:2>. Cuius fallacia consistit in uultus specie, uerborum blandicie, et tactus mollicie, quibus fallit hominem ut auem decipula, murem muscipula, et
405 piscem reticula. Propter que Secundus Philosophus ipsam sic describit: "Mulier est hominis confusio, insaturabilis bestia, continua sollicitudo, indeficiens pugna, dampnum cotidianum, domus tempestatis, salutis impedimentum, viri <in>continentis naufragium, adulterii uas, precio- sum prelium, animal pessimum, pondus grauissimum, aspis insanabilis,
410 humanum mancipium."[55]

[54] Walter Map, "Epistola Valerii ad Ruffinum," *De nugis curialium*, 4.3; ed. and trans. M.R. James, rev. C.N.L. Brooke and R.A.B. Mynors, Oxford Medieval Texts (Oxford, 1983), pp. 292, 294. The table of contents of Herebert's "Commonplace Book" (f. 1v) indicates that, at one time, the manuscript included a copy, now missing, of the "Epistola."

[55] The *Vita Secundi* from which this passage, made famous by Chaucer's Chauntecleer (among others), is taken was frequently included in various *Vitae philosophorum* and *florilegia*, as well as appearing on its own in a number of medieval manuscripts; however, I have been unable to find a version which matches Herebert's wording precisely. Cf. Ben Edwin Perry, *Secundus the Silent Philosopher*, American Philological Association, Philological Monographs no. 22 (Ithaca, NY, 1964), pp. 96 (for the Latin translation by Willelmus) and 84 (for the original Greek).

Sermo 2

\<Sermo in Epiphania\>

"VIdimus stellam eius in oriente et uenimus adorare eum," Matt. f. 165r
2\<:2\>. Secundum quod docet Beatus Augustinus, *De doctrina Chris-*
tiana, Libro 4, Capitulo 4: "Diuinarum Scripturarum tractator et doctor,
defensor recte fidei ac debellator erroris, debet et bona docere et mala
5 dedocere atque in hoc opere sermonis consiliare auersos, remissos erigere,
nescientibus quod agatur, quid exspectare debeant intimare. Vbi autem
beniuolos, intentos, dociles aut inuenerit aut ipse fecerit, cetera peragenda
sunt, sicut expostulat causa."[1] Consistunt igitur conditiones boni auditoris,
secundum Augustinum ibidem, et expressius secundum Boecium, primo
10 libro, *De disciplina scolarium,* "in attentione, beniuolentia, et docilitate";
ut scilicet sit "docilis ingenio, beniuolus animo, attentus exercicio.
Attentus, inquam, ad audiendum, docilis ad intelligendum, beniuolus ad
retinendum. Ista uero tria ad perfectionem currunt permutatim."[2] Si igitur,
ut spero, uos omnes uere dicere potestis uerba premissa, *"uenimus adorare*
15 *eum,"* uere estis beniuoli, dociles, et attenti. Docilitas notatur in
uenientibus, beniuolentia in adorantibus, sed attentio maxima debet esse in
Deo famulantibus. *"Venimus," inquiunt, "adorare eum,"* scilicet Deum.
Pro quibus tribus simul mutuo nos exhortemur cum Psalmista \<Ps. 94:6\>:
"Venite, adoremus et procidamus ante Dominum."[3] Et causam quare hoc
20 sit faciendum reddit Beatus Augustinus ubi supra, Libro 4, quoniam, ut
dicit, "ipsis quoque ministris sanctis hominibus uel etiam sanctis angelis
operantibus, nemo recte discit que pertinent ad recte uiuendum cum Deo,
nisi fiat docilis a Deo, cui dicitur in Ps. \<142:10\>: 'Doce me facere
uoluntatem tuam, quia tu es Deus meus.'"[4] Hec quantum ad auditores.
25 Quantum uero ad predicationem, dicit Beatus Augustinus ubi supra, quarto

---

1 (f. 165r, TM) *"Venimus adorare eum,"* scilicet Iesum uel Regem Iudeorum. Hec
ultima pars thematis pro antethemate potest ministrare.

M1.2 pars] *added above the line*   19-20 quare ... faciendum] *added in marg.*

---

[1] St. Augustine, *De doctrina Christiana,* 4.4 (CCSL 32:119; CSEL 80:121; PL 34:91).
[2] Pseudo-Boethius, *Disc. scol.,* Chap. 2; ed. Weijers, p. 99 (PL 64:1226-1227).
[3] Ps. 94 is proper to Epiphany in the *Brev. Rom.*
[4] St. Augustine, *Doct. Christ.,* 4.16 (CCSL 32:140; CSEL 80:142-143; PL 34:104).

libro, Capitulo 4, et 11 de paruis. Recitando enim dicta cuiusdam alterius et
eadem approbando, sic ait: "Dixit quidam eloquens, et uerum dixit, ita
dicere debere eloquentem, 'ut doceat, ut delectet, ut flectat.' Deinde
addidit: 'Docere necessitatis est, delectare suauitatis, flectere uictorie.'"[5]
30 Et plus, Capitulo 6, 15 de paruis: "Agit igitur quantum potest, cum ista
dicit, ut diligenter, ut libenter, ut obedienter audiatur; et hec se posse, si
potuerit et in quantum potuerit, pietate magis orationum quam oratorum
facultate non dubitet, ut orando pro se ac pro illis, quos est allocuturus, sit
orator antequam doctor. Ipsa hora iam ut dicat accedens, priusquam exerat
35 proferentem linguam, ad Deum leuet animam sicientem, ut eructet quod
biberit, uel quod impleuerit, fundat."[6] Et subdit Augustinus: "Et quis facit
ut, quod oportet et quemadmodum oportet, dicatur a nobis, nisi 'in cuius
manu sunt et nos et sermones nostri' <Sap. 7:16>?"[7] Cum igitur nec uos
conuenienter audire possitis, nec ego utiliter proferre ualeam, nisi Domino
40 coadiuuante, rogabimus eum quatinus pro sua clemencia uobis et michi
dignetur graciam suam impartiri, ut scilicet dicere ualeam et uos audire que
sibi cedant ad laudem et commendationem, et nobis ipsis ad edificationem
et consolationem.

43 (f. 165r, BM) Leo papa, in sermone quodam tertio in doctrina natiuitatis
Domini: "Excedit quidem, dilectissimi, multumque supereminet humani eloquii
facultatem diuini operis magnitudo, et inde oritur difficultas fandi, unde adest ratio
non tacendi, quia in Iesu Christo, Filio Dei, non solum ad diuinam essentiam, sed
5 etiam ad humanam spectat naturam quod dictum est per Prophetam: 'Generatio-
nem eius quis enarrabit?' <Isa. 53:8>. Vtramque enim naturam in vnam
conuenisse personam, nisi fides credat, sermo non explicat, et ideo numquam
deficit materia laudis, quia numquam sufficit copia laudatoris."[8]

40 clemencia] *foll. by* quatinus nos *canc.*   M43.2 Domini] *added above the line*

[5] St. Augustine, *Doct. Christ.*, 4.12 (CCSL 32:135; CSEL 80:137; PL 34:101). In the latter part of this
quotation, Augustine quotes from Cicero, *De oratore*, 21.69.
      Herebert's reference preceding this quotation (and again in the next sentence), giving two chapter
numbers for each quotation from the *De doctrina*, one of them being "de paruis," is somewhat
confusing. According to the introduction to the CCSL edition, only one standard abridgment of the work
is known, and it does not excerpt Bk. 4. Father Leonard Boyle has suggested to me that Herebert may
here be referring, for his own use and not intended to be read from the pulpit, to a notebook of his own.
While this does appear to be the most likely explanation of the duplicate references, some confusion
remains, for the numbers which Herebert specifies as being "de paruis" are, with a little leeway, the
chapter numbers of Augustine's book ("11 de paruis" being found in Chap. 12, "15 de paruis" in Chap.
15); the references to "Capitulo 4" and "6" are, though they do not appear to be, the references to the
supposed notebook. It is also curious that none of Herebert's other references to the *De doctrina* (of
which there is a total of 7 in the sermons) use such a system of duplicate referencing.
      [6] St. Augustine, *Doct. Christ.*, 4.15 (CCSL 32:138; CSEL 80:140-141; PL 34:103).
      [7] St. Augustine, *Doct. Christ.*), *4.15* (CCSL 32:139; CSEL 80:141; PL 34:103).
      [8] Cf. Pope Leo I, "Sermo 29, in Nativitate Domini IX" (CCSL 138:146; PL 54:226). This passage is
used as *lectio* 4 "in II Nocturno in Dominica infra Octavam Nativitatis" in the *Brev. Rom.*

"Vidimus stellam eius in oriente et uenimus adorare eum," Matt.
45 2<:2>. "Si linguis hominum loquerer et angelorum" <I Cor. 13:1>, non
sufficerem laudes et preconia presentis festiuitatis ad plenum explicare.
Nam idem ipse Christus personaliter, qui ab eterno fuit Verbum latens in
Patris utero, quem ipse Pater alloquitur in Ps. <109:3>: "Ex utero ante
luciferum genui te," hodie factus est Verbum patens in Matris gremio,
50 Verbum fulgens in stelle radio, Verbum splendens in mentis scrinio,
Verbum iacens in presepio, Verbum frigens in diuersorio, Verbum aquas
mundans in aquefluuio, Verbum aquas mutans in triclinio. Et ex istis hoc
presens festum tria nomina sortitur, sicut et triplici miraculo decoratur.
"Hodie namque Magus Christum adorat, Iohannes Christum baptizat, et
55 aquam in uinum Christus mutat";/eodem, inquam, die, sed annis reuolutis. f. 165v
"Cum enim esset tredecim dierum, Magi ad eum stella duce peruenerunt, et
inde dicitur 'Epiphania' ab 'epi,' quod est 'supra,' et 'phanos,' 'apparitio,'
quia tunc stella in aere desuper apparuit. Eodem etiam die reuolutis uiginti
nouem annis in Iordane a Iohanne baptizari uoluit, et ideo dicitur
60 'Theophania' a 'Theos,' quod est 'Deus,' et 'phanos,' 'apparitio,' quia
tunc Deus Trinitas apparuit, Pater in uoce, Filius in carne, et Spiritus
Sanctus in columbe specie. Et eodem die postea reuoluto anno, scilicet
cum esset triginta annorum complete et insuper tredecim dierum, aquas in
uinum mutauit. Et ob hoc uocatur 'Betphania,' 'beth,' interpretatur
65 'domus,' 'phanos,' 'apparitio,' ut prius, quasi apparitio facta in domo,
quia in illo miraculo in domo facto uerus Deus apparuit."[9] Ista ergo triplex
apparitio hodie facta est, sicut manifeste declarant tres uersus ympni,
scilicet, secundus, tertius, et quartus: "Ibant Magi quam uiderant," etc.[10]
Sed solum de prima prosequi propono de qua ad litteram dicta sunt uerba
70 pro themate assumpta, *"Vidimus,"* etc.

In uerbis igitur propositis hodierne festiuitatis preconium describitur
quantum ad prepositum presagium et dispositum homagium: Premittitur
presagium, cum dicitur: *"Vidimus stellam eius in oriente"*; disponitur
homagium, cum subditur: *"Venimus adorare eum."* In presagio, relucet
75 certitudo; in homagio, patet gratitudo. Est ergo presagium diligenter
accendendum sed homagium est reuerenter impendendum. Igitur certitudo
presagii notatur cum dicitur: *"Vidimus stellam eius."* Cuius eius? Quis est
aut quantus cuius stellam uiderunt? Numquid ipse est Dauid (II Reg.),

---

78 est] *added above the line*   78 II Reg.] *added in marg.*

[9] Jacobus de Voragine, "De Epiphania," *Legenda aurea*, ed. Thomas Graesse, 2nd ed. (Leipzig, 1850), p. 87.

[10] The hymn "Hostis Herodes impie" is proper to Epiphany, sung at Vespers of the feast in the *Brev. Rom.* The line quoted here is the first of the second verse, which describes the coming of the Magi; the third and fourth verses, also referred to here, speak of Christ's baptism and the Miracle at Cana, respectively. Herebert included a translation of the hymn in the collection of English verses which appears at the end of the manuscript (Poems, 1).

animosus in preliis; Salamon (III Reg.), copiosus in diuiciis; Iosaphat,
80 famosus in uictoriis (II Paral.); Ezechias (IV Reg.), gloriosus in prodigiis?
Certe nullius istorum stellam fatentur se uidisse, sed stellam illius pueri qui
creauit stellas, et ideo dicitur ubi thema <Matt. 2:10>: "Videntes autem
stellam gauisi sunt gaudio magno ualde." Et hoc certe quia, uisa stella,
sciebant se, per eam tamquam per certum presagium, ad puerum
85 peruenturos, vnde sequitur ibidem <Matt. 2:11>: "Et intrantes domum,
inuenerunt puerum cum Maria matre eius."

    Gratitudo seu promptitudo homagii notatur cum subditur: "*Venimus
adorare eum*," vnde dicitur in Ps. <94:6>, secundum translationem
Ieronymi: "Venite, adoremus et curuemur, flectamus genua ante faciem
90 Domini factoris nostri."[11] Vnde prophetia uidetur expressa de Magis istis,
nam in Matt. <2:11> dicitur ubi thema: "Procidentes adorauerunt eum; et
apertis thesauris suis optulerunt ei munera, aurum, thus, et mirram."
Sileant igitur anseres, poete, aurea secula Saturno tribuentes, quorum unus
dixit:

95   Primus Creteis Saturnus uenit ab horis,
       Aurea per cunctas disponens secula terras.[12]

Loquatur immo canat cignus noster, Beatus Euangelista, Mattheus, qui
uere non fabulose aurea immo super aurea secula describit, dicens
<Matt. 2:1-2>: "Cum," inquit, "natus esset Iesus in Bethlehem Iude, ecce
100 Magi ab oriente uenerunt Ierosolymam, dicentes: 'Vbi est qui natus est Rex
Iudeorum?'" et deinceps. Vnde iam uere dicere possumus quod dixit
Virgilius fabulose, in *Bucolicis*, Egloga 4 <ll. 6-7>:

       Iam redit et uirgo, redeunt Saturnia regna,
       Iam noua progenies celo demittitur alto.

101 (f. 165v, BM) Et uere aurea uerba sunt ista, ubi Magi introducuntur ut patenter
confitentes articulum natiuitatis cum dicunt "*natus est*"; ut constanter asserentes
titulum diuinitatis cum addunt "*Rex Iudeorum*" (constanter enim, in presencia
Regis Herodis, natum regem alium predicauerunt); ut sollerter requirentes
5 presepium humanitatis, "dicentes: '*Vbi est? . . .*'" <Matt. 2:2>.

    79 III Reg.] *added in marg.*   80 II Paral.] *added above the line*   80 IV Reg.] *added
in marg.*   98 secula] *added in marg.*

    [11] This is St. Jerome's "Gallican" version (PL 28:1266) of the Psalm quoted earlier (l. 19) in the
Vulgate version. It was not uncommon for medieval Bibles to have both versions of the Psalter side by
side (as does the "Winchester Bible," Oxford, Bod., MS Auct. E. inf. 1-2).
    [12] These are the first lines of the first argument of "Pseustis" in her debate with "Alithia" in the
Theoduli Eclogam, ed. Johann Osternacher, *Fünfter Jahresbericht des bischöflichen Privat-
Gymnasiums am Kollegium Petrinum in Urfahr für das Schuljahr 1901/02* (Urfahr, 1902), p. 32.
(Professor A.G. Rigg identified for me the source of these lines.)

105 "Saturnia regna" dicuntur "regna aurea," que a poetis Saturno falso
    attribuuntur, sed uere Christo. Hodierna namque die Magi in oriente
    constituti cernunt noua lumina siderea celi, fundunt pocula nectarea; in
    stabulo fragrant thuris aromata, in diuersorio manant diuina carismata;
    paruulo flectuntur genua regia, et pannoso offeruntur auri munera.
110   Dicatur igitur: "*Vidimus stellam eius in oriente*," vbi notatur ratum et
    uerum presagium, cuius ueritas manifestatur eminenter per sensum noticie
    certioris,/per signum substancie clarioris, per situm uel locum differentie   f. 166r
    dignioris. Sensus certior notatur cum premittitur: "*Vidimus*"; substancia
    clarior, "*stellam*"; differentia dignior, "*in oriente*." Ista diuisio de se patet.
115   Condiuidendo etiam secundum membrum principale, scilicet gratum
    seu promptum homagium quod notatur ibi: "*Et uenimus adorare eum*,"
    dico quod hic promptitudo insinuatur in motu, in cultu, in fructu; in motu

113 (f. 166r, RM) Est enim stella celi pictor, noctis decor, naute ductor.
114 (f. 166r, TM) Est enim uisus, inter omnes sensus corporis, certior et plures
rerum differentias ostendit. Sunt etiam oculi, prout dicit Secundus Philosophus,
"Duces corporum, uasa luminum, et indices mencium"; vnde, propter uisus
certitudinem, dicit Saluator in Io. 3<:11>: "Quod scimus loquimur, et quod
uidimus testamur."[13]
114 (f. 166r, BM) Et quamuis communiter ponatur triplex uisio, scilicet
corporalis, ymaginaria, et intellectualis, tamen due prime nichil ualent sine tercia;
unde parum ualuit Balthasar uisio corporalis in uisione manus scribentis <Dan.
5>, vel uisio ymaginaria Pharaoni dum uidit spicas et boues <Gen. 41>, sed
5 uisiones ualuerunt Ioseph et Danieli qui intellexerunt eas, et in Nouo Testamento
Iohanni et Paulo que eis correspondent. Ideo, dico quod est uisio intelligencie, per
naturam innate, per fidem subleuate, per Scripturam informate, per contemplationem suspense, per prophetiam illustrate, et per raptum absorpte. Et quatuor
primas habuerunt Magi ad quas omnes clerici et maxime curati et religiosi niti
10 debent. Nam cum ad quartam perueneris, "uidebis et afflues, et mirabitur et
dilatabitur cor tuum," Ysa. 60<:5>, quia in contemplatione est (f. 166v, TM)
admiratio, dilatatio, alienatio, et refectio. Propter quod dicitur de talibus, Ex.
24<:9-10>: "Ascenderunt et uiderunt Deum Israel," et in Matt. <2:9> vbi
thema: "Ecce stella, quam uiderant Magi in oriente, antecedebat eos," etc. Sed
15 certe considera quod contemplationem precedit "leccio, meditatio, oratio, et
operatio, et deinde quinto loco sequitur contemplatio"; *Didascalicon*, Libro 5,
Capitulo 9.[14]

107 siderea] *added in marg.*   M114(BM).2 tamen] *MS* quia tamen   M114(BM).5 Ioseph
et] *added above the line*   M114(BM).8 absorpte] *added in marg.*   M114(BM).9 Magi]
added above the line   M114(BM).11 Ysa. 60] *added below the line*

---

[13] For the quotation from Secundus, see Perry, *Secundus*, p. 98.
[14] For this latter quotation, see Hugh of St. Victor, *Didascalicon*, ed. Charles Henry Buttimer, The
Catholic University of America Studies in Medieval and Renaissance Latin vol. 10 (Washington, DC,
1939), p. 109 (and cf. PL 176:797).

concorditer processiuo, ibi: *"Venimus"*; in cultu humiliter subiectiuo, ibi:
"Adorare" nam adorare, secundum Tullium, prima *Rethorica*, est reueren-
120 ciam exhibere cum corporis inclinatione;[15] in fructu dulciter allectiuo:
"Iesum," uel "Regem Iudeorum," ponendo substantiuum proprium pro suo
adiectiuo. Relictis igitur extremis, media pertractabo que magis huic festo
propria uidentur.

Dico igitur quod hec stella Magis ipsis fuit signum clarum signumque
125 conueniens Verbi incarnati. Nam, secundum Beatum Gregorium, in
omelia hodierni Euangelii, hoc "rationis ordo poscebat, ut loquentem iam
Dominum loquentes nobis predicatores innotescerent, et nondum loquentem elementa muta predicarent."[16] Hec autem stella non fuit aliqua de
stellis fixis, nec de planetis, nec de cometis. Differebat enim, secundum
130 Glossam Matt. 2 et secundum Magistrum Hystoriarum, tam a stellis fixis
quam planetis sex modis, scilicet in situ, in motu, in fulgore, in duratione,
in significatione, et in origine.[17] In situ, quia non erat localiter sita in
firmamento, sed pendebat in meditullio aeris proxima terre. In motu, quia
precedebat Magos quasi motu processiuo. In fulgore, quia ceteris erat
135 splendidior, quod patet quia splendorem eius non potuit splendor solis
obscurare, immo in meridie lucidissima apparebat. In duratione, quia alie
sunt perpetue, sed hec, completo officio suo, secundum Magistrum
Hystoriarum, rediit "in materiam preiacentem."[18] In significatione, quia
alie facte sunt ut "sint in signa et tempora et dies et annos," Gen. 1<:14>,
140 hec autem ut Christi nati esset signum, et ipsis Magis preberet ducatum.
Item in origine, quia alie facte sunt in mundi principio, sed hoc Christo
nato. Nec erat hec de cometis, quia stella comata signat pestilenciam, aut
bellum, aut uentos, aut estum, aut regum mortem et occasum. Hec autem
eterni regis temporalem ortum, secundum Damascenum, libro *Sententia-*
145 *rum*, Capitulo 21.[19]

---

124 Magis ipsis] *added in marg.*   130 Matt. 2] *added in marg.*   134 pre-
cedebat] *added in marg.*   136 immo] *added in marg.*   140 ipsis] *added above the*
line   144 temporalem ortum] *added in marg.*

[15] I have not found the source of this line in either the "Prima" or "Secunda" *Rhetorica*, nor in *De oratore*. There is, however, a similar quotation, ascribed to "Tullius in Rhetorica," in the *Manipulus Florum* of Thomas of Ireland under the heading of "Reverentia": "Veneratio est virtus, qua reverentiam exhibemus majoribus in corporis humiliatione, gestu, nutu, et verborum emissione." Thomas Palmer, *Flores doctorum* [i.e., *Manipulus florum*] (Vienna, 1760), p. 649.

[16] St. Gregory, *XL Homiliarum in Evangelia*, Bk. 1, Sermon 10 (PL 76:1110-1111). This passage is used as *lectio* 8 "in III Nocturno in Epiphania Domini" in the *Brev. Rom.*

[17] Cf. the *Glossa*, 5:11vb-12rb (marginal), on Matt. 2:9, "*et ecce stella*," and cf. Peter Comestor, *Historia Scholastica*, "In Evangelia," Chap. 7 (PL 198: 1542).

[18] Peter Comestor, *Historia Scholastica*, "In Evangelia," Chap. 7 (PL 198: 1542).

[19] St. John Damascene, *De fide orthodoxa*, Chap. 21; ed. Eligius M. Buytaert, Franciscan Institute Publications, Text Series no. 8 (St. Bonaventure, NY, 1955), pp. 91-92 (cf. PG 94:893-895). On the "stella comata," cf. the end of his *Dialecta* PG 94:673).

Vt autem ad mores sermonem magis conuertamus, considerandum quod, secundum Lincolniensem in suo *Exameron* (et accipit a Boecio): "mores nostri et tocius uite ratio ad celestis ordinis exemplar formantur."[20] Nunc autem omnes stelle sapientibus note, que apparent a Septentrione 150 usque ad ultimam que apparet in tercio climate, sunt 1022, quarum omnium sunt sex gradus uel differencie magnitudinum, secundum Ptholomeum, octava distinctione *Almagesti*, et secundum Thebit, in libro suo qui intitulatur *De hiis que indigent expositione antequam legatur Almagesti*, et secundum Alfraganum, de quibus usque ad quintam differenciam 155 inclusiue loquitur Ieronymus, super Ysaie, Libro 6.[21]

Primo ergo, de celo, sole, luna, et stellis allegorice uideamus. Celum est sacra Scriptura, de quo celo dicit Ysa. 34<:4>: "Complicabuntur sicut libri celi." In hoc celo "continetur sol iusticie et intelligencie, Christus."[22] Est enim sol, materialiter, fons caloris, dux laboris, pater nitoris, et iubar 160 splendoris, sic Christus, spiritualiter loquendo, est fons et principium caritatis, dux penalitatis, pater ueritatis, immo ipsa ueritas, et iubar exemplaritatis. In eodem celo continetur Ecclesia, siue Beata Maria, que illuminatur a Christo sicut luna a sole, ut sol Pater eternus, eius radius Filius, luna Maria. Nam sicut sol radium a se genitum transmittit in lunam, 165 quem, a sole receptum, luna transmittit in terram noctisque tenebras illustrat, verumptamen radius a sole ad lunam manet in uirtute solari nichil adhuc participans de debilitate lunari, sic Pater Filium, in uirtute diuinitatis sibi equalem, misit incarnandum in Beatam Virginem, qui ab ipsa per

---

157-158 Complicabuntur sicut libri celi] *corr. from* Celum sicut liber plicabitur
159 enim] *added above the line*   160-162 est . . . exemplaritatis] *added in marg.*
168 misit] *foll. by* in mundum *canc.*

---

[20] Boethius, *De consolatione Philosophiae*, Bk. 1, Prose 4 (CCSL 94:7; CSEL 67:8; PL 63:615), quoted by Robert Grosseteste in his *Hexaëmeron*, 5.19; ed. Richard C. Dales and Servus Gieben (OFM), Auctores Britannici Medii Aevi no. 6 (London, 1982), p. 177.

[21] Ptolemy, *Almagest*, 7.5-8.1, tabulates the 1022 stars of six magnitudes, summarizing this table in 8.1; cf. London, BL, MS Burney 275, p. 979. Thabit ibn Qurrah does not deal with stellar magnitudes in his *Liber de hiis que indigent expositione antequam legatur Almagesti*, but, rather, in his *Liber de quantitatibus stellarum*; see *The Astronomical Works of Thabit B. Qurra*, ed. Francis J. Carmody (Berkeley, 1960), pp. 146-147. Al-Farghani repeats material from Ptolemy on this subject in his *Differentie scientie astrorum*, ed. Francis J. Carmody (Berkeley, 1943), p. 35.

Herebert's reference, with the confusion about which of Thabit's works includes this discussion, and the lack of specific reference to the work of al-Farghani, may be traceable to a similar reference by Roger Bacon, in his "Mathematicae in Divinis utilitas," in Pt. 1 of the *Opus majus*. Speaking of the 1022 stars, he cites "Ptolemaeus viii Almagesti, et Thebit in libro memorato, et Alfraganus et alii sapientes . . ."; *Opus majus*, ed. John Henry Bridges (1897-1900; Frankfurt, 1964), 1:235. This passage is also to be found in London, BL, MS Royal 7.F.vii, f. 31va, which, as we mentioned above, is known to have been in Herebert's possession, for it is annotated in his hand.

The reference to St. Jerome here, on five magnitudes of stars, should be compared with his commentary upon Isa. 13:10 (CCSL 73:229; PL 24:217).

[22] Grosseteste, *Hexaëmeron*, 5.19; ed. Dales and Gieben, p. 177.

partum in mundum editus, in uirtute diuinitatis fuit occultus, in infirmitate
170 humanitatis assumpte ex Matre manifestus.

f. 166v   /Stelle in hoc celo, secundum sex differentias magnitudinum, sunt
Apostoli et principales patriarche prime magnitudinis, Euangeliste et
prophete secunde, martyres tertie, doctores quarte, confessores quinte,
virgines sexte. Stelle minores extra istas magnitudines sunt alii theologi et
175 expositores, iuxta illud Dan. 12<:3>: "Qui ad iusticiam erudiunt plu-
rimos, quasi stelle in perpetuas eternitates." Isti instar luminarium
celestium diuidere debent inter diem et noctem, discernere lucem ueritatis
a tenebris falsitatis, lucem uirtutis a tenebris uitiorum, lucem sancte
conuersationis a tenebris praue operationis. <Gen. 1:14-15:> "Fiant,"
180 inquit Deus, "luminaria in firmamento celi, et diuidant diem ac noctem et
sint in signa et tempora, ut luceant in firmamento celi et illuminent terram,"
solem in potestatem diei, lunam et stellas in potestatem nocti. Sed heu,
Domine Iesu, timeo ne signa lucis conuersa sint in signa tenebrarum, et
quod iam uerificata sit in eis prophetia Christi, Luc. 21<:25>: "Erunt
185 signa in sole et luna et stellis." Sed signa in sole gloriosam habent
admirationem, signa uero in stellis terrificam afferunt lacrimationem.
Signa uero in sole, Christo, que uiderunt hodie, scilicet Magi, partim
mentaliter et partim corporaliter sunt ista quia uiderunt duas uel tres naturas
coniunctas, scilicet suppremum cum infimo sine depressione, primum cum
190 ultimo sine innouatione, simplex cum composito sine compositione, et in
hiis tribus omnia mirabilia radicantur. Signa uero Christi, que etiam in suis
relucere debent, sunt penuria paupertatis, angustia penalitatis, abiectio
humilitatis; Luc. 2<:12> dicitur: "Hoc uobis signum: Inuenietis infantem
pannis inuolutum et positum in presepio." "Hoc," inquit, "uobis signum."
195 Sed uidete quid dicat Symeon de Christo, Luc. 2<:34-35>: "Ecce positus
est hic in ruinam et in resurrectionem multorum in Israel et in signum, cui
contradicetur ut reuelentur de multis cordibus cogitationes." Nonne uita
Christi, uita Euangelica, posita est quasi signum ad sagittam, quod signum
quasi omnes impetunt lacerant et rodunt? Nonne illi precipue, qui deberent
200 esse stelle et celi luminaria et diuidere noctem ac diem et illuminare terram,
precipue contra signa Christi predicta latrant? Sunt enim quidam in
maioribus Ecclesiis, oculis sublimes, ocio uacantes, saccum Iohannis
odientes, tunicam Benedecti, mattulam Eulalii, lacrimas Arsenii, nudita-
tem Apostoli, ollam Helysei, cordulam Francisci, baculum et librum

191 (f. 166v, BM) Sunt enim stelle quedam humoris, quedam caloris, quedam
uaporis, quedam roris, quedam algoris, quedam teporis causatiue.

172 principales] *added above the line*   182 solem ... nocti] *added in marg.*
188 sunt ista] *added in marg.*   197 reuelentur] ue *added above the line*   198 posita
est] *added in marg.*   204 et librum] *added in marg.*

205 Dominici deprauantes, †ab hiis toe longe facti.†[23] Hii sunt qui iuniores
    informant contra paupertatem, et retrahunt ad uanitatem, et pertrahunt ad
    uoluptatem, dicentes mendacium esse ueritatem, et uicium uirtutem, uitam
    Christi esse uanam, et mundanorum esse sanam. "Stelle namque retraxe-
    runt splendorem suum," Ioel 2<:10>. Quibus Ysayas <Isa. 5:20?>
210 imprecatur: Ve hiis qui confundunt diem et noctem, dicentes mendacium
    esse ueritatem, quos eterna dampnatio expectat. Luc. 6<:39>: "Numquid
    potest cecus cecum ducere? Nonne ambo in foueam cadunt?" Sed quid?
    "Sinite eos; ceci sunt duces cecorum," dicit Saluator <Matt. 15:14>.
       Ideo "uenient super eos omnes maledictiones scripte," Deut. 28<:15>.
215 <Deut. 27:16:> "Maledictus homo qui non honorat patrem suum et
    matrem. Et dicet omnis populus: 'Amen,'" Amen. Pater noster Christus
    est. Tunc autem aliquis patrem non honorat, immo inhonorat, quando
    contra uitam patris latrat. <Deut. 27:17:> "Maledictus qui transfert
    terminos proximi sui. Et dicet omnis populus: 'Amen,'" Amen. Termini
220 nostri a Patre, Christo, et ab Apostolis constituti sunt; sunt humilitas,
    penalitas et paupertas. Ille autem terminos transfert qui humilitati
    pompam, qui penalitati et paupertati copiam prefert. <Deut. 27:18:>
    "Maledictus qui errare facit cecum in itinere. Et dicet omnis populus:
    'Amen.'" Cecus dici potest respectu aliorum qui Scripturam non nouit,
225 quidquid cui preferre debeat nescit. Ille ergo hunc cecum errare facit, qui
    consultus quid melius sit, peiorem partem pro meliori ostendit. Et sic
    exponi possent omnes maledictiones que sequuntur. <Deut. 27:19:>
    "Maledictus qui peruertit iudicium aduene et pupilli et uidue. Et dicet
    omnis populus: 'Amen.'" <Deut. 27:24:> "Maledictus qui clam percus-
230 serit proximum suum. Et dicet omnis populus: 'Amen.'" Et hoc est quod
    concluditur ibidem <Deut. 27:26>: "Maledictus qui non permanet in
    sermonibus/legis huius, nec eos opere perficit. Et dicet omnis populus: f. 167r
    'Amen.'"
       Moraliter, celum est mentis constantia uirtusque discretionis et uigor
235 discipline. In hoc celo sunt sol et luna uirtus contemplatiua et uirtus actiua,
    stelle uero uirtutes particulares. Vel sol ratio superior, luna ratio inferior,
    stelle uirtutes sensitiue, cum refulgent luce ueritatis et mouentur secundum
    ordinem rectitudinis. Sed Matt. 24<:29> dicitur: "Stelle cadent de celo";

209 (f. 166v, LM) In Apoc., Capitulo 9<:1-2>, dicitur: "Vidi stellam cecidisse
de celo in terram et data est illi clauis putei abyssi, et aperuit puteum abyssi";
Capitulo 8<:11>: "Et nomen stelle dicitur 'Absinthium.'"

   205 deprauantes] *added in marg.*   205 toe] *added above the line*   M209.1 Vidi]
foll. by st *(probably the beginning of* stellam *which was then moved to the next line because
of lack of room)*   211 ueritatem] *foll. by* quibus *canc.*   218 latrat] Hebal *appears in
marg.; this is presumably a reference to the place mentioned in Deut. 27:13*   222 copiam]
added in marg.

[23] This phrase is badly smudged in the manuscript, and I have not been able to make sense of it.

stelle iste de celo cadunt quando non secundum ordinem rectitudinis sed
240 pocius contra dictum ordinem mouere permittuntur a ratione. Item, in hoc
celo, possunt assignari sex differentie magnitudinum in stellis incipiendo a
minima magnitudine ascendendo, et sunt potencie rationales, habitus
scientiales, uirtutes morales, uirtutes theologice siue supernaturales, dona,
et beatitudines; quantum ad tria ultima, ista in nobis causare est solius Dei,
245 propter quod Iob 38<:31>, scilicet ipse Dominus, dicit: "Numquid
coniungere ualebis micantes stellas Pliades, aut gyrum Arcturi poteris
dissipare?" Per Plyades intelliguntur septem dona Spiritus Sancti, sicut
expresse exponit Beatus Gregorius, *Moralia* 29, prope finem; per
Arcturum, septem uirtutes. Arturus enim "in septem stellis uoluitur,"
250 secundum Gregorium ibidem, et sunt septem stelle clare iuxta polum, per
quas conuenienter intelligere possumus septem uirtutes, tres theologicas et
quatuor cardinales.[24] Non ergo in hominis potestate est coniungere dona
Spiritus Sancti uel Plyades, aut Arturum, id est, uirtutes, dissipare sic,
scilicet quod una ablata, alia possit remanere, sed solius Dei, de quo
255 dicitur, Iob 9<:9>: "Qui facit Arturum et Orionas et Hyades et interiora
austri" ("interiora austri" sunt beatitudines).

Item septem uirtutes possunt dici in hoc celo septem planete: sol, caritas;
luna, fides. Nam sicut presente sole illuminatur luna et absente eo manet
obscura, sic presente caritate est fides formata, absente uero manet
260 informis. De quo sole dicit Tullius, *De amicicia*: "Solem e mundo tollere
uidentur, qui amiciciam e uita tollunt."[25] Sed et hic sunt signa in sole et
luna et stellis. Quis enim non diceret terribile et flebile signum factum in
hoc uisibili sole, si presens nullum calorem gigneret? Destituto enim sole
caloris beneficio, omnia gelu frigescerent, terra nil uiride germinaret,
265 animalia nullos fetus procrearent, immo pocius omnia uiuentia in
corruptionem uerterentur. Vbi igitur nulla patent caritatis opera, restat ut
caritas sit ablata, quia, secundum Gregorium, operatur magna si est, si
autem operari renuit, amor non est.[26] Dicit autem Tullius ubi supra: "Hec
prima lex amicicie sancciatur, ut ab amicis honesta petamus, amicorum
270 causa honesta faciamus, ne expectemus quidem dum rogemur, studium
semper assit, cunctatio absit, consilium uerum dare gaudeamus libere."[27]

271 (f. 167r, RM) "Stella enim a stella differt in claritate alia. Est enim claritas
solis alia, alia lune, alia stellarum," I Cor. 15<:41>.

240 a ratione] *added in marg.*   244 quantum . . . ultima] *added in marg.*   249 septem uirtutes] *added in marg.*   253 Arturum] *foll. by* d *canc.*   258 manet] *foll. by*
ins *canc.*

[24] Cf. St. Gregory, *Mor.*, 29.31 (PL 76:515-519).

[25] Cicero, *De amicitia*, Chap. 13, Sec. 47.

[26] I have been unable to discover a direct source for this, but cf. St. Gregory, *Mor.*, 20.7 (PL
76:146-147).

[27] Cicero, *De amicitia*, Chap. 13, Sec. 44.

Item celum presens vniuersitas dici potest, septem planete septem
scientie, que in ea uigent: Theologia, sol; Ius canonicum, luna quia, sicut
luna recipit a sole lumen suum, item Ius canonicum a Theologia; Ius ciuile,
275 Mercurius pro sua eloquencia; Medicina, Iupiter amicus nature et
beniuolus; Mars, deus belli, Philosophia; Saturnus senex, primus inter
planetas, Grammatica, de quo etiam Saturno ipsa maxime fabulatur;
Venus, Musica practica, que non numquam ut Venus homines reddit
effeminatos. Sed obscuratus est "sol, et luna non dat lumen suum, et stelle
280 de celo cadunt," iuxta hoc quod dicitur Matt. 24<:29>. "Sol" obscuratur,
quando in Theologia plus queritur quid dicat Aueroyz uel Philosophus,
quam canon Biblie uel Ieronymus. "Luna non dat lumen suum," quando
Ius canonicum prefert ea que habet a iuristis illis que habet a sanctis et
conciliis. "Stelle cadunt de celo," quando iuriste uel medici lucrum
285 preferunt ueritati uel sanitati, et sic de ceteris. Non sic, karissimi, sed ad
condescendendum per humilitatem misericordis moueant nos exempla
nostri Redemptoris, qui de sinu omnipotentis Patris descendit in sinum
paupercule uirginis, quem non claudit amplitudo poli, clausit artus
thalamus uirginalis uteri. Nascitur in domo publica, cui per uerum
290 dominium cuncta sunt propria. Amictum luce inacessibili, inuoluunt
obscuri uilesque panniculi; ei, qui terram replet et celi palacia, satis ampla
est presepis angustia; lac sugit uberum maternorum, qui solidus est cibus
angelorum. Qui celum palmo concludit, qui terram tribus digitis appendit,
nutricis manu uersatur in cunis./Fabrum, et fabrum lignarium, habet f. 167v
295 preceptorem, qui fabricatus est auroram et solem.[28]

---

[28] Cf. this passage on the Nativity with the similar passage in Sermo 6, ll. 25-29.

There are three further lines after "solem," but appear to have been intentionally scraped off; they are
practically unreadable in the manuscript even under ultraviolet or infrared light.

Sermo 3

"*HOmo quidam erat diues et induebatur purpura et bisso et epulabatur*   f. 169r
cotidie splendide," Luc. 16<:19>. Sicut docet Beatus Gregorius Nazanzenus, in principio sui Apologetici: "Optimus ordo est, ut tocius, uel uerbi
uel operis, et a Deo nobis origo sumatur, et in Deum consummatio
5 referatur."[2] Et ideo merito, Libro 3, *De consolatione*, querit a Boecio
Philosophia, sic inquirens: "Cum in minimis rebus diuinum presidium
debeat implorari, quid nam faciendum censes ut illius summi boni sedem
reperire mereamur?" Et respondet Boecius: "Inuocandum, inquam, omnium rerum patrem"–suple "censeo"–"quo pretermisso nullum rite fundatur
10 exordium."[3] Cuius dictum approbans et confirmans, Philosophia in metro
statim sequente ponit diuinam laudationem, deuotam orationem, et
intentam conclusionem. Quantum ad primum dicit: "O qui perpetua
mundum ratione gubernas," etc. Quantum ad secundum dicit:

    Da, Pater, augustam menti conscendere sedem,
15   Da fontem lustrare boni, da luce reperta
    In te conspicuos animi defigere uisus.

Que demum sic concludit:

    Tu requies transquilla piis; te cernere finis,
    Principium, uector, dux, semita, terminus idem.[4]

20 Vt igitur nostri sermonis dignetur esse "principium," "dux," et "finis,"
ipsum cum matre Virgine deuote salutemus.

---

[1] As we noted in the Introduction, this sermon was probably preached in 1314.

[2] St. Gregory Nazianzenus, "Apologeticus" (i.e., "Oratio 2"), in the translation by Tyrannius Rufinus (CSEL 46:7; cf. PG 35:408).

[3] Boethius, *Cons. Phil.*, Bk. 3, Prose 9 (CCSL 94:51; CSEL 67:63; PL 63:757-758).

[4] Boethius, *Cons. Phil.*, Bk. 3, Metrum 9 (CCSL 94:51-52; CSEL 67:63-64; PL 63:758, 763).

"Homo quidam erat diues," etc. Secundum Beatum Ambrosium super
uerbo thematis, et est in originali suo super Lucam, Libro 7, Omelia 2,
Euangelium hodiernum "narratio magis quam parabola uidetur, quando
25 etiam nomen exprimitur mendici" cum dicitur <Luc. 16:20>: "Et erat
quidam mendicus, nomine Lazarus," etc.[5] Quia tamen, secundum eundem
Ambrosium, Libro 1, *Ad uiduas*: "Boni doctoris est, materiam arcere
peccati. Prima enim," ut ait, "institutionis est disciplina culpam auertere,
secunda uirtutem infundere";[6] ideo secundum dictam duplicem uiam
30 prosequendo, thema propositum tangam, primo, qualiter uerba predicta
describunt hystorice mundi ciuem, patrie exulem et inferni presulem, ut
pateat quid fugiendum. Secundo, tangam qualiter eadem uerba thematis
describunt allegorice mundi contemptorem, cleri directorem, celi conscen-
sorem, Christi confessorem, beatum uidelicet Edmundum archipresulem,
35 cuius hodie translatio memoratur, ut sic pateat quid appetendum. Nomine
enim diuitis dupliciter utitur Scriptura in bonum et in malum, sicut patet per
Beatum Augustinum, septimo *De ciuitate Dei*, Capitulo 18, et prima parte
sermonum, Sermone 32.[7] Describit igitur Saluator in uerbis istis mundi
ciuem ut in censu questuosum, in cultu fastuosum, in uictu sumptuosum;
40 ex censu cupidum, in cultu tumidum, in gustu auidum. Hec est enim triplex
illa uorago de qua dicit Beatus Iohannes, epistola sua prima <2:16>:
"Omne quod in mundo est, concupiscencia carnis est, et concupiscencia
oculorum et superbia uite." "Quibus uitiorum uocabulis omnia uitiorum
genera comprehendit," sicut dicit Rabanus, libro *De mistica rerum*
45 *significatione*, Capitulo 1.[8] Describitur, inquam, ut in censu cupidus, quia
"homo quidam erat diues"; ex cultu tumidus, quia *"induebatur purpura et*
bisso"; in gustu auidus, quia *"epulabatur cotidie splendide."*

Describitur, inquam, ciuis mundi ex censu cupidus cum dicitur: *"Homo*
f. 169v   *quidam erat diues,"* quod attendens Beatus Ambrosius, libro/*De Nabute*,

---

26 mendicus] *added in marg.*   29 uiam] *added in marg.*   31 hystorice] *in marg.*
for diuitem *canc.*   33 allegorice] *corr. from* diuitem   37-38 et . . . Sermone 32]
added in marg.   39 uictu] *MS* gustu *with* uel uictu *in marg., perhaps because* gustu *is used*
in the next line   41 epistola] *MS* ca (capitulo)

---

[5] St. Ambrose, *Expositionis in Lucam*, Bk. 8 (not Bk. 7) (CCSL 14:302; CSEL 32.4:397; PL 15:1859);
cf. also the *Glossa*, 5:167ra (marginal), on Luc. 16:19, *"Homo quidam"*: ". . . et magis videtur narratio
quam parabola."
[6] St. Ambrose, *De viduis*, 1.2 (PL 16:251).
[7] Cf. St. Augustine, *De civitate Dei*, 7.12 (not Chap. 18) (CCSL 47:196; CSEL 40.1:319-320; PL
41:204) and "Sermo 113" (PL 38:648-652).
[8] Raban Maur, *De universo* [i.e., *De rerum natura*], Prologue to Bk. 9 (PL 111:260); cf. also the
Glossa, 6:1386 (marginal), on I Jo. 2:16, *"Quoniam omne quod"*: "Omnes dilectores mundi, nichil
habent nisi haec tria, quibus omnia vitiorum genera comprehenduntur."

50 dicit: "Quousque tenditis, diuites, insanas cupiditates?"[9] Ipsum nomen
considerate, quid inde dicant gentiles: inferni presulem, arbitrum mortis,
Ditem appellant et Diuitem, quod non nisi mortem inferre nouerit, cui
regnum de morte, cui sedes inferna sint. Quid est enim diues nisi
inexplebilis auri fames ac sitis? Quo plus hauserit, plus inardescit, propter
55 quod dicitur Prou. 13<:7>: "Est quasi diues, cum nichil habeat, et est
quasi pauper, cum in multis diuiciis sit." Est enim "quasi diues," scilicet
temporalium, "cum nichil habeat" sed pocius habeatur ut diues auarus, cui
propter auariciam tam deest quod habet quam quod non habet. Vnde
Ambrosius, libro *De Nabute*, super illud Ps. <75:6>, "Dormierunt
60 sompnum suum, et nichil inuenerunt omnes uiri diuiciarum in manibus
suis": "Bene 'uiros diuiciarum' appellauit, non 'diuicias uirorum'; ut
ostenderet eos non possessores diuiciarum esse, sed a suis diuiciis
possideri."[11] "Et est quasi pauper," scilicet temporalium, "cum in multis
diuiciis sit," quia, sicut dicit Seneca, Epistola Quarta: "Magne diuicie lege
65 nature composita paupertas."[12] Que uero sit paupertas "lege nature
composita" declarat Lucanus, describendo gentem que secundum dictam
regulam uictitabat, sic inquirens:

Discite quam paruo liceat producere uitam
Et quantum natura petat, non erigit egros
70   Nobilis ignoto diffusus consule Bachus,
Non auro murraque bibunt, sed gurgite puro
Vita redit, satis est populis fluuiusque Ceresque.[13]

Igitur optime dicit Seneca, Epistola Secunda: "Non qui parum habet, sed
qui plus cupit, pauper est. 'Honesta,' inquit, 'res est leta paupertas.' Illa
75 uero paupertas non est, que leta non est."[14] <Epistola 4:> "Cui ergo cum

50 (f. 169v, TM) Iuuenalis:
Nullum crimen abest facinusque libidinis, ex quo
Paupertas antiqua perit.
Nota quod istos uersus ponit Augustinus, Epistola 5, uersus finem, et est ad
5 Marcellinum.[10]

62 eos] *added above the line*   66 Lucanus] *repeated in left marg.*; Libro 4 *appears
in right*   71 murraque] *corr. from* mirraque

[9] St. Ambrose, *De Nabuthae*, Chap. 1; ed. Martin R.P. McGuire, The Catholic University of
America Patristic Studies vol. 15 (Washington, DC, 1927), p. 46 (cf. CSEL 32.2:469; PL 14:767).
[10] Juvenal, *Satura* 6.294-295; St. Augustine, "Epistola 138; Ad Marcellinum," Chap. 3 (CSEL
44:143; PL 33:533).
[11] St. Ambrose, *De Nabuthae*, Chap. 15; ed. McGuire, pp. 90, 92 (CSEL 32.2:506; PL 14:787).
[12] Seneca, "Epistola 4," Sec. 10, quoting Epicurus, Frag. 477 (Us.).
[13] Lucan, *De bello civili*, 4.377-381.
[14] Seneca, "Epistola 2," Secs. 5-6, quoting Epicurus, Frag. 475 (Us.).

paupertate bene conuenit diues est."[15] Quos alloquens, Saluator in
Luc. <6:20> dicit: "Beati pauperes, quia uestrum est regnum Dei."
   Secundo, describitur ex cultu tumidus cum dicitur: "*Et induebatur
purpura et bisso*"; Glossa interlinearis: "Hoc non nisi ad inanem
80 gloriam."[16] Vnde glossa marginalis: "Si cultus preciosarum uestium culpa
non esset, sermo Domini non tam uigilanter exprimeret quod diues,
purpura et bisso indutus, apud inferos irremediabiliter torqueretur."[17]
Vnde de talibus dicitur, Ier. 10<:9>: "Iacinctus et purpura indumentum
eorum; opus artificum vniuersa hec." Est enim purpura color regii habitus e
85 conchis marinis ferro circumcisa. In libro qui *Paradisus* dicitur:

   O fastus uitanda lues, fugienda Caribdis,
   Culpa grauis, morbus communis, publica pestis,
   Ianua peccati, uiciorum mater, origo
   Nequicie, semen odii, uenatio pugne!

90 Et post dicit:

   Hec pestis rectum uiciat, deturpat honestum,
   Fermentat mores, usum fugat, utile perdit.
   Hec saliunca rosas, hec nubes nubilat astra
   Virtutum, cuius tenebris paciuntur eclipsim.[18]

95 Igitur in purpura panditur mens superba. Vnde sequitur: "Opus artificum
uniuersa hec." Que hec? Tam preciose tincture, tam monstruose texture,
tam uiciose scissure, tam curiose suture. Iam enim in tantum creuerunt
homini insollencia, quod in robis eorum texuntur uolatilia, suuntur

---

   85-94 In ... eclipsim] *added in marg.*   96 monstruose] ridiculose *appears in right*
marg.   98 insollencia] MS insolencie *with* aut insollencia *in left marg.*

---

   [15] Seneca, "Epistola 4," Sec. 11. This and the immediately preceding quotation from "Epistola 2"
are similarly combined and ascribed to a single epistle in the *Manipulus florum*, suggesting that
Herebert may have found these in some *florilegium*, though one preserving a wording somewhat closer
to Seneca's than did the *Manipulus*. See Thomas Palmer, *Flores doctorum*, "Paupertas," p. 544, item
"z."
   [16] *Glossa*, 5:167r (interlinear), on Luc. 16:19, "*induebatur*."
   [17] *Glossa*, 5:167ra (marginal), on Luc. 16:19, "*qui induebatur*." Cf. St. Gregory, *XL Homiliarum in
Evangelia*, Bk. 2, Sermon 40 (PL 76:1305).
   [18] Alanus de Insulis, *Anticlaudianus*, 4.307-310, 324-327. The Introduction to the critical edition of
the poem by R. Bossuat, Textes philosophiques du moyen âge no. 1 (Paris, 1955), lists no manuscripts
which entitle the work "Paradisus" or "Liber de paradiso." The Rouses, *Preachers*, pp. 126-139,
discuss a *Flores paradysi* as one of the principal sources of Thomas of Ireland's *Manipulus florum*.
This does not seem to include extracts from Alanus, nor does it appear to have been widely enough
dispersed for Herebert to have known it (the three extant MSS are located in Brussels and Paris), but
Herebert may be referring to the title of some similar *florilegium*. For the quotation, see Bossuat's
edition, p. 116 (cf. PL 210:525-526).

natatilia, pinguntur reptilia, chimere, monstra friuola et inutilia; quidquid
100 repit in rupibus, quicquid serpit in sepibus, quicquid uolat ex auibus,
quicquid natat sub nauibus. Iam uestes etiam nostrorum clericorum tam
monstruose scinduntur ut habeant quasi quilibet indumentum attingens
solum usque ad nates, ita quod turpiora eorum magis nudantur que magis
operiri deberent, quasi ignorent quod huiusmodi scissure in derisionem et
105 ignominiam sint inuente. Vnde dicitur II Reg. 10<:1-2>: "Factum est ut
moreretur rex filiorum Amon, et regnauerat Amon filius eius pro/eo. f. 170r
Dixitque Dauid: 'Faciam misericordiam cum Amon filio Naas, sicut fecit
pater eius mecum misericordiam.' Misit ergo Dauid consolans eum per
seruos suos super patris interitu." Sed ille, credens stultis consiliariis
110 suggerentibus sibi, quod misisset Dauid nuncios non ad consolandum sed
ad explorandum terram, derisit eos. Vnde sequitur ibidem <II Reg.
10:4-5>: "Tulit itaque Amon seruos Dauid rasitque dimidiam partem barbe
eorum et prescidit uestes eorum medias usque ad nates et dimisit eos. Quod
cum nunciatum esset Dauid, misit in occursum eorum, erant enim confusi
115 turpiter ualde, et mandauit eis Dauid: 'Manete in Iericho, donec crescat
barba uestra, et tunc reuertimini.'" (Vestes enim cito poterant mutari.)
Merito ergo superbia diuitis notatur cum dicitur quod "purpura et bisso
induebatur." Vnde de taliter superbientibus dicit Gregorius, *Moralia* 20,
super illud Iob <30:3>, "Squalentes calamitate et miseria": "Cumque
120 tegendis membris uestimenta querunt, non solum que tegant, sed etiam
que extollant appetunt, non solum que per molliciem tactum mulceant,
sed etiam que per colorem oculos seducant."[19] "Iacinctus," inquit
<Ier. 10:9>, "et purpura indumentum eorum."

Tertio, describitur in gustu auidus cum dicitur: "*Epulabatur cotidie*
125 *splendide*." Vnde de ista auiditate in epulis dicitur, Prou. 21<:17>: "Qui
diligit epulas in egestate erit; qui autem amat uinum et pinguia non
ditabitur." Et signanter dicit, "qui diligit epulas," non qui epulatur, et "qui
amat uinum," non qui bibit. Nam sicut dicit Gregorius, *Moralia* 30:
"Antiquus hostis non cibum, sed cibi concupiscenciam esse causam
130 dampnationis intelligit";[20] quam concupiscenciam uel edacitatem ebrietas
comitatur, quam describit Petrus Rauennatensis, Omelia 5: "Ebrietas cedis
mater, parens licium, furoris genitrix, petulancie depositorium est magistra erroris.[21] Hanc qui habet, se non habet; hanc qui habet, homo non est;
hanc qui habet, peccatum non facit, sed est ipse peccatum. Ebrietas est

---

99-101 quidquid ... nauibus] *added in marg.*   123 eorum] *foll. by 8 blank lines,*
presumably for some later insertion   131 Ebrietas] *repeated in marg.*   132 deposi-
torium] *MS* depōitū

[19] St. Gregory, *Mor.*, 20.14 (CCSL 143A:1025; PL 76:155).
[20] St. Gregory, *Mor.*, 30.18 (PL 76:557).
[21] Cf. St. Peter Chrysologus, "Sermo 26" (CCSL 24:150; PL 52:273): "Ebrietas caedis mater, parens
litium, furoris gener, petulantiae deformiter est magistra."

135 demon blandus, uenenum dulce, rabies uoluntaria, inuitatus hostis,
illecebra honestatis et pudoris iniuria."[22] De cibo uero dicit Ambrosius,
Libro 3, *De uirginitate*: "Escis quoque omnibus que gignant membris
calorem; parce utendum puto. Carnes enim etiam uolantes aquilas
deponunt."[23] Merito ergo dicitur, Eccli. 29<:29>, quod "melior est
140 uictus pauperis sub tegumento asserum quam epule splendide in peregre
sine domicilio." "In peregre et sine domicilio" sumus in hoc mundo, quia
"non habemus hic manentem ciuitatem, sed futuram inquirimus"
<Hebr. 13:14>. Sufficiat ergo uictus tenuis iuxta sententiam Boecii,
Libro 2, *De consolatione*, Prosa 5: "Paucis enim," inquit, "minimisque
145 natura contenta est; cuius sacietatem si superfluus urgere uelis, aut
iniocundum quod infuderis fiet aut noxium."[24] Oracius, libro *Sermonum*:

Ieiunus raro stomachus uulgaria tempnit.[25]

Dicatur igitur in hoc sensu: "*Homo quidam erat diues.*" "*Beatus diues qui
inuentus est*," etc. <Eccli. 31:8>. Vere beatus est diues quem locupletat
150 sufficiencia, quem non inflammat concupiscencia, quem non accusat
consciencia, unde solum talis diues beatus. Tullius, *De paradoxis*: "Soli
prediti uirtute diuites sunt";[26] alioquin, si concupiscencia extenditur,
fructus diuiciarum inopia est.

f. 170v   /Secundo, in uerbis propositis allegorice acceptis, describit Saluator
155 gloriosum Pontificem Edmundum quantum ad cognomentum paternale,
ornamentum presulare, et sacramentum salutare. Ponit enim cognomentum generis cum dicitur: "*Homo quidam erat diues*"; ornamentum presulis
ibi: "*induebatur purpura et bisso*"; sacramentum corporis ibi: "*epulabatur
cotidie splendide.*"
160 Describitur, inquam, Beatus Edmundus quantum ad cognomentum
paternale cum dicitur: "*Homo quidam erat diues.*" Nam pater eius
dicebatur Edwardus, cognomento Diues. Cum ergo homo quidam mundus
sit (quia dicitur microcosmus, id est, minor mundus), si primam sillabam
paterni nominis addideris ad hoc quod dico "mundus," habebis hoc nomen
165 "Edmundus." Quis est ergo "*Homo quidam erat diues*" nisi Edmundus
Diues? Diues, inquam, ex proprietate cognominis, diues ex sublimitate
pontificis uel presulis, diues ex integritate uirtutis seu corporis. De quo

148-153 Beatus . . . inopia est] *added in marg.*   150 inflammat] *foll. by* consciencia
canc.   165 Quis] *MS* Quid   167 corporis] *in marg. for* numinis

[22] St. Peter Chrysologus, "Sermo 26" (CCSL 24:150; PL 52:273). The same passage was quoted in
Sermo 1, ll. 390-392, above.
[23] St. Ambrose, *De virginibus*, 3.2; ed. Fuller, p. 67 (cf. PL 16:234).
[24] Boethius, *Cons. Phil.*, Bk. 2, Prose 5 (CCSL 94:27; CSEL 67:33; PL 63:692).
[25] Horace, *Satires*, 2.2.38.
[26] Cicero, *Paradoxa Stoicorum*, Bk. 6, Sec. 52.

pulcre dicitur, Eccli. 31<:8-9>: "Beatus diues qui inuentus est sine
macula et qui post aurum non abiit, nec sperauit in pecunia <et> thesauris.
170 Quis est hic, et laudabimus eum? Fecit enim mirabilia in uita sua."
"Beatus" idem est quod "edi" in Anglico, "sine macula" uere est
"mundus."[27] Igitur hoc quod dicitur: "Beatus diues qui inuentus est sine
macula," idem est quod Edmundus Diues. Dicit igitur Beatus Ambrosius,
super auctoritate premissa, libro *De Nabute*: "Benedicitur," inquit, "diues
175 'qui inuentus est sine macula et qui post aurum non abiit, nec sperauit in
pecunia et thesauris.' Sed quasi is cognitus esse non possit, eum sibi
desiderat demonstrari: 'Quis est hic,' inquit, 'et laudabimus eum?' Fecit
enim quod mirari magis quasi nouum, quam quasi usitatum recognoscere
debeamus. Itaque qui in diuiciis potuerit comprobari, is uere perfectus et
180 dignus est gloria."[28] Hec ille. Hic est Edmundus, diues re, nomine, et
uirtute, in cuius uita legimus quod denarios quos, dum in artibus regeret, "a
scolaribus suis recipiebat, in fenestra sua reponere consueuit. Et coope-
riens eos puluere, dum quasi sepeliret eos, eorum celebrauit exequias hoc
sermone: 'Terra terre, cinis cineri, puluis pulueri debet non immerito
185 commendari.'[29] Et sepius asportabantur clanculo, uel per iocum a sociis,
uel a furibus malo modo."[30] Progrediens autem ad theologiam audiendam,
"beneficium ecclesiasticum preter unicum tantum, quamquam plura
pluries sibi fuissent oblata, numquam tenere uoluit nec hoc etiam nisi cum
onere residencie, quod, quociens lectionibus uacare disposuit, solebat
190 nullius expectato consilio resignare."[31] Vtinam uel hunc attenderent proci
nostri, "qui omnes sedes et dignitates olfaciunt, attencius quidem et
curiosius quam 'odora uis aut sagacitas canum'[32] formellas leporum aut
ferarum latebras deprehendat.[33] . . . Inde est quod omnes, quasi in agone,
contendunt, anhelantibus singulis, ne dignitatem uel episcopatum accipiat

---

178 recognoscere] *the initial* re *added above the line*   180-181 diues . . . uirtute]
added in marg.   181 denarios] *corr. from* pecuniam   181 quos] *in marg. for* quam

---

[27] "Edi" is derived from the OE word for "blessed," "eadig." With this discussion of St. Edmund's
name, cf. the Pontigny *Vita S. Edmundi*, Chap. 2; *Thesaurus novus Anecdotorum*, ed. Edmond
Martène and Ursin Durand; Burt Franklin: Research and Source Works Series no. 275; Essays in
History, Economics, and Social Science no. 26 (1717; rpt. New York, 1968), 3:1777.

[28] St. Ambrose, *De Nabuthae*, Chap. 13; ed. McGuire, p. 84 (CSEL 32.2:500; PL 14:784).

[29] Cf. the words of the burial service as given, for instance, in the *Manuale ad usum percelebris
Ecclesie Sarisburiensis*, ed. A. Jefferies Collins, Henry Bradshaw Society no. 91 (Chichester, 1960
[for 1958]), pp. 158-159.

[30] *Vita S. Edmundi*, Chap. 14 (*Thes. Anec.*, 3:1786).

[31] *Vita S. Edmundi*, Chap. 25 (*Thes. Anec.*, 3:1795).

[32] Cf. Virgil, *Aeneid*, 4.132.

[33] John of Salisbury, *Policraticus*, 7.19; ed. Clemens C.I. Webb (Oxford, 1909), 2:174-175. This,
and the next two quotations from the *Policraticus*, are quoted more fully in Sermo 6, ll. 154-163,
below.

195 alter.[34] . . . Nusquam ergo illud Apostoli: 'Non multi prophete, non multi
sapientes.'[35] Omnes enim prophete et magistri sunt. Ita ut secundum
antiquum prouerbium merito dicatur, quod 'et Saul inter prophetas'
<I Reg. 10:11>."[36] Quam parum uero de dignitate curauerit noster Edmun-
dus ex hoc luculenter apparet, quod, dum a quodam familiari suo
200 confidenter argueretur, "quod uidelicet Ecclesie sue iniurias plus debito
tolerauit. Non enim, ut ille asseruit, debebat sustinere Ecclesiam suam sic
deprimi, etiam si oporteret eum Archiepiscopatus cedere dignitati,"
f. 171r   respondit uerbum memoria dig/num: "'Si,' inquit, 'archiepiscopatum
pluris ducerem quam lutum quod calco pedibus, eum ante uesperam pro-
205 culdubio dimitterem non inuitus.'"[37] Non ergo ex auaricia, sed ex quadam
animi lenitate et paciencia, quandoque dissimulauit iniurias irrogatas.

Secundo, describitur Beatus Edmundus quantum ad ornamentum
presulare cum dicitur quod *"induebatur purpura et bisso*," de quibus ad
litteram in lege uestes summi pontificis parabantur, quod patet Ex. 28 ubi,
210 sic dicitur, de iacincto uero et purpura uermiculo ac bisso, fecit uestes
quibus indueretur Aaron quando ministrabat in sanctis sicut precepit
Dominus Moysi. Et considera quod in purpura caritas, in bisso castitas,
designatur. Quantum uero dilexerit noster pontifex castitatem patet cum
iste sit qui "uirginitatem perpetuam coram quadam Virginis inuiolate
215 uouens ymagine, eidem se Virgini uelut domine commendauit, et
copulauit perhenniter uelut sponse. In signum uero, seu pocius in
firmamentum federis irrefragabilis et mutue dilectionis, eam suo subarrauit
anulo, nouo more. Anulo, inquam, quem ad hoc fecerat, digitum ipsius
ymaginis insigniuit, et ut amice karissime sua salutatio non deesset, in
220 eodem anulo litteraliter insculptum fuit illud 'Aue' nectareum, quo Gabriel
Archangelus Virginem salutauit. Quociens autem prout ipse confessus est
in morte sua, Virginis eiusdem, quam sponsam uocare solebat et amicam,
uero corde presidium implorabat, ipsa Virgo clementissima in temptatione
prouentum, in persecutione solacium, in tribulatione remedium, in dolore
225 gaudium celeriter impetrauit. Vt autem eadem sponsa sua federis inter eos

212 (f. 171r, TM) Ex. 28<:4>: "Facient autem uestimenta sancta Aaron fratri tuo
et filiis eius, ut sacerdocio fungantur michi." Et cito post <28:6>: "Facient autem
superhumerale de auro et iacincto ac purpura, coccoque bis tincto, et bisso retorta,
opere polimito."

206 irrogatas] *foll. by 4 blank lines, presumably for some later insertion*   208-209 ad
litteram] *added in marg.*   215 uouens] *added in marg.*   217 suo] *added above the
line*

[34] *Pol.*, 7.19; ed. Webb, 2:170.
[35] Cf. I Cor. 12:29.
[36] *Pol.*, 7.19; ed. Webb, 2:171.
[37] *Vita S. Edmundi*, Chap. 54 (*Thes. Anec.*, 3:1809).

initi recordaretur sponsumque dignaretur agnoscere, qui eam in sua
desponsarat ymagine, in anulo cum quo post mortem more presulum
sepultus extitit, inuentum fuit insculptum cunctis mirantibus illud
'Aue.'"[38] O uernans uirginitas, O floridus et mutuus aspectus castitatis! O
230 utinam nostri scolares diligerent, non in cenum proiicerent, hoc lilium
castitatis! Est enim "uirginitas curarum silentium, pax carnis, uiciorum
redemptio, uirtutum principatus." Et cum tantum bonum sit, tamen
uirginitatis perdite "reflorationem sperare, obliuio est nature," sicut dicit
Hyldebertus, Epistola 38.[39] Ad hanc seruandam, mouere deberent
235 infortunia coniugum et exempla philosophorum. Vide librum *Valerii ad*
Rufinum.[40]

Item Ieronymus, *Contra Iouinianum*, Capitulo 20, dicit sic: "Doctissimi
uiri uox est, pudiciciam in primis esse retinendam, qua amissa, omnis
uirtus ruit. In hac muliebrium uirtutum principatus est. Hec pauperem
240 commendat, diuitem extollit, deformem redimit, exornat pulcram." Et
post: "Captiuitatis nulla maior calamitas est quam ad alienam libidinem
trahi."[42] Tanta uero <dilectione> feruebat erga Christum/Sanctus noster   f. 171v
quod Psalterium suum glosatum cum Prophetis et Decretales suas uenderet
et "scolaribus egenis Parisius erogaret." Super quo facto sociis admiran-
245 tibus, sic respondit: Simpliciter omnimode "pro Christo studentes perfec-
tioni debemus nostra uendere, et sapienter uendita pro eius amore
pauperibus erogare."[43] Sic igitur, pro feruore caritatis et candore castitatis,
uere de eo dici potest illud, Prou. 31<:22>: "Bissus et purpura indumentum eius." Inuenio namque in Scriptura indumentum dealbatum, indumen-
250 tum deauratum, indumentum purpuratum, indumentum stragulatum.
Habuit igitur iste Sanctus indumentum dealbatum candore castitatis,
deauratum splendore ueritatis, purpuratum feruore caritatis, stragulatum
tenore probitatis.

236 (f. 171r, RM) Item uide pulcras narrationes de castis mulieribus in Ieronymo,
Contra Iouinianum, Capitulo 19.[41]

231 uirginitas] Hildebertus *appears in left marg.;* Virginitas *in right*   238 esse] *added*
above the line   249 indumentum] *repeated in marg.*   253 tenore] *in marg. for*
uigore

[38] *Vita S. Edmundi*, Chap. 10 (*Thes. Anec.*, 3:1782-1783).
[39] Hildebert, "Epistle 21" (PL 171:195-196). This quotation also appears in Sermo 1, ll. 366-368,
above, and in Sermo 4, ll. 477-481, below.
[40] Cf. Walter Map, *De nugis curialium*, 4.3.
[41] Cf. St. Jerome, *Adversus Jovinianum*, 1.41-46, where he tells various tales of virtuous wives (PL
23:282-288).
[42] St. Jerome, *Adversus Jovinianum*, 1.49 (PL 23:294).
[43] *Vita S. Edmundi*, Chap. 16 (*Thes. Anec.*, 3:1788).

Tertio, describitur quantum ad sacramentum salutare cum dicitur:
255 *"Epulabatur cotidie splendide."* Quam uero splendide epulabatur cum
sacramento Dominici corporis reficiebatur patet precipue ex gestis ante
mortem eius. Cum enim ipso presule iubente sibi deferretur illud
precipuum amoris sacramentum, manum "dexteram ad ipsum corpus
Dominicum extendit, et cum ingenti fiducia dixit ei: 'Tu es, Domine, in
260 quem credidi, quem predicaui, quem ueraciter docui, et tu michi testis es
quod in terra positus aliud quam te non quesiui.' Post perceptionem uero
Viatici, inestimabili gaudio perfusus, iubilum quem in corde habuit
sermone materno designans, et Anglico uelut alludens prouerbio ita dixit:
'Me<n> sayth þat game goth on wombe, ac ich segge nouþe þat game
265 goth on herte.' Quod sic exprimitur in Latino: 'Dicitur quod ludus in
uentrem uadit, sed ego dico modo, quod ludus in cor tendit.'"[44] Sic enim
dicitur, Eccli. 30<:27>: "Splendidum cor bonum in epulis." Splendor
enim et leticia mentis inexplicabiliter, quam ex tunc in corde sensit, sic in
facie refulsit quod "tota die illa tam iocundus permansit et hylaris, ac si ab
270 omni egritudine fuisset immunis."[45] Dicatur ergo: *"Homo quidam erat*
diues," etc.

Circa primum principale, secundum primam diuisionem, considerandum quod diues in Sacra Scriptura reprehenditur ut uiator deuius, ut
mercator inscius, et ut uenator anxius; uiator, inquam, deuius in mundi
275 stadio, mercator inscius in cursus brauio, uenator anxius pro uili spolio.
Est, inquam, diues uiator deuius qui, quanto magis ambulat, tanto magis
deuiat a uite tramite. Scitis enim quod linea recta est cuius medium non exit
ab extremis. Omnes autem nos hoc exilium, hoc uite stadium, pauperes
ingredimur et omnes ut pauperes moriemur; medium ergo non distans ab
280 extremis est quod in hac uita nichil queramus, nisi unde ad necessitatem
hec uita transigamur. Sed, quia mundi diuites ab hoc compendio declinant,
ideo dicitur, Prou. 22<:2>: "Diues et pauper obuiauerunt sibi utriusque
operator est Dominus." Motus semper est a termino opposito ad terminum
oppositum, vnde proprietas obuiationis est quod unus transmittitur ad
f. 172r 285 locum unde alius uenit, et econuerso. Pau/per autem uenit de miseriis,
diues autem de deliciis. Restat igitur ut transitus pauperis sit ad delicias,
transitus diuitis ad miserias, propter quod dicitur ubi thema <Luc.
16:22>: "Factum est autem ut moreretur mendicus, et portaretur ab angelis
in sinum Abrahe. Mortuus est autem et diues, et sepultus est in inferno." Et
290 huic alludit Ieronymus, Epistola 77, dicens: "Miserie," inquit, commutantur "deliciis et delicie commutantur miseriis. In nostro arbitrio est sequi uel

---

268 inexplicabiliter] *added in marg.*   268 in corde sensit] *in marg. for* habuit
290 Ieronymus] *repeated in marg.*

---

[44] *Vita S. Edmundi,* Chap. 64 (*Thes. Anec.,* 3:1815).
[45] *Vita S. Edmundi,* Chap. 64 (*Thes. Anec.,* 3:1815).

cupidum diuitem uel Lazarum pauperem. . . . Habebitne idem premium
fames et ingluuies, saccus et sericum?" quasi diceret: "Non."[46] Et hoc est
quod diuiti respondit Abraham <Luc. 16:25>: "Fili, recordare quia
295 recepisti bona in uita tua, et Lazarus similiter mala. Nunc autem
hic consolatur, tu uero cruciaris." Parum sibi ualuit suum miserere
<Luc. 16:24>: "Pater Abraham," inquit, "miserere mei." Propter hoc,
Epistola 110, dicit Beatus Ieronymus: "Diuitem purpuratum Gehenne
flamma suscepit; Lazarus pauper et plenus ulceribus, cuius carnes putridas
300 lambebant canes et uix de micis mense locupletis miseram sustentabat
animam, in sinu Abrahe recipitur et tanto patriarcha parente letatur.
Difficile, immo impossibile, est ut et presentibus et futuris quis fruatur
bonis, ut et hic uentrem et ibi mentem impleat, ut de deliciis ad delicias
transeat, ut in utroque seculo sit primus, ut in celo et in terra appareat
305 gloriosus."[47] Hec ille ibidem. Vnde Matt. 19<:23-24>: "Amen dico uobis
quia diues difficile intrabit regnum celorum. Iterum dico uobis: Facilius est
camelum per foramen acus intrare quam diuitem intrare in regnum
celorum." Glossa ibidem: Notandum quod hic diues accipitur possidens
diuicias "cum amore."[48] Multi enim possident qui non amant, "de omnibus
310 tucius est nec habere nec amare diuicias."[49] Vnde Seneca, Epistola 21:
"Multum est non corrumpi diuiciarum contubernio; magnus ille est qui in
diuiciis pauper est."[50]

Sed iam tangamus et pauperes. Dicit Augustinus, prima parte sermonum, Sermone 11, super illud Ps. <9(B):14>, "Tibi derelictus est
315 pauper": "Dicit michi quisque mendicus, debilitate fessus, pannis obsitus,
fame languidus, dicit michi: 'Michi debetur regnum celorum. Ego enim
similis sum illi Lazaro,'" etc. "'Nostrum genus est, cui debetur regnum
celorum, non illi generi qui induuntur purpura et bisso et epulabantur
cotidie splendide.' Audi ergo me de hoc quod proposuisti, Domine Pauper.
320 Cum illum sanctum ulcerosum te esse dicis, timeo ne superbiendo non sis
quod dicis. Noli contempnere diuites misericordes, diuites humiles; immo
diuites pauperes noli contempnere. O Pauper, esto et tu pauper, id est,
humilis. Si enim diues factus est humilis, quanto magis pauper debet esse
humilis? Pauper non habet unde infletur, diues habet cum quo luctetur.
325 Lege Scripturas, inuenies quod Lazarus pauper fuit; in cuius sinum leuatus

297 Abraham, inquit] inquit Abraham *with marks to indicate transposition*   298 Iero-
nymus] *repeated in marg.*   302 est] *added in marg.*   305 Hec ille ibidem] *added
in marg.*   309 possident] *added in marg.*   313 Augustinus] *repeated in marg.*
324 unde] *added in marg.*

[46] St. Jerome, "Epistola ad Pammachium" (no. 49 in CSEL 54:387; no. 48 in PL 22:511, 510).
[47] St. Jerome, "Epistle 118" (CSEL 55:444; PL 22:965).
[48] *Glossa*, 5:59v (interlinear), on Matt. 19:22, "*habens.*"
[49] *Glossa*, 5:59va (marginal), on Matt. 19:23, "*dives difficile.*"
[50] Seneca, "Epistle 20," Sec. 10.

est, diues fuit. Et tamen diues iste pauper fuit, quia humilis fuit. Tu dicis:
'Pauper sum sicut Lazarus'; diues iste meus humilis non dicit: 'Diues sum
sicut Abraham.' Ergo tu te extollis, ille se humiliat. Quid inflaris, et non
imitaris? 'Ego,' inquit, 'pauper leuor in sinum Abrahe.' Non uides quia
330 pauperem diues suscepit? Si superbis contra eos qui habent peccuniam,
negas eos ad regnum celorum pertinere, cum fortasse in eis inueniatur
humilitas, que in te non inuenitur. Non times ne tibi, cum mortuus fueris,
dicat Abraham: 'Recede a me, blasphemasti me'? Admoneamus ergo
diuites nostros, quod Apostolus admonuit: 'Non superbe sapere, neque
335 sperare in incerto diuiciarum' <I Tim. 6:17>."[51] Hec ille ibidem, sed
sparsim. Vide ibi multa de hac materia.

f. 172v   /Secundo, dico quod diues auarus est mercator inscius, quia totum
amorem cordis, totum laborem corporis commutat pro diuiciis que tamen
transeunt in momento. Et hoc est quod dicitur, Iob 28 <27:19>: "Diues,
340 cum dormierit, nichil secum auferet; aperiet oculos suos et nichil inueniet."
"Diues, cum dormierit," id est, cum mors eius aduenerit; "nichil secum
auferet," hoc est nichil asportabit de hoc mundo, quia nichil thesaurizauit
in celo; "aperiet oculos suos, et nichil inueniet," hoc est in resurrectione
non inueniet ipsum diuitem quod putauerat. Petrus Blesensis, archidya-
345 conus Batoniensis: Bene igitur diues auarus dicitur mercator inscius, quia
et "ambitio est tantum symia caritatis. 'Caritas enim paciens est'
<I Cor. 13:4> pro eternis; ambitio patitur omnia pro caducis. 'Caritas
benigna est' pauperibus; ambitio diuitibus. Caritas <13:7> 'omnia
suffert' pro ueritate; ambitio pro uanitate. Vtraque 'omnia credit, omnia
350 sperat' sed dissimili modo: Hec ad gloriam huius uite, illa ad gloriam sine
fine."[52] Hec ille. Sed dicis: Saltem delectat diuitem quod "magnam
pecuniam habet"; et respondet Seneca, libro *De remediis fortuitorum*:
"Hominem illum iudicas? Archa est. Quis erario, quis plenis inuidet
loculis? Et iste, quem dominum existimas pecunie, loculus est."

355   Callio: "Multum habet."
Seneca: "Vtrum auarus an prodigus sit, nescis. Si prodigus, non habebit; si
auarus, non habet. Iste, quem tu felicem admirantibus credis, sepe dolet, sepe
suspirat."
Callio: "Multi illum comitantur."
360   Seneca: "Mel musce secuntur, cadauera lupi, frumenta formice. Predam
sequitur ista turba, non hominem."[53]

332 times] *added in marg.*   333 dicat] *foll. by* tibi *canc.*   344-345 Petrus Blesensis,
archidyaconus Batoniensis] *added in marg.*   351 Hec ille] *added above the line*

[51] St. Augustine, "Sermo 14" (CCSL 41:186-188; PL 38:112-114).
[52] Peter of Blois, "Epistle 14" (PL 207:47).
[53] Seneca, *De remediis fortuitorum*, Chap. 10.

Hec ille.

Tertio, mundi diues est anxius uenator. Ideo dicitur, Eccli.
13<:21-23>: "Sicut lupus communicabit agno aliquando, sic peccator
365 iusto. Que communicatio sancto homini ad canem? Aut que pax bona
homini diuiti ad pauperem? Venatio leonis onager in heremo, sic pascua
diuitum sunt pauperes." Ecce quod diuitem comparat Scriptura lupo, cani,
leoni, pauperem uero agno, homini sancto, et onagro. Diuitem comparauit
lupo propter rapacitatem et famem auaricie; cani, propter gulositatem et
370 fetorem luxurie; leoni, propter crudelitatem et tumorem superbie. Pauperem uero comparauit agno propter mansuetudinem et innocentiam; homini
sancto, propter uite mundiciam; onagro, propter humilitatem et obedien-
tiam. Karissimi, diuicie sunt que Abraham et Loth diuiserunt (Gen. 13),
que Balaam cecauerunt (Num. 24), que Saul inflauerunt (I Reg. 15), que
375 Naboth (III Reg. 21) occiderunt, que Christum prodiderunt (Matt. 26),
Ananiam et Saphiram extinxerunt, Symonem Magum perdiderunt (Act. 6
et 8). Et ideo Boecius, immo Philosophia, Libro 2, *De consolatione*,
Metrum 5, exclamat:

Heu, primus quis fuit ille,
380   Auri qui pondera tecti
Gemmasque latere uolentes,
Preciosa pericula fodit?[54]

Vnde Augustinus, prima parte sermonum, Sermone 37: "Graue enim
pondus illum diuitem ad inferna perduxit, et sarcina grauis usque ad ima
385 depressit. Non enim audierat, 'Venite ad me qui laboratis, iugum meum
leue, et sarcina mea leuis est' <Matt. 11:28,30>. Sarcina Christi penne
sunt. Hiis pennis ille pauper in sinum Abrahe uolauit."[55] Sed quid?
Numquid et tu cupis in sinum Abrahe transuolare? Ecce quid dicit Petrus
Rauennatensis, Omelia 8: "Manus pauperis Abrahe sinus est, ubi quicquid
390 pauper accipit, mox reponit. Thesaurus celi est manus pauperis; quod
suscipit, ne in terra pereat, reponit in celum. 'Thesaurizate,' inquit, 'uobis
thesaurum in celo' <Matt. 6:20>. Manus pauperis est gazophilacium

---

367 (f. 172v, LM) Psalmista <Ps. 9(B):8>: "Sedet in insidiis cum diuitibus in
occultis, ut interficiat innocentem."

---

373 Gen. 13] *added in marg.*   374 Num. 24] *added above the line*   374 que . . .
15] *added in marg.*   375 III Reg. 21] *added above the line*   375 Matt. 26] *added in
marg.*   377 immo Philosophia] *added in marg.*   386 leuis] *corr. from* suauis.

---

[54] Boethius, *Cons. Phil.*, Bk. 2, Metrum 5 (CCSL 94:29; CSEL 67:36; PL 63:700-701).
[55] St. Augustine, "Sermo 41" (CCSL 41:499; PL 38:250).

Christi, quia quicquid pauper accipit, Christus acceptat.[56] Da igitur, homo, pauperi terram, ut accipias celum; da nummum, ut accipias regnum; 395 da micam, ut accipias totum. Da pauperi, ut des tibi, quia quicquid pauperi dederis, habebis; quicquid pauperi non dederis, habebit alter."[57] Et Omelia 9: "Homo, da in terra pauperi, que tibi uis manere in celo,"[58] quo nos perducat.

[56] Cf. Matt. 25:40.
[57] St. Peter Chrysologus, "Sermo 8" (CCSL 24:61; PL 52:210).
[58] St. Peter Chrysologus, "Sermo 9" (CCSL 24:67; PL 52:214).

Sermo 4

Sermo Fratris W. Herebert in Cena Domini, Oxonie in pulpito
Fratrum Minorum.

"*LAuentur pedes uestri et requiescite sub arbore. Ponamque buccellam*   f. 173r
panis, et confortate cor uestrum," Gen. 18<:4-5>. Verba sunt ipsius
Abraham, patriarche diuinissimi, prophete fidelissimi, hospitis curialis-
simi, angelos ad conuiuium liberaliter inuitantis. Potest autem pars
5 dictorum uerborum nobis pro antethemate ministrare, hec scilicet: "*Re-*
quiescite sub arbore. Ponamque buccellam panis, et confortate cor
uestrum." Sicut docet Beatus Augustinus, quarto *De doctrina Christiana,*
et Tullius, *Rhetorica Secunda,* in principio: Conueniens auditorum
dispositio consistit in tribus, scilicet in hoc quod sint beniuoli, dociles, et
10 attenti.[1] "Dociles, inquam, ad intelligendum, beniuoli ad audiendum,
attenti ad retinendum. Ista uero tria ad perfectionem concurrunt permutatim," sicut dicit Boecius, Libro primo, *De disciplina scolarium.*[2] Dictis
autem modis non sunt dispositi communiter, labore seu uigiliis fatigati,
langore seu ieiuniis macerati, torpore seu deliciis occupati. Ne qui igitur
15 dictis modis prepediantur, talibus si qui sint, tria remedia proponuntur in
hiis uerbis. Proponuntur, inquam, laboris reclinatorium, amoris inclinatorium, torporis declinatorium. Laboris reclinatorium notatur cum dicitur:
"*Requiescite sub arbore.*" Hec arbor crux est. "Crux enim inuenit centrum
circuli propositi, et in centro quies. Sic non inuenitur Deus, qui est centrum
20 et quies iustorum, nisi per crucem."[4] Et ideo, quasi de hac arbore, clamat

18 (f. 173r, RM) "Sedendo namque et quiescendo fit anima sapiens et prudens,"
septimo *Phisicorum.*[3]

2 uestrum] *foll. by* postea transibitis, *the next phrase of the theme; canc.*   3 fidelissimi]
added in marg.   8 Secunda] *corr. from* sua   20 quasi] *added in marg.*

[1] Cf. St. Augustine, *Doct. Christ.*, 4.4 (CCSL 32:119-120; CSEL 80:121; PL 34:91); and
Pseudo-Cicero, *Rhetorica ad Herennium*, 1.4-7. Cf. also the protheme of Sermo 2 above.
[2] Pseudo-Boethius, *Disc. scol.*, Chap. 2; ed. Weijers, p. 99 (cf. PL 64:1227). This passage was also
quoted in Sermo 2, ll. 10-13, above, although it was there worded somewhat differently.
[3] Cf. Aristotle's *Physics*, 7.3 (247b10-12), in the "vetus translatio"; Vatican, BAV, MS Urbin. Lat.
206, f. 78v. This passage is also quoted, at greater length, in Sermo 6, M266, below.
[4] Grosseteste, "De cruce," *Dicta*, no. 119; London, BL, MS Royal 6.E.v, f. 57vb.

Christus <Matt. 11:28>: "Venite ad me omnes qui laboratis et onerati estis," ad uerum scilicet reclinatorium ut sitis dociles auditores.

Amoris inclinatorium tangitur cum uobis promittitur: "*Ponam buccellam panis.*" Amor enim et beniuolentia auditorum septima clauis scientie
25 ponitur a Quintiliano, Libro 5, *De institutione oratoris.*[5] Karissimi, tota die nocteque nisus sum compingere buccellam istam panis, sed reuera incocta et cruda proferetur nisi aduenerit pistor supernus, Spiritus Sanctus, qui eam in clibano cordis et oris coquat igne caritatis; insipida manet nisi condescendat coqu<u>s internus, qui eam liniat oleo pietatis; furfurea et
30 tetra manet nisi affuerit Pater eternus, qui eam irradiet lumine ueritatis.

Torporis declinatorium indicitur ibi: "*Confortate cor uestrum.*" Torpens enim et tepidus non est aptus auditor doctrine salutaris. Pro uobis igitur et meipso dicam cum diuinissimo Dyonisio, in principio libri *De mistica theologia*: "Trinitas supersubstancialis et superdea et superbona eiusque
35 Christianorum inspectrix diuine sapientie, dirige nos ad misticorum eloquiorum superincognitum et superlucidum et supremum uerticem,"[6] ut scilicet dicam que tibi cedant ad laudem et honorem.

"*LAuentur pedes uestri,*" etc., Gen. 18<:4>. "Si linguis hominum loquerer et angelorum" <I Cor. 13:1>, immo si cuncta corporis mei
40 membra uerterentur in linguas, non sufficerem ad plenum reuoluere ueneranda misteria, predicanda preconia, presentis sollempnitatis. Attamen, ut summarie colligere ualeo, presentis diei sollempnitas ex quatuor potissime decoratur. Hodie namque fit pedum ablutio, penitentum recon-
f. 173v   ciliatio, Eukaristie/institutio, et crismatis consecratio. Et quoniam hodie
45 institutum est sacramentum sacramentorum, ideo, ob sollempnitatem noui sacrificii et propter penitentum reconciliationem, cantat Ecclesia in Missa diei cantica leticie preter "Alleluia,"[7] et "Missa sollempnis" dicitur in ministrorum ornatu et concentu.

In uerbis igitur propositis presens sollempnitas quadruplici priuilegio
50 figuraliter et allegorice describitur singulariter insignita, que sunt: Docu-

---

28 igne] *added in marg.*   33 libri] *added above the line*   49 igitur] *added above the line*   49 quadruplici priuilegio] Priuilegia diei Cene *appears in marg.*

[5] On the love of pupil for teacher, see Quintilian, *De institutione oratoriae*, 2.9. The seven keys of wisdom, however, seem to be a formulation of John of Salisbury's (cf. *Policraticus*, 7.14; Hugh of St. Victor further popularized them in his *Didascalicon*) who, by citing Quintilian, attempted (successfully, it would appear) to give the formulation Quintilian's authority. Herebert did not, however, find a reference to Quintilian's "Libro 5" in the *Policraticus* and, since there seems to be nothing in the *De institutione*, Bk. 5, of relevance here, this specificity of reference is curious. Herebert deals with the seven keys at some length in Sermo 6.

[6] Dionysius the Pseudo-Areopagite, *De mystica theologia*, in Grosseteste's translation; Oxford, Lincoln College, MS Lat. 101, f. 14r. (Cf. PG 3:997-998, and Eriugena's translation in PL 122:1171-1172.)

[7] Professor Andrew Hughes has suggested to me that Herebert may be referring to the antiphons sung during the consecration of the Chrism and of the reserved Host, as well as to the "Gloria" sung on this day with the ringing of bells.

mentum exemplaris perfectionis, complementum singularis processionis, sacramentum salutaris refectionis, et hortamentum pugillaris congressionis. Documentum exemplaris perfectionis probat ablutio spiritualis cum dicitur: *"Lauentur pedes uestri."* Complementum singularis processionis
55 probat pausatio corporalis ibi: *"requiescite sub arbore."* Sacramentum salutaris refectionis ostendit cibatio liberalis ibi: *"ponam buccellam panis."* Fulcimentum pugillaris congressionis indicat hortatio uirtualis ibi: *"confortate cor uestrum."* Et, secundum quatuor predicta, presens festum quatuor nomina sortitur. Vocatur enim "mandatum," propter pedum
60 ablutionem; vocatur "dies remissionis," propter penitentum reconciliationem; vocatur "Cena Domini," propter agni paschalis comestionem et propter Eukaristie institutionem; et uocatur "capitilauium," propter crismatis et olei consecrationem. Nam hodie infancium capita, qui ungendi sunt, lauantur ne obseruatione Quadragesime sordidata ad unctionem
65 accedant.

Primo ergo premittitur documentum exemplaris perfectionis cum dicitur: *"Lauentur pedes uestri,"* id est, affectus mentales penitentie lacrimis pro satisfactione, uel pedes corporales pro sancti Christi recordatione, propter quod ipse dicit, Io. 13<:14-15>: "Si ego laui pedes uestros,
70 Dominus et Magister, et uos debetis alter alterius lauare pedes. Exemplum enim dedi uobis, ut quemadmodum ego feci uobis, ita et uos faciatis." "Si ego laui pedes uestros," prebens exemplum me, Deum, humiliando, "et uos," homines fragiles, "debetis alter alterius lauare pedes," uestrum exemplar imitando. Hodie namque lauit Christus pedes discipulorum in
75 exemplum caritatis: *"Cum dilexisset,"* inquit, *"suos in finem dilexit eos,"* Io. 13<:1>; in exemplum familiaritatis <Io. 13:8>: *"Si non lauero te,"* inquit, *"non habebis partem mecum."* In exemplum humilitatis <Io. 13:14>: *"Si ego laui pedes uestros, Dominus et Magister,"* etc. Augustinus, super Io, Omelia 55: "Tanta quippe est humane humilitatis
80 utilitas ut eam suo commendaret exemplo etiam diuina sublimitas, quia homo superbus in eternum periret nisi eum Deus humilis inueniret."[8] Hec ille, et est super hodierno Euangelio. Recte igitur hoc factum antonomastice uocatur "mandatum," quoniam Christus inter omnia sua mandata fortiori inuectione et duriori comminatione precepit hoc obseruari; fortiori
85 inuectione cum dixit: "Si ego laui pedes uestros, et uos debetis," etc.;

---

70 (f. 173v, LM) Pedes subditorum a prelato, pedes auditorum a magistro, pedes laycorum a presbitero.

---

61 propter . . . comestionem et] *added in marg.; foll. by* propter, *underlined, echoing the* propter *in the line*   74-82 Hodie . . . Euangelio] *added in marg.*   76 Io. 13] *added above the line*   84 inuectione] MS inductione

---

[8] CCSL 36:466; PL 35:1787.

duriori comminatione cum dixit Petro <Io. 13:8>: "Si non lauero te, non
habebis partem mecum."

Complementum singularis processionis notatur cum subditur: "*Requies-*
cite sub arbore," quod dicitur penitentibus hodie reconciliatis, forma
90 namque reconciliationis hec est: Exit enim pontifex ad ianuas Ecclesie
patentes ubi iacent in terra prostrati penitentes, et eos uice Christi uocat ad
Domini timorem, ter dicens: "Venite, uenite, uenite, filii, audite me,
timorem Domini docebo uos." Proinde genua flectit, eos admonet, eosque
reconcilians in Ecclesiam introducit.[9] Arbor autem sub qua requiescere
95 debent penitentes crux est. Et ideo in eorum persona in introitu Misse
decantatur: "Nos autem gloriari oportet in cruce Domini nostri Iesu
Christi."[10] Tales enim possunt et debent in cruce gloriari quiescereque sub
cruce qui penitentiam suam fideliter peregerunt. Sic etiam omne naturaliter
f. 174r   motum cum loco suo in quo naturaliter quiescit/per uiam incessus sui
100 naturalis facit figuram crucis, propter quod hic dicitur: "*Requiescite sub*
arbore." Crux est granum illud synapis "quod acceptum homo misit in
ortum suum, et creuit et factum est in arborem magnam, et uolucres celi
requieuerunt in ramis eius," Luc. 13<:19>. "Granum synapis," secundum Glossam, "res uilis est et simplex et amari saporis, sed si teritur, uim
105 suam diffundit." Sic crux Christi "primo humilis et abiecta est et, propter
scandalum, amari saporis."[11] "Verbum enim crucis pereuntibus stulticia
est," I Cor. 1<:18>. Sed certe iam creuit in arborem magnam, iam per
totum mundum eius uirtus et honor predicatur. Vnde Augustinus, *De*
uerbis Apostoli, Sermone 8: Crux "in fronte figitur ubi sedes est uerecundie
110 ut nullus Christum confiteri erubescat."[12] "In ramis" etiam huius arboris
"uolucres celi" requiescunt, uirtuosi scilicet qui uirtutum alis transuolant in
celum. Criminaliter autem lapsi, sed iam penitentes, sub hac arbore
requiescunt. Est igitur hec arbor magna immo maxima quia, secundum
Lincolniensem, *De cruce*, Sermone 119, "lignum crucis quod sursum
115 tendit columpna est que sustinet Ecclesiam, scilicet triumphantem.
Lignum transuersale quasi duobus brachiis sursum leuat penitentes immo
totam Ecclesiam militantem. Lignum quod deorsum tendit quasi ueru est
quod transfigit et confodit tortuosum serpentem, et predam quam deuorarat

---

101 Crux] *MS* Hoc *with* uel Crux *written above it*   101 illud] *added in marg.*   104 et
amari saporis] *added in marg.*   105 est] *added above the line*   112-113 Criminaliter . . . requiescunt] *added in marg.*   114 Sermone 119] *added in marg.*

---

[9] For the ritual of the reconciliation of the penitents, see *The Sarum Missal*, ed. J. Wickham Legg
(1916; rpt. Oxford, 1969), p. 102; also cf. the *Manuale . . . Sarum*, ed. Collins, pp. 14-19.
[10] This is the first clause of the Introit of the Maundy Thursday Mass; cf. *Sarum Missal*, ed. Legg,
p. 104; also cf. Gal. 6:14.
[11] *Glossa*, 5:161ra (marginal), on Luc. 13:19, "*simile est grano*."
[12] St. Augustine, "Sermo 174" (PL 38:942).

euomere et refundere compellit. Arbor ergo crucis Christi sustentat
120 celestia, sursum leuat terrestria, deorsum premit infera. Non est benedictio
nisi per crucem; non est uictoria nisi per crucem; nil fugat angelum
exterminatorem nisi uirtus crucis."[13] Hec ille. Crux igitur est scala qua
lapsus erigitur. Crux est uirga qua uanus corrigitur. Crux est claua qua
hostis prosternitur. Crux est carta qua uita describitur: "Iesus Nazarenus,
125 Rex Iudeorum" <Io. 19:19>. Crux est tabula qua salus depingitur. Crux
est uia qua celum attingitur. Merito ergo penitentibus dicitur: "*Requiescite
sub arbore*"; "sub arbore," inquam, crucis.
Sacramentum salutaris refectionis notatur cum subditur: "*Ponam
buccellam panis.*" Hic est panis igne Spiritus Sancti coctus in clibano uteri
130 uirginalis. De hoc dicitur in figura, Ruth 2<:14>: "Quando hora uescendi
fuerit: 'Veni huc, et comede panem, et intinge buccellam tuam in aceto.'"
"Veni huc" gressu feruide deuotionis; "comede panem" sacramentalis
refectionis; "intinge buccellam tuam in aceto" per recordationem scilicet

122 (f. 174r, RM) Augustinus, prima parte sermonum, Sermone 3, et habet hec
scala quatuor gradus ibidem.[14]
123 (f. 174r, LM) In Ps. <2:9>: "Reges eos in uirga."
127 (f. 174r, BM) Hoc igitur sacramentum est "lignum uite in medio Paradysi"
<Gen. 2:9>.: Et considera quod tres sunt Paradysi, et tria ligna uite ita quod in
singulo singulum, secundum Hugonem, *De archa sapientie*. "Primum lignum est
arbor illa materialis, quam produxit Deus de humo, cuius fructum ne post
5 peccatum tangeret homo, eiectus est de Paradyso. Secundum est Dominus Iesus
Christus, qui secundum formam assumpte humanitatis in medio Ecclesie sue,
quasi 'lignum uite in medio Paradysi' plantatus est, et perseuerat in sacramento, de
cuius fructu quisquis digne manducare meruerit, uiuet in eternum. Tertium est
lignum uite, quod plantatum est in illo inuisibili Paradyso (sapientia Dei), cuius
10 fructus cibus est beatorum angelorum. Secundum et tertium unum est lignum uite.
Sed ad tertium creatus fuit homo, a primo eiectus est homo, per secundum
reuocatur homo."[15]

120 infera] *corr. from* inferna   122 Hec ille] *added in marg.*   124-125 Iesus . . .
Iudeorum] *added above the line*   129-130 Hic . . . uirginalis] *added in marg.*
132 Veni . . . deuotionis] *added in marg.*

[13] Grosseteste, "De cruce," *Dicta*, no. 119; London, BL, MS Royal 6.E.v, ff. 57ra-vb.

[14] Cf. St. Augustine, "Sermo ad Catechumenos: De cataclysmo," 6.8 (PL 40:698-699): "Quatuor
gradus posuit crucis. Non ergo laboriosae sunt hae scalae: quatuor gradus habent, et perducunt ad
coelum. In altitudine crucis caput positum est crucifixi; sursum cor habeat christianus ad Dominum,
quod interrogatus quotidie respondet; et ascendit unum gradum. In latitudine crucis manus affixae sunt
crucifixi: perseverent manus christiani in operibus bonis; et secundum gradum ascendit. In longitudine
crucis corpus pependit crucifixi: castiget quis corpus suum observationibus, jejuniis illud suspendat, ut
servituti animae subjiciat; et tertium gradum ascendit. In profundo crucis occultum est quod non vides,
sed inde exsurgit hoc totum quod vides: adsit fides christiana, quod non potest comprehendere, credat
corde, altiora se non quaerat, spes eum nutriat; et tunc quartum gradum ascendit."

[15] Hugh of St. Victor, *De arca Noe moraliter*, 2.14 (PL 176:644).

Dominice passionis. Et hoc est quod clarius tradit Apostolus, I Cor.
135 11<:23-24>: "Dominus Iesus, in qua nocte tradebatur, accepit panem et
gracias agens fregit et dixit: 'Accipite, et manducate; hoc est corpus meum,
quod pro uobis tradetur; hoc facite in meam commemorationem,'"
Luc. 22<:19>. "Accipite," inquit: Ecce liberalem oblationem; "et manducate": Ecce spiritualem coniunctionem. "Hoc est corpus meum, quod
140 pro uobis tradetur": Ecce salutarem redemptionem. "Hoc facite in meam
commemorationem": Ecce precordialem impressionem. Qui ergo seipsum
nobis ex dilectione contulit a nobis dilectionem requiret. Namque per
dilectionem datum est nec melius nec decentius quam per dilectionem
rependi potest. Dicit Hugo, *De laude caritatis*, sententialiter: "O caritas
145 admiranda, tu mediatrix es, auersos concilians, disiunctos socians, Deum
humilians, nos exaltans, illum ad ima trahens, nos ad summa erigens.
Magnam certe uim habes, O caritas, que de celo Deum ad terras trahere
f. 174v   potuisti. Considero Deum ex femina natum, uagientem, in cunis recli/na-
tum," quem hodierna die contueor piscatorum immo peccatorum pedibus
150 incuruatum, Deum hominem nobis in cibum ministratum, Christi sanguinem nobis in poculum propinatum. "Considero tandem osculo traditum,
comprehensum, ligatum, flagellatum, spinis coronatum, cruci conclaua-
tum, lancea perforatum. Et tamen cur uel tam indigna uel tam aspera
pateretur, si causam querimus, aliam preter solam caritatem non inue-
155 nimus. O caritas, humiliasti insuperabilem, inclinasti incommutabilem,
ligasti inuincibilem, uulnerasti impassibilem."[16] Mundi Dominum fecisti
piscatorum mancipium. Deum nobis in ferculum dedisti. O caritas, quid
fecisti? O amor, uicisti.
     Hodie ergo Christus Dominus consecrauit mensam, celebrauit Missam,
160 dispensauit cenam, sub speciebus sacramentalibus seipso cibans Apostolos
et seipsum. Iuxta quod uersus illi dicunt:

     Rex sedet in cena, turba cinctus duodena,
     Se tenet in manibus, se cibat ipse cibum.[17]

---

     134 est] *added above the line*   134 tradit] *in marg. for* docet   138 Luc. 22]
added in marg.   144 Hugo ... sententialiter] *in marg. for* Hugo, De arra anime
145 auersos] *corr. from* aduersos   150 incuruatum] *added above the line*   151 os-
culo] *foll. by* tandem *canc.*

---

[16] Hugh of St. Victor, *De laude caritatis* (PL 176:974-975).

[17] Cf. Walther, *Lateinische Sprichwörter)*, 4:613 (no. 26863), and *Initia carminum*, pp. 877, 1336
(no. 16778). All told, Walther lists 24 manuscripts (mostly thirteenth-century preaching anthologies)
and several secondary sources, including Ulysse Chevalier, *Repertorium hymnologicum*, no. 32947,
and Andre Wilmart, *Auteurs spirituels*, p. 413. Wilmart gives a four-line version:

     Dicere mira paro, de uirga prodiit anguis,
     Sic de pane caro, de uino fit quoque sanguis,
     Rex sedet in cena, turba cintus duodena,
     Se tenet in manibus, se cibat ipse cibus.
Although obviously popular, the origin of the piece is unknown.

Hodie Christus, geometra peroptimus, dictum illud geometricum uerifi-
165 cauit, scilicet quod duodecim spere tantum nec plures nec pauciores, unam
tangunt et includunt. Et hoc est quod dicit sancte memorie Pecham sic
inquirens:

Unam tangunt bis sex spere.
Spera Deus, sic fuere
170   Sperales Apostoli.
Partes mundi laterales
Lustrant solis uerticales
      Totidem radioli.[18]

Hortamentum seu fulcimentum pugillaris congressionis notatur cum
175 dicitur: "*Confortate cor uestrum.*" Hodie namque mater Ecclesia celitus
edocta instituit consecrationem unctionis, uidelicet crismatis consignan-
dorum, olei cathecumenorum, et olei infirmorum. Crismate namque renati
confortantur in mundicie nouitate, confirmati in constancie firmitate,
ordinati in perseuerancie dignitate. Quibus merito dicitur: "*Confortate cor
180 uestrum,*" quia iam sunt inuncti pugiles ad bellandum. Propter quod
Apostolus, II Tim. 2<:1>, scribens eidem, dicit: "Tu ergo, fili mi,
confortare in gracia, que est in Christo Iesu." "Christus" enim interpretatur
"unctus," a quo "Christiani," id est, "uncti," quibus, in confirmationis
unctione, Sancti Spiritus septiformis gracia confertur ad robur in pugna.
185 Propter quod sequitur <2:3>: "Labora sicut bonus miles Christi." Dicatur
igitur "*lauentur,*" etc.
      Et uide quod hec uerba sunt exprobratoria contra sordescentes, et ideo
dicitur: "*Lauentur pedes uestri.*" Sunt exclamatoria contra insolentes seu
discurrentes: "*Requiescite sub arbore.*" Sunt consolatoria quo ad prome-
190 rentes: "*Ponam buccellam panis*"; sunt excitatoria quo ad torpescentes,
unde dicitur eis: "*Confortate cor uestrum.*"
      /Circa primum considerandum est quod pedes nostri, id est, mentis f. 175r
affectus et operum effectus, lauandi sunt; ita, quod generalitati criminum
correspondeat generalitas locionum, et quia generalitas criminum compre-
195 hendit numerum septenarium, ideo adaptare sibi possumus septenarium
lauacrum, qui quidem septenarius in Scriptura pulcherrime continetur. In
qua fit mentio de locione flaminis, fluminis, sanguinis, lactis, vini, nitri, et
butiri, vt scilicet locio flaminis fiat contra fastum superbie, locio fluminis

---

164-165 uerificauit scilicet] *added in marg.*   175 namque] *foll. by* Ecclesia *canc.*
177 namque] *foll. by* formati *canc.*   179 dignitate] *foll. by* Non mediocris igitur est ratio
sollempnitatis *canc.*   194 generalitas locionum] Locio septemplex *appears in marg.*
196 septenarius] *foll. by* locio *canc.*   197 locione flaminis] Locio *appears in marg.*

---

[18] The source of these lines has not been discovered in any of the published works of Pecham.

contra estum inuidie, locio sanguinis contra motum iracundie, locio lactis
200 contra nubilum accidie, locio uini contra castrimargiam, locio nitri contra
luxuriam, locio butiri contra auariciam. Hec est septenaria locio qua
mundatur Naaman leprosus et sic demum perfecte redditur sanitati, IV
Reg. 5.
    Est ergo prima locio flaminis, que facienda est contra spiritum superbie.
205 Nam sicut dicit Gregorius Nazanzenus, in libello *De luminibus, siue*
secundis epiphaniis: "Sicut est Christus et Antichristus, ita–si dici
potest–et Antispiritus."[19] Antispiritus dyabolus est qui "rex" dicitur "super
omnes filios superbie," Iob 41<:25>. Vel etiam ipsa superbia uiciorum
omnium regina, de qua dicit Gregorius, *Moralia* 31: "Ipsa namque
210 uitiorum regina superbia cum deuictum plene cor ceperit, mox illud septem
principalibus uiciis, quasi quibusdam suis ducibus, tradit."[20] Hanc
describens Hyldebertus, Epistola 33, dicit: "Superbia natione celestis,
sublimes appetit mentes, et uelud ad proprios ortus reuolans, in gloriam et
puritatem irrumpit hominum, que a gloria et puritate prorupit angelorum.
215 Ea prius in celis, dehinc in terra triumphans, sic angelis innata est, ut ab eis
non recederet; sic homines infecit, ut a Deo separaret. Et quasi modicum
profecerit, cum angelum deiecit et hominem, adiecit temptare Deum et
hominem, ut quem uidebat similis consortem nature, consortem faceret et
ruine. Prima hec et ultima pernicies ante omnia uicia superauit, post omnia
220 superatur. Nam postquam fidelis anima de abisso uitiorum emergens
salutare uirtutum culmen ascendit, uelut ex insidiis prosilit et occursat
elatio, totum domus Domini edificium concussura ad ruinam, quod
surrexerat ad consummationem."[21] Hec ille. Contra hanc pestem tam
ualidam necessario locio flaminis adhibetur, de qua Ysa. 4<:3-4>:
225 "Omnis qui scriptus est in uita in Ierusalem sanctus uocabitur"; et sequitur:
"Si sordem Ierusalem lauerit de medio eius, in spiritu iudicii." Hec est
littera Hebreorum. "Scriptus in uita," uel in libro uite, dicitur predestinatus

---

223 (f. 175r, BM) Item de superbia dicit Hyldebertus, Epistola 38, prope finem:
"In celo nimirum nata est superbia, sed uelud immemor qua inde uia ceciderit,
illuc ultra redire non nouit. Ea de supernis corruens, et parentans in terris, omnibus
suis apud inferos eternam pepigit mansionem. Ipsa ex purissimis et simplicibus
5 orta substanciis, puros adhuc animos inquietat, ausa uictoriam sperare de homine,
que de angelo triumphauit."[22]

    201-203 Hec . . . IV Reg. 5] *added in marg.*   212 Hyldebertus] De superbia, Hyldeber-
tus *appears in marg.*   226 Ierusalem] *added in marg.*

[19] St. Gregory Nazianzenus, "Oratio 39," in the translation by Rufinus (CSEL 46:119-120; cf. PG
36:345).
[20] St. Gregory, *Mor.*, 31.45 (PL 76:620).
[21] Hildebert, "Epistle 10" (PL 171:165).
[22] Hildebert, "Epistle 21" (PL 171:196-197).

ad uitam. Cum enim tres sint libri, secundum Hugonem, *De archa sapientie*,[23] liber humane scripture, liber mundane creature, liber eterne
230 geniture, uerbum scilicet Dei Patris et sapientia per quam secundum librum condidit, hoc est totum mundum; hic ultimus singulariter dicitur liber uite, "cuius origo eterna, cuius incorruptibilis essentia, cuius cognitio est uita, cuius scriptura indelebilis, cuius inspectus desiderabilis, cuius doctrina facilis, cuius scientia dulcis, cuius profunditas imperscrutabilis, cuius
235 uerba innumerabilia, et tamen unum uerbum omnia," secundum Hugonem, ubi supra.[24]

In hoc libro quicumque scriptus fuerit per eternam predestinationem "sanctus uocabitur," sub hac conditione, scilicet "si sordem Ierusalem," id est, superbiam que uigere solebat in Ierusalem, "lauerit de medio eius," id
240 est, de corde suo, et hoc "in spiritu iudicii," id est, humilitatis. "Spiritu" namque "iudicii" caret omnis superbus. Nam secundum Gregorium, *Moralia* 34: "Quisquis in se superbie tyrannidem captiua mente susceperit, hoc primum/dampnum patitur, quod, clauso cordis oculo, iudicii f. 175v equitatem perdit."[25] Oritur autem superbia occasionaliter: Quandoque de
245 prosapia, quandoque de scientia, quandoque de collata gracia. Qui autem de gracia superbit, uitam anime in mortem conuertit cum uirtus et gracia sint anime uita. Quando uero de scientia superbia succrescit, tunc lux in tenebras euanescit. Nam pauca nouimus nichilque perfecte scimus, quia nec vnius culicis uel athomi nouimus naturam, cuius probatio est ista:
250 Quia, cum athomus sit corpus dimensionatum, potens est supra se recipere circulum. In circulo autem omnes figure rectilinee describi possunt, et ita sunt in eo infinita subiecta et infinite passiones et infinite conclusiones et, per consequens, scibilia infinita.

Item homo ignorans nascitur et quandoque ignorans moritur, puta, si
255 perdat scientiam per infirmitatem. Item qualiter dampnat superba scientia, nota de magistro Parysiensi.[26]

Item qui de prosapia superbit de nichilo se extollit, cum de nichilo sit parentum anima et fortassis in inferno dampnata; corpus uero de terra que

---

228 tres sint libri] Liber *appears in marg.*   233 doctrina] *corr. from* scientia
234 scientia] *corr. from* doctrina   255 qualiter] *foll. by a second* qualiter *canc.*

---

[23] Cf. Hugh of St. Victor, *De arca Noe*, 2.13 (PL 176:644).

[24] Hugh of St. Victor, *De arca Noe*, 2.11 (PL 176:643).

[25] St. Gregory, *Mor.*, 34.23 (PL 76:745).

[26] This rather curious reference is probably to an *exemplum* which Herebert would have told at greater length in the pulpit. It is possibly a reference to the tale of Simon of Tournai as told by Matthew Paris, *Chronica majora*, ed. Henry Richards Luard, "Rolls Series" no. 57 (London, 1872-1884), 2:476-477. Simon, a Master at Paris, after having been applauded for a particularly eloquent and convincing defence of the doctrine of the Trinity, announced that he could speak equally convincingly against the same doctrine. He was immediately struck dumb and, except for the Pater noster and Creed, said nothing more until his death.

semper de nichilo est producta, quod etiam corpus iam est putridum uel a
260 uermibus consumptum. Contra superbiam de genere dicit Gregorius
Nazanzenus, libro suo *De semetipso de agro regresso*: "Triplici namque
differentia constare ego prosapiam generis puto. Nam illud unum est
commune omnium hominum genus, quo ex supernis esse cepimus,
secundum quod omnes ex equo nobiles sumus, quoniam quidem ad
265 ymaginem Dei facti sumus; aliud genus est ex carne originem ducens, in
quo nescio que aut quanta nobilitatis habenda sit differentia, cuius una est
omnibus eademque corruptio; tercium est quod uel uirtute uel nequicia
queritur, in quo tanto, ut opinor, quis uel nobilior uel ignobilior erit, quanto
aut offuscauerit in se aut excoluerit ymaginem Dei. Huic nobilitati studebit
270 omnis qui uere sapiens est et uere philosophus."[27] Qui ergo in alico
predictorum deformis es, "uade in domum tuam, et laua pedes tuos," sicut
dixit Dauid ad Vriam, II Reg. 11<:8>. "Vade in domum tuam," id est,
redi ad conscientiam, et "laua pedes tuos," id est, affectus qui sunt
discalciandi per culpe detestationem, lauandi per lacrimosam confessio-
275 nem, ungendi per uiscerosam deuotionem, et sic uere eris Vrias qui
interpretatur "lumen Deum," seu "Dominus incendium meum." Huic
locioni correspondet locio que a medicis "pyria" nominatur, et est balneum
igneum quo ydropisis curatur. Sic ergo locione flaminis curatur tumor
elationis, de qua dicit Iohannes Baptista, Matt. 3<:11>: "Qui post me
280 uenit, ipse uos baptizabit in Spiritu Sancto et igni."

Antitodum autem contrarium tumori superbie est humilitas que mater est
uirtutum sicut econtrario superbia radix uitiorum, vnde Gregorius,
Moralia 27: "Quia origo uirtutis humilitas est, illa in nobis uirtus ueraciter
pululat, que in radice propria, id est, in humilitate perdurat. A qua nimirum
285 si abscindatur arescit, quia uiuificantem se in intimis humorem caritatis
perdit."[28] Huic autem humilitati contra spiritum tumoris spiritualiter
suffragatur donum timoris.

282 (f. 175v, LM) Lauit ergo discipulorum pedes in exemplum humilitatis.
287 (f. 175v, TM) Augustinus, secunda parte sermonum, Sermone 23, et est de
penitencia: "In rebus quippe uisibilibus, ut excelsa quisque contingat, in excelsum
erigitur: Deus autem cum omnium sit excellentissimus, non elatione, sed
humilitate contingitur."[29] (f. 175v, BM) Item Augustinus, Epistola 38, scilicet in
5 rescripto ad Dyoscorum, sic ait: "Vicia quippe cetera in peccatis, superbia uero

268 uel ignobilior] *added in marg.*   279 Matt. 3] *added in marg.*

[27] St. Gregory Nazianzenus, "Oratio 26," in the translation of Rufinus (CSEL 46:179; cf. PG 35:1241).
[28] St. Gregory, *Mor.*, 27.46 (PL 76:443). This passage is also quoted in Sermo 6, ll. 337-340; in Sermo 6, however, Herebert uses "abscinditur" (as does the PL edition) rather than "abscindatur."
[29] St. Augustine, "Sermo 351" (PL 39:1536).

Sequitur de locione fluminis que sit contra estum inuidie. Et de hac
locione dicitur, Io. 13<:3-4>: "Sciens Iesus quia omnia dedit ei Pater in
290 manus et quia a Deo exiuit et ad Deum uadit, surgit a cena et ponit
uestimenta." Vbi Augustinus, et est Omelia 55 super Io.: "Locuturus
Euangelista de tanta/Domini humilitate, prius eius celsitudinem uoluit   f. 176r
commendare. Ad hoc pertinet quod ait: 'Sciens quia omnia dedit ei Pater in
manus et quia a Deo exiuit et ad Deum uadit.' Cum illi ergo Pater omnia
295 dedisset in manus, ille discipulorum non manus, set pedes lauit; et cum se
sciret a Deo exisse, et ad Deum pergere, non Dei Domini, sed hominis
serui impleuit officium."[32] Vnde sequitur <Io. 13:4-5>: "Et cum accepis-
set lintheum, precinxit se. Deinde misit aquam in peluim et cepit lauare
pedes discipulorum" suorum. <Augustinus:> "Passurus igitur exicia,
300 premisit obsequia."[33] Quibus suos discipulos docuit inuidiam declinare,
contra quam ualent benefica obsequialitas, cautissima humilitas, solidissima ueritas, et perfecta caritas. De obsequio dicit quidam sapiens:[34]
"Expeditissima uia ad graciam sine inuidia est omnibus obsequi et
neminem ledere." De humilitate et ueritate dicit Augustinus, secundo De
305 trinitate: "Dentem caninum uel euitabit cautissima humilitas uel retundet
solidissima ueritas."[35] De perfecta caritate dicit Gregorius, Moralia 5:
"Plena mors liuoris est, perfectus amor eternitatis."[36] Celebre tamen
prouerbium est, quia "sola miseria nescit inuidiam."[37] Fertur namque
Plato, cum ei condiscipuli inuiderent, Socratem interrogasse qua ratione
310 posset inuidiam hominum declinare. Cui Socrates: "Esto," inquit, "Ter-

---

etiam in rectis timenda est, ne illa, que laudabiliter facta sunt, ipsius laudis
cupiditate perdantur."[30] Alanus, De planctu nature, in metrico "Ne te gulose":
      Calcare si uis colla superbie,
      Flatus tumoris, fulmina spiritus,
10   Pensa caduce pondus originis,
      Vite labores, mortis apocopam.[31]

298 se] added above the line   302 quidam sapiens] Nota appears in marg.
304 Augustinus] Nota Augustinus appears in marg.   307 eternitatis] foll. by Contra
istud incendium plurimum iuuat mite refrigerium donum, videlicet pietatis canc.; the phrase
is repeated, worded slightly differently, at the end of the paragraph   310 Socrates]
Prouerbium Socratis appears in marg.

[30] St. Augustine, "Epistle 118" (CSEL 34:685; PL 33:442).

[31] Alanus de Insulis, De planctu naturae, Metrum 8, ll. 37-40; ed. Nikolaus M. Häring, in Studi
Medievali, Serie Terza 19.2 (1978) 865 (cf. PL 210:471).

[32] St. Augustine, Tractatus in Evangelium Joannis, Omelia 55 (CCSL 36:466; PL 35:1787).

[33] St. Augustine, Tractatus in Evangelium Joannis, Omelia 55 (CCSL 36:466; PL 35:1787).

[34] The identity of this "wise man" has not been discovered.

[35] St. Augustine, Proem to Bk. 2 of De Trinitate (CCSL 50:80; PL 42:845).

[36] St. Gregory, Mor., 5.46 (CCSL 143:283; PL 75:729).

[37] Walther, Lateinische Sprichwörter, 5:55 (no. 29931).

sites," quasi diceret: "Esto miserrimus et despectissimus sicut fuit Tersites,
et sic hominum inuidiam effugies."[38] Signa uero inuidie ponit Gregorius,
Moralia 5: "Color quippe pallore afficitur, oculi deprimuntur, mens
accenditur et membra frigescunt, fit in cogitatione rabies, in dentibus
315 stridor."[39] Quoniam inuidia est arbor cuius radix est superbia, truncus
maliuolencia; rami, rancor et odium; folia, detractio et mendacium;
fructus, dolor et gaudium quod non prouocat nisi dolor alienus. Contra
huiusmodi incendium ualet aqueum, id est, mite refrigerium pietatis.
    Tercia locio est sanguinis et habet fieri contra motum iracundie. De hac
320 locione dicitur, Apoc. 1<:5>: "Dilexit nos et lauit nos a peccatis nostris in
sanguine suo," vbi "haymo,"[40] id est, sanguinem sue passionis, uertit in
misterium ablutionis. Et secundum Hugonem Expositorem ibidem:[41] Vt
perfecta foret ablutio, sanguinem fudit sub numero senario. In circumcisione enim fudit sanguinem germinalem; in sudatione, sanguinem uiscera-
325 lem; in flagellatione, sanguinem intercutaneum seu superficialem; in
coronatione capitis ubi uigent sensus, sanguinem animalem; in terebra-
tione manuum et pedum, sanguinem naturalem; in lanceatione, sanguinem
uitalem, de quo in Io. <19:34>: "Vnus militum lancea latus eius aperuit,
et continuo exiuit sanguis." Et quia sanguis de se est calidus et aqua de se
330 est frigida, ut balneum nostre ablutionis foret temperatum, exiuit simul et
aqua. Vnde ibi dicitur: "Exiuit sanguis et aqua"; unde, quia macula
sanguinis optime sanguine mundatur, secundum illos uersus:

    Stillas ymbre laues, oleumque liquore fabarum,
    Atque cruore cruor.[43]

335 Sequitur quod ira, que maxime sitit sanguinem, conuenientissime Christi
f. 176v   sanguine mundatur. Qualiter autem ira pro nichilo sanguinem/fundere

331 (f. 176r, RM) Vnde in ympno presentis temporis dicitur:
Vt nos lauaret crimine
Manauit unda sanguine.[42]

    332 uersus] Versus *appears in marg.*

[38] I have been unable to find any work of Socratic proverbs, nor any *Vita et dicta philosophorum*, which contains this tale.
[39] St. Gregory, *Mor.*, 5.46 (CCSL 143:282; PL 75:728).
[40] "Haymo" is Herebert's transliteration of the Greek word for "blood": "αἷμα."
[41] Herebert may be referring to Hugh of St. Cher who, with a number of unknown collaborators, wrote *postillae* on the entire Bible; however, Hugh's commentary on Apoc. 1 does not speak of the effusions of blood. Rather, Hugh deals with 5 (not 7) effusions in his commentary upon I Jo. 5:8, and there quotes Apoc. 1:5; see his *Opera omnia* (Venice, 1732), 7:355vb.
[42] Fortunatus, "Vexilla regis prodeunt" (for the complete text, see TH, 1:160). Herebert's collection of English verse includes a translation of the complete hymn (Poem 2).
[43] Walther, *Initia carminum*, pp. 976, 1354 (no. 18625), lists two manuscripts; the origin of the piece is unknown.

siciat, Seneca declarat per exemplum, vnde refert quod quidam iudex condempnauit militem accusatum de morte commilitonis eo quod essent duo in uia et vnus rediit altero moram faciente, vnde putabatur quod rediens
340 socium occidisset. Et cum centurio, post latam sententiam, uideret illum militem redire pro quo fuerat alter iudicatus, ambos ad iudicem reduxit. Iudex, uero iratus, primo dixit: "Iubeo te interfici, quia dampnatus es." Secundo dixit: "Et te similiter, quia causa mortis commilitonis fuisti." Tercio dixit: "Et te iubeo similiter interfici, quia occidere militem minime
345 obedisti."[44] Vnde secundum Gregorium, libro *Moralia* 5: "Per iram sapientia perditur, ut quid quoue ordine agendum sit omnino nesciatur, sicut scriptum, Eccl. 7<:10>: 'Ira in sinu stulti requiescit.' "[45] Sed contra effrenatum motum iracundie iuuat scientiale studium uel donum scientie.
      Et nota quod iracundus dici potest "dyaboli caminus." In isto camino
350 ignis ire operantur tres fabri. Primus est superbia que exsufflat folles tumidorum uerborum. Secundus iracundia que tenet ferrum duricie cordis forcipe inueterati rancoris. Tercius est contumelia que assidue cudit minis, opprobriis, et contumeliis. Qui omnes uno uersu continentur:

Flat Steropes, Brontesque tenet, cuditque Piragmon.[46]

355 De quolibet illorum potest dici illud Eccli. 11<:35>: "Attende tibi a pestifero, fabricat enim iniqua." Contra autem effrenatum ire impetum. . . .
      Quarta locio est lactis que fieri habet contra nubilum accidie. Nam per "lac" intelligitur "doctrina legis," secundum Rabanum, *De naturis rerum,* Libro 1, Capitulo 2.[47] Vnde de illo qui hac doctrina imbuitur dicitur,
360 Can. 5<:12>: "Oculi eius sicut columbe super riuos aquarum, que lacte sunt lote et resident iuxta fluenta plenissima." "Columbe super riuos aquarum" residentes, et in eis umbras auium rapacium desuper uolitancium contuentes, diligenter et fortiter precauent insidias earundem. Sic certe mentes fidelium in doctrina legis et fidei solidate in aqua (hoc est in
365 Scriptura Sacra) temptationes et astucias precauent inimici. Significat

---

337 exemplum] Narratio *appears in marg.*   342 es] *added in marg.*   349 Et . . . caminus] *added in marg.*   352 assidue] *foll. by* mi *canc.; probably the beginning of* minis *which was then postponed until after* cudit   352 cudit] *corr. from* cedit 353 uersu] Versus *appears in marg.*   356 impetum] *foll. by 2 blank lines, presumably for some later insertion*

---

[44] Cf. Seneca, *De ira*, 1.18. The wording of Herebert's version of the tale is not, however, very close to Seneca's, and it is possible that Herebert knew the story only through some intermediary source such as a collection of *exempla*.

[45] St. Gregory, *Mor.*, 5.45 (CCSL 143:276; PL 75:724).

[46] The author of this verse has not been discovered, but these three names do appear together in Virgil, *Aen.*, 8.425; further, "Brontes et Steropes Acmonidesque" are mentioned in Ovid's *Fasti*, 4.288, and "Brontes" and "Steropes" are twice mentioned in Statius' *Silvae*, in 1.1.4 and 3.1.131.

[47] Raban Maur, *De universo*, 1.2 (PL 111:22). Cf. also Raban's *Allegoriae in Sacram Scripturam* (PL 112:978).

enim aqua Scripturam Sacram, quia aqua abluit immundos, reficit
sitibundos, reficit uisuales radiolos, et sine labore deducit fatigatos. Sed
accidia, secundum Gregorium, *Moralia* 31, est tristicia anime qua non
inuenit nec in alio quo gaudeat.[48] Vnde nichil sibi spirituale sapit, sed
370 tristis et frigida torpescit; hanc autem expellit lacteum studium Scripture.
<Eccl. 1:18:> "Qui enim addit scientiam, addit et laborem," quem
accidia recusat. Confert autem plurimum donum fortitudinis taliter
laboranti.

Quinta locio est butiri que habet referri contra auariciam ut, scilicet
375 contra ariditatem temporalis affectionis, correspondeat pinguedo superne
deuotionis. Dicat igitur auarus, aliqualiter suam uirtutum penuriam
recognoscens; dicat illud Iob 29<:2,5-6>: "Quis michi tribuat, ut sim
iuxta menses pristinos quando erat Omnipotens mecum, et in circuitu meo
f. 177r   pueri mei; quando lauabam pedes butiro,/et petra fundebat michi riuos
380 olei?" Quis michi det, inquit, "ut sim iuxta dies" anti, scilicet in quibus
habui temporalium prosperitatem cum uite innocentia et protectione
diuina, qua carent auari. Vnde subditur: "Quando erat Omnipotens
mecum, quando lauabam pedes meos butiro," scilicet quando, frequencia
bonorum operum, mundaui omnem tortuositatem cogitationum quando
385 opera misericordie affectum auaricie superabant.

Et considera quod "amator mundialium assimilatur esurienti qui,
querens saturari dulcedine suauissimi fructus, intrat ortum in quo sunt
arbores fructus optimos in cacuminibus ferentes, quorum fructuum umbre
proiciuntur inferius super spinas, et tribulos, et urticas. Ingressus autem in
390 ortum, uidens has umbras, inani manus apprehensione et oris morsu nititur
umbram apprehendere et deglutire, suamque esuriem inde saturare,
reperitque in apprehendendo et mordendo, pro suauitate, dolores et
punctiones. Sic omnes transitorie dulcedines et suauitates umbre sunt
bonorum permanencium, que bona stabilia sunt sicut fructus in arboris
395 summitate; dumque has transitorias suauitates sectamur, pro eis punctiones
apprehendimus. Et si aliquid rationis in nobis uigeret, deberemus per
umbram reminisci rei cuius est umbra, et excitari ad sectandam rei solidam
suauitatem, non umbre pungentem inanitatem."[49] Hec ille. Et tamen

---

370 lacteum] *added in marg.*   379 butiro] *foll. by* quando *canc.*   386 amator]
Lincolniensis, Sermone 1 *appears in left marg.;* Nota *in right*   393 suauitates] ta *added*
above the line   398 inanitatem] ta *added above the line*   398 Hec ille] *added in marg.*

[48] This statement is somewhat confusing, though the gist of it is clear; Herebert may have left out
several words in copying from the *Moralia,* or this may simply be an overly compressed paraphrase. At
any rate, while St. Gregory, in *Mor.* 31.45 (cf. PL 76:620-623), speaks at length about "tristitia," these
particular phrases do not appear.

[49] Grosseteste, *Dicta,* no. 1; cf. Edwin Jergen Westermann, "An Edition, with Introduction and
Notes, of *Dicta I-L* of Robert Grosseteste, Bishop of Lincoln, 1235-1253," Diss. Colorado 1942, pp.
3-4 (also cf. London, BL, MS Royal 6.E.v, f. 6rb). This passage is again quoted in Sermo 6, ll. 201-214,
below.

mundi sapientes stultos eos iudicant qui umbram hanc paruipendunt. Sed
400 quid Paulus? <I Cor. 1:20:> "Stultam," inquit, "fecit Deus sapientiam
huius mundi." "Quia nec prius potest quis sapiens effici apud Deum, nisi
stultus fiat in hoc mundo," sicut dicit Gregorius Nazanzenus, in libro *De
semetipso de agro regresso*. Et addit statim: "Sed paupertatem et penuriam
exprobrabunt" scilicet mundi sapientes. "Iste sunt diuicie mee, istud me
405 non solum gloriantem, sed et arrogantem me facit. Videor enim michi hoc
audire ab inimicis quia uestigiis illius incedam, qui propter nos pauper
factus est cum diues esset. Atque utinam exuere me possem etiam istis
pannulis, quibus circumdari uideor, ut nudus effugerem spinas seculi, que
retinent et reuocant pergentes ad Dominum. Vtinam autem graue, graue
410 etiam istud corporis indumentum cicius deponerem, ut leuiori induerer et
puriori. Patria ac domo fugitiuos uocabunt: Parua de nobis senciunt, uere
iniuriosi sunt."[50] Hec ille. "O igitur angustas inopesque diuicias, quas nec
habere totas pluribus licet et ad quemlibet sine ceterorum paupertate non
ueniunt," dicit Boecius, secundo *De consolatione*, et addit in fine eiusdem
415 Prose: "Tu igitur, qui nunc contum gladiumque sollicitus pertimescis, si
uite huius callem intrasses uacuus uiator coram latrone cantares. O preclara
opum mortalium beatitudo, quam cum adeptus fueris securus esse
desistis."[51] Nam sicut dicit Gregorius, *Moralia* 15: Auarus "hinc inde
insidiatores metuit atque hoc se perpeti quod ipse fecit aliis pertimescit.
420 Formidat potenciorem alterum ne sustineat uiolentum; pauperem uero cum
conspicit, suspicatur furem. In hiis itaque omnibus quia timor ipse pena
est, tanta infelix patitur quanta pati timet."[52]/Hanc iuuat donum sapientie. f. 177v
   Sexta locio est vini que habet referri contra castrimargiam vt, scilicet
contra precipicium sue improuisionis, correspondeat deliberatum modera-
425 men discretionis. Vinum enim moderate sumptum temperatiuum et
moderatiuum est passionum. Vnde Lincolniensis, Sermone 73, et capit ab
Ambrosio: "'Vinum sobrie potatum sanitatem dat et auget prudenciam.'
Vnde Eccli. 31<:32>: 'Equa uita hominibus uinum; si bibas illud
moderate, sobrius eris.'"[53] Qui uero sobrius est cum Iuda "lauabit in vino
430 stolam suam et in sanguine uue pallium suum" <Gen. 49:11>. "'Pallium'
enim omnia reliqua uestimenta includens est iusticia que omnes continet
uirtutes cuius quasi penula suauis et delicata est hylaritas bene operandi,"

---

400 inquit] *added in marg.*   401 sapiens] *foll. by* esse *canc.*   402 Gregorius
Nazanzenus] *repeated in marg.*   414-415 eiusdem Prose] Prosa: "Sed quoniam, . . ."
the incipit, appears in marg.

---

[50] St. Gregory Nazianzenus, "Oratio 26," in the translation by Rufinus (CSEL 46:183-184; cf. PG
35:1245-1248).
   [51] Boethius, *Cons. Phil.*, Bk. 2, Prose 5 (CCSL 94:26, 28; CSEL 67:32, 35; PL 63:690-691, 696).
   [52] St. Gregory, *Mor.*, 15.23 (CCSL 143A:765; PL 75:1095).
   [53] Grosseteste, *Dicta*, no. 73 (London, BL, MS Royal 6.E.v, f. 34vb); Grosseteste is quoting from St.
Ambrose, *Hexameron*, 3.17 (cf. CSEL 32.1:109; PL 14:200), as well as from Eccli. 31:32.

secundum Lincolniensem, Sermone 40.[54] Hec ergo stola, hoc "pallium,"
in vino illo mitti debet de quo Saluator, Marc. 2<:22>: "Vinum nouum in
435 utres nouos mitti debet," per quod vinum gracia Spiritus Sancti accipitur.[55]
Iuuat igitur spiritualiter donum consilii, quia "nullus palmam certaminis
apprehendit," nisi qui prius gulam uicit, dicit Gregorius, *Moralia* 21.[56]
Inmoderacio cibi et potus dispensatricem omnium officiorum, temperan-
ciam, abigit. Ea impellente, fit homo ad audiendum tardus, uelox ad
440 loquendum, et uelox ad iram; fit ad libidinem pronus et ad queuis flagicia
preceps. Potus enim animum a curis redimit, soluit mentem, conceptam
leticiam dissimulare non potest, prorumpit in cantica, et ab eis in libidinem
uergit. Hanc iuuat donum sapientie.

   Septima locio est nitri et habet referri contra luxuriam, ut contra eius
445 putredinem correspondeat salsedo afflictionis. "Natura enim nitri non
multum distat a sale, habet enim uirtutem salis et similiter oritur
canescentibus siccitate litoribus," secundum Ysidorum, Libro 16, Capitulo 2.[57] Sic et corpore siccato per abstinenciam, luxuria marcescit. Verum
quamuis locione nitri materialiter albescant panni, non tamen mens per hoc
450 interius mundatur nisi adhibeatur nitrum spirituale, salsedo uidelicet
interne compunctionis. Ideo dicitur Ier. 2<:22>: "Si laueris te nitro,"
scilicet corporali, "et multiplicaueris tibi herbam borith," que habet uim
eandem quam habet nitrum, "maculata es in iniquitate tua coram me, dicit
Dominus." Sensus est, licet hominibus munda uidearis sicut uestimenta
455 que nitro et borith lauantur, in meo tamen conspectu non es immaculata,
qui noui conscientias singulorum, donec nitro mentali a spurcitia libidinis
abluaris, de qua scribit Aristotiles in Epistola ad Alexandrum: Luxuria
"proprietas est porcorum a qua, si caueris, grandis erit tibi gloria; si
exerceas, bestiarum imitator es." Sequitur: "Crede," inquit, "michi
460 indubitanter quod libido destructio est corporis, abreuiatio uite, corruptio
uirtutis, legis transgressio, et mores generat femineos."[58] Hec ille. Vnde
Valerius ad Rufinum narrat quod "Patuuius quidam nomine flens ait Arrio
f. 178r   /uicino suo: 'Amice, arborem habeo infelicem in orto meo, de qua se prima

---

   440 libidinem] di *added above the line*   443 sapientie] *foll. by 3 blank lines, pre-*
sumably for some later insertion   452 uim] *added above the line*   457 Aristotiles]
De luxuria, Aristotiles *appears in marg.*   462 Valerius ad Rufinum] *corr. from* Rufinus
ad Valerianum

---

[54] Grosseteste, *Dicta*, no. 40; ed. Westermann, p. 217 (cf. London, BL, MS Royal 6.E.v, f. 21ra).

[55] Cf. the *Glossa*, 5:94va (marginal), on Mark 2:22, "*sed vinum novum*": ". . . tunc Spiritum
Sanctum acceperunt quo quasi nouo musto noui vtres repleti sunt."

[56] This is actually from Bk. 30; cf. St. Gregory, *Mor.*, 30.18 (PL 76:555).

[57] St. Isidore, *Etymologies*, 16.2.7, ed. W.M. Lindsay, Scriptorum Classicorum Bibliotheca
Oxoniensis (Oxford, 1911), vol. 2 [n.p.] (cf. PL 82:561).

[58] Pseudo-Aristotle, *Secretum secretorum*, Chap. 13; ed. Robert Steele, Opera hactenus inedita
Rogeri Baconi fasc. 5 (Oxford, 1920), p. 51.

uxor mea suspendit, et postmodum secunda, et iam nunc tercia.' Cui
465 Arrius: 'Miror te in tantis successibus lacrimas inuenisse.' Et iterum: 'Dii
boni, quot dispendia ter arbor illa suspendit.' Et tercio: 'Amice, dede michi
de arbore surculos quos seram.'"[59] Quantum autem castitas ad sapientiam
disponat patet in Gregorio Nazanzeno, de quo narrat Rufinus in Prologo
Apologetici eiusdem Gregorii,[60] quod "cum philosophie studiis apud
470 Athenas floreret, uidit per soporem sedenti sibi et legenti duas decoras satis
dextra leuaque feminas consedisse. Quas ille castitatis instinctu oculi
uigore respiciens que nam essent et quid sibi uellent percunctabatur. At ille
eum familiarius et ambiciosius conplectentes aiunt: 'Ne moleste accipias,
iuuenis, note tibi satis et familiares sumus–altera enim ex nobis Sapientia,
475 altera Castitas dicitur–et misse sumus a Domino tecum habitare, quia
iocundum nobis et satis mundum in corde tuo habitaculum preparasti.'"
Vnde de uirginitate sic scribit Hyldebertus, Epistola 38: "Virginitas,
curarum silencium, pax carnis, uitiorum redemptio, uirtutum principatus.
Virginitas maritalis ignara negocii, non labores puerpere, non noui partus
480 spurcicias experitur. Virginitatis autem reflorationem sperare, nature
obliuio est."[61] Nulla igitur nitri locio uirginitatem reformat, et si reddat
sanctitatem. Et hanc iuuat donum purificantis intellectus.

469 Gregorii] Narratio de castitate *appears in marg.*   477 Hyldebertus] *repeated in*
marg.

[59] Walter Map, "Epistola Valerii ad Ruffinum," *De nugis curialium*, 4.3; ed. James, *et al.*, p. 302.
This tale of the "hanging tree" is not original with Map, although some of the elaboration of it appears to
be his own. Cf. the similar tale in Cicero's *De oratore*, 2.69.278. A version similar to Map's (and
probably derived from his work since it is ascribed to "Valerius") is contained in the *Gesta*
Romanorum.
[60] The tale is told by Tyrannius Rufinus in the Prologue to his translation of the "Apologeticus" (i.e.,
"Oratio 2") of St. Gregory Nazianzenus (CSEL 46:1-2).
[61] Hildebert, "Epistle 21" (PL 171:195-196). The same passage is also quoted in SS. 1 (ll. 366-368)
and 3 (ll. 231-234), above.

Sermo 5

<Sermo in occasione incerta>

"*HOmo, cum in honore esset, non intellexit. Comparatus est iumentis* f. 178v
insipientibus, et similis factus est illis," Ps. 48<:13>. Sicut dicitur, in
Prologo *Almagesti*: "Qui in dignitate sua multum extollitur, in amissione
sua multum deprimitur."[1] Istud manifestum est, et per Sacram Scripturam
5 et per notam figuram. Per Scripturam, primo, sic Prou. 16<:18> dicitur:
"Contritionem precedit superbia, et ante ruinam exaltabitur spiritus." Et
ratio est, nam qui humilis est deprimi non potest; qui iacet in terra non habet
unde cadat. Item in Anglico prouerbialiter dicitur: "Prute geth to uore and
shome come<t>h after."[2] Item ad hoc habemus apertam figuram de
10 Lucifero, Ysa. 14<:12-13>: "Quomodo cecidisti, Lucifer, de celo qui
mane oriebaris? Corruisti in terram, qui uulnerabas gentes? Qui dixisti in
corde tuo: 'In celum conscendam, super astra celi exaltabo solium
meum,'" etc. <Isa. 14:15:> "Verumptamen ad infernum detraheris, in
profundum laci." Sic primus parens noster, extra Paradysum creatus, in
15 Paradisum translatus, et cunctis animantibus prelatus, cicius intumescens
et inflatus ab honore primario, turpiter deiectus est. Et hoc est quod in
themate declaratur cum dicitur: "*Homo, cum in honore esset, non
intellexit*," etc. Super quo uerbo dicit Crisostomus, in sermone quodam de
Ascensione, sic: "Peius est hominem iumentis comparari, quam iumentum
20 nasci." Et hoc probat sic: "Nam naturaliter non habere rationem tolerabile
est. Sed uerum hominem ueraque ratione decoratum irrationali nature
comparari uoluntatis crimen est."[3] In quibus uerbis humani generis per
lapsum primi parentis monstruosa transformatio, luctuosa degradatio, et

23 parentis] *foll. by* describitur *canc.*

[1] Prologue to Ptolomy's *Almagest* in the translation by Gerard of Cremona; cf. London, BL, MS Burney 275, p. 776b.
[2] Bartlett Jere Whiting and Helen Wescott Whiting, ed., *Proverbs, Sentences, and Proverbial Phrases from English Writings Mainly before 1500* (Cambridge, MA, 1968), pp. 471-472 (no. P385). Also cf. G.R. Owst, *Literature and Pulpit in Medieval England: A Neglected Chapter in the History of English Letters and of the English People*, 2nd ed. (Oxford, 1961), p. 42, n. 11.
[3] St. John Chrysostom, "Sermo de Ascensione," in the translation of Anniani Celedensis; *Opera . . . Chrysostomus*, ed. S. Gelenius (Basel, 1547), 3:869; also London, BL, MS Royal 6.A.xii, f. 119v (and cf. PG 50:447).

uitiosa deformatio, describitur manifeste; quam probant dignitas primaria,
25 orbitas nepharia, et uilitas plenaria. Dignitas enim primarie institutionis
notatur cum premittitur: "*Homo, cum in honore esset*"; orbitas nepharie
excecationis, cum additur: "*Non intellexit.*" Glossa: Id est, "non intelligi-
biliter egit."[4] Vilitas plenarie prostitutionis seu deformationis notatur cum
subditur: "*Comparatus est iumentis,*" etc. Vel reducendo hec tria membra
30 ad duo: Dignior sublimatio in creatione notatur cum dicitur: "*Homo, cum
in honore esset*"; et uilior degradatio in deformatione cum additur: "*Non
intellexit. Comparatus est iumentis,*" etc.

Circa primum principale, sciendum quod dignitas creationis relucet in
quatuor, scilicet quod primus homo fuit indeceptibilis cognitione, indisso-
35 lubilis corruptione, indepressibilis afflictione, insubicibilis prelatione. Sed
quia, in tanto honore constitutus, "*non intellexit,*" id est, "non intelligibili-
ter egit" dum peccato consensit, iumentis insipientibus similis est effectus.
Nam factus est ad modum iumentorum: Cognitione deceptibilis, desitione[5]
corruptibilis, afflictione depressibilis, et subiectione contemptibilis.

40   Igitur, primo, creatus est homo indeceptibilis ratione. Nam Gen.
1<:26> dicitur, in persona Patris ad Filium et Spiritum Sanctum,
"Faciamus hominem ad ymaginem et similitudinem nostram." Hec autem
consignatio ymaginis non attenditur in membris, lineamentis, coloribus, et
figuris, sed in trinitate memorie, intelligencie, et uoluntatis, que sunt tres
45 potencie unius anime sicut tres persone, Pater, Filius, et Spiritus Sanctus,
f. 179r   sunt uel una essentie diuinitatis. Habebat igitur homo/in intellectu
limpitudinem, in affectu rectitudinem, et in memoria firmitudinem. Sed
statim cum peccauit, uulneratus est in tantum quod intellectus factus est
umbratilis, affectus curuabilis, et memoria labilis. Item ante peccatum
50 potens erat non deici siue non decipi, potens non subici, et potens non
mori. Sed per peccatum addictus est necessitati deceptionis, pronitati
transgressionis, necessitati corruptionis, et calamitati subiectionis, non
solum creaturis sed etiam peccato, "quia qui facit peccatum, seruus est
peccati," Io. 8<:34>. Magnus igitur honor fuit homini collatus cum
55 sigillo trinitatis sic fuit consignatus. Sed "heu, heu, diruptum est sigillum,"
sicut dicit Bernardus in sermone de Natali, "Magna opera Domini," etc.
Accessit enim fur et "latro fregitque recens adhuc sigillum. Mutata est
similitudo diuina; 'comparatus est miser homo iumentis insipientibus, et
similis factus est illis' <Ps. 48:13>. Superuenit enim falsarius, qui
60 inexpertis sigillum promittens melius, ue, ue! fregit quod erat manu

---

30 in creatione] *added in marg.*   31 in deformatione] *added in marg.*   38 ad
modum iumentorum] *added in marg.*   46 uel] *added above the line*   57 Mutata] *the
final* ta *added above the line*

---

[4] *Glossa*, 3:785 (marginal), on Ps. 48:13, "*et homo cum.*"
[5] "Desitio" is given in R.E. Latham's *Revised Medieval Latin Word-List from British and Irish
Sources* (London, 1965) as a truncated form of "desinitio."

diuinitatis impressum. 'Eritis,' inquit, 'sicut dii, scientes bonum et malum'
<Gen. 3:5>. O maliuole, O maligne! ad quid eis huius similitudo
scientie? Sint certe sicut dii, recti, iusti; ueraces sint, sicut Deus, in quem
peccatum cadere non potest. Hoc quippe sigillo stante, stabit hec
65 similitudo. Iam experimur miseri, quid nobis persuaserit uersucia dyabo-
lice fraudis. Fracto namque sigillo,"[6] hoc ipso uulneratus est miser homo et
semiuiuus relictus, iuxta parabolam Saluatoris, Luc. 10<:30>. Ante enim
habebat duplicem uitam, scilicet nature et gracie; duplicem ymaginem,
scilicet creationis et gratificationis; duplicem immortalitatem, scilicet
70 anime et corporis, saltem posse non mori; duplex dominium, scilicet super
se et super cuncta animalia. Sed per peccatum amisit uitam gracie, relicta
uita nature; amisit ymaginem gratificationis, relicta ymagine creationis;
amisit immortalitatem corporis, relicta immortalitate anime; amisit dominium super animalia, relicto multum imperfecto dominio sui, quia adhuc
75 sensualitas repugnat. Ve ergo misero iumento, homini dico, quod iam
prius non erat qui diceret ei: Quid superbis, terra et cinis? Vnde in
vituperium hominis stolidi dicitur, Iob 12<:7>: "Interroga iumenta, et
docebunt te." Quomodo autem doceant, dicitur Ysa. 1<:3>: "Cognouit
bos possessorem suum, et asinus presepe domini sui; Israel autem non me
80 cognouit," id est, michi non obediuit, quasi diceret: Bruta animalia
consuetudine uel natura absque ductore ad suos dominos redeunt, miserum
uero hominem iam iumento peiorem, nec ratio, nec natura, nec consue-
tudo, nec beneficia ad Dominum Deum suum attrahere possunt. (Hic
introducatur hystoria de Nabugodonosor et de transformacione sua, sicut
85 habetur Dan. 4, et tractetur hystoria seriose. Homini igitur in iumentum
deformato debet adhiberi frenum.) Sunt autem duodecim que ipsum
refrenant a peccato que in hiis uersibus continentur:

Dogmate, laude, minis, donis, ratione, flagellis,
Claustro, pauperie, uirtute, labore, pudore,
90 Exemplis socii, frenamur ne pereamur.[7]

/Secundo, fuit homo creatus in magno honore quia indissolubilis   f. 179v
corruptione. <Gen. 2:7:> "Inspirauit enim Deus in faciem eius spiracu-
lum uite, et factus est homo in animam uiuentem." Ex hac autem
immortalitate potens erat homo non mori, non corrumpi, non perire, non
95 infici, non interfici. Si enim homo non peccasset, nullum uenenum
nociuum fuisset. Nichil enim amisisset, nisi prius Deum perdidisset. Si
enim anima Deo perfecte adhesisset, numquam pena separationis ei
infuisset. Nisi precessisset culpa transgressionis, numquam intrasset

---

67 enim] *added above the line*   87 continentur] Versus *appears in marg.*

[6] St. Bernard, "In Nativitate Domini, Sermo II" (on the theme: "Magna opera Domini," Ps. 110:2);
Opera, 4:253 (cf. PL 183:120-121).
[7] I have been unable to discover the source of these lines.

angustam portam corruptionis, sed post terminos decretos a Dei prescien-
100 tia, uirtute diuina transisset ad brauium fruitionis. Quia igitur, O miser
homo, cum in honore esses, honorem tuum non intellexisti? Secuta est
corporis et anime separatio, mortis afflictio, subita et improuisa consump-
tio, putrefactio, incineratio, et resolutio more iumentorum. Vnde
Eccl. 3<:19> dicitur: "Vnus interitus est hominis et iumentorum, et equa
105 utriusque conditio. Sicut moritur homo, sic et illa moriuntur." Atque
utinam non peius quam iumenta homo miserrimus moreretur. Pecus
quippe, quod iudicium non habet, ad Iudicium non ueniet, et per
consequens ad supplicium non descendet. Homo uero, hic uiuens ut
iumentum, ad sempiternum descendet tormentum ubi sine fine denuo
110 morietur. Vnde quidam sapiens in Inferni pictura hos uersus patenter
exarauit:

> Hic que uita? mori. Que spes? superesse dolori.
> Que lex? flere licet. Que causa? superbia dicet.[8]

Anglice sic:

115   What lyf ys þer her? Þe lyf her ys deyȝe.
       What hope ys þer her? Of lyf, uor deth dreye.
       What lawe ys þer her? Euer woep in eyȝe.
       What skyl ys þer her? Þat shal prute wreyȝe.

Et nota quod, cum triplex sit uita, scilicet nature, gracie, et glorie,
120 tamen, prothdolor, natiuitatis nature comes, est originalis culpa, adeo ut
non nascatur quis natiuitate naturali nisi cum morte spirituali. Nec obicias
michi Iacob et Iohannem Baptistam et Mariam, Nicholaum, et Remigium,
quia priuilegia paucorum communem legem non faciunt. Mortem,
prothdolor, incurrit anima antequam corpus nascatur. Cum enim creatur
125 anima et infunditur corpori, reatum incurrit originalis culpe, et dum incipit
esse, moritur. Cum autem nascitur quis gracie, moritur in ipso reatus
mortalis culpe. Natiuitatis uero glorie comes est mors naturalis, et
sanctorum obitus natalicia sunt eorundem.[9]

---

109 tormentum] *added in marg.*   110 morietur] Nota *appears in marg.*   111 exa-
rauit] Versus *appears in marg.*   114 Anglice sic] Anglicus *appears in marg.*

[8] This epigram on hell, accompanied by a second on heaven, is found only in two other manuscripts,
in both cases added to the end of the poem by Serlo of Wilton, "Angelus bonus ad monachus stantes in
choro." For the text, see Serlo of Wilton, *Poèmes latins*, ed. Jan Öberg, Studia Latina Stockholmiensia
no. 14 (Stockholm, 1965), p. 123. Also see Walther, *Lateinische Sprichwörter*, 2:319 (no. 10899),
and *Initia carminum*, p. 408 (no. 8074). The English translation accompanying the verses here appears
to be Herebert's own, and is included in the edition of Herebert's poetry (no. 21), below.

[9] The sermon does not deal with all of the points mentioned in the *distinctio*; as it does not end on the
last line of the folio or in mid-sentence, it appears that Herebert abandoned it incomplete.

Sermo 6

<Sermo in Circumcisione Domini>

"*In carne sua stare fecit testamentum,*" Eccli. 44<:21>. Fructuosa f. 181v
diuini uerbi predicatio a duobus describitur in clausula premissa que sunt
ueritatis documentum et probitatis fulcimentum. Veritatis documentum
notatur ibi "*testamentum.*" Ideo dicitur, Eccli. 11<:21>: "Sta in testa-
5 mento tuo et in illo colloquere et in opere mandatorum tuorum ueterasce."
Probitatis fulcimentum notatur ibi "stare fecit in carne sua," vbi considere-
tur quod, inter auditores uerbi Dei, quidam faciunt illud stare tantum in
aure, quidam interius tantum in mente, et quidam in carne quia, quod
mente conceperunt, opere perficiunt. Isti dicere possunt cum Apostolo, Ad
10 Gal. 2 F <:20-21>: "Quod autem nunc uiuo in carne, in fide uiuo Filii Dei,
qui dilexit me et tradidit semetipsum pro me. Non abicio graciam Dei."
/"*IN carne sua stare fecit testamentum,*" Eccli. 44<:21>. Quoniam f. 182r
celebritas huius uenerande solempnitatis ex quatuor integratur, que sunt
Octauus Dominice "Natiuitatis, effusio sacrati sanguinis, impositio noui et
15 salutiferi nominis, et signaculum circumcisionis,"[1] conueniens fuit ut hec
tam preclara festiuitas in anni primordio poneretur. Nam ex hoc accidit
quod sicut, considerantes temporis inicium, cernimus mirandum spectaculum creationis, sic etiam, contuentes mentaliter anni principium, multo
mirabilius, iocundius, et utilius habemus spectaculum nostre recreationis.
20 Lincolniensis, in collatione quam fecit fratribus Oxonie in Vigilia
Natiuitatis Domini: "In spectaculo namque creationis conspicitur Creator
faciens creaturam; in spectaculo uero recreationis conspicitur Creator
factus creatura. Ibi conspicitur Deus faciens hominem, hic conspicitur
Deus factus homo; ibi faciens omnem carnem incircumscriptus et
25 indiuisus, hic factus caro circumcisus."[2] Nempe quem uidemus in inicio
mundi loco incircumscriptum, sua immensitate cuncta continentem, celi

---

1 44] *corr. from* 4   2 a duobus] *added above the line*   4 Eccli. 11] Eccli. 10
appears in the marg.   7 quod] *foll. by* quidam *canc.*   15 fuit] *foll. by a second* fuit
canc.   20-21 Lincolniensis . . . Domini] *added in marg.*   24-25 et indiuisus] *added
in marg.*   26 loco] *added in marg.*

---

[1] Jacobus de Voragine, "De circumcisione Domini," *Legenda aurea,* Chap. 13; ed. Graesse, p. 79.
[2] The quotation is from Grosseteste's "Sermon 6"; London, BL, MS Royal 6.E.v, f. 81ra-rb.

potestatibus imperantem, celum rapido turbine uersantem illudque palmo
ponderantem, terram tribus digitis appendentem, elementa numeris colli-
gantem, auroram et solem fabricantem,[3] se cibo solido angelos pascentem,
30 speculamur hodie in anni principio carne circumcisum, pre paruitate
contentum presepis angustia, imperatum humili puella, huc illucque
versatum cunarum rotamine, ponderatum palmo inbecillis femine, et
digitorum eius suspensum leui molimine, panniculorum et fasciarum
colligatum uolumine, hominis fabri subditum tutele, et uirginis premodico
35 saciatum lacte. Quamuis igitur uerba thematis, secundum sensum hystori-
cum, dicta sint de fideli Abraham quantum ad circumcisionis inchoationem
quia sibi primo datum est preceptum circumcisionis, secundum tamen
sensum allegoricum conuenienter dici possit de persona nostri redemptoris
quantum ad eiusdem ritus cessationem et legis gracie inceptionem. Nam
40 sicut ait Damascenus, libro suo *Sententiarum*, Capitulo 97: "Dominus ut
impleret legem, uoluit circumcidi, et omnem legem et Sabbatum obser-
uauit, ut legem sisteret et impleret."[4] Hunc igitur, mediatorem nostrum,
nobis commendant in uerbis propositis, incentiuum amoris uiscerosi et
exclusiuum timoris onerosi. Amoris incentiuum ostendit germanitas
45 nature, quod notatur cum premittitur: "*In carne sua.*" De hoc exponi potest
dictum Dauid Regis, II Reg. 19<:12>: "Hec," inquit, "dicetis populo:
'Fratres mei uos, os meum et caro mea uos.'" "Fratres" dicitur quasi "fere
alter," uel quasi "ferens alterum," quod est indicium amoris. Vnde sequitur
<II Reg. 19:14>: "Et inclinauit cor omnium uirorum Iuda quasi uiri
50 unius." Timoris exclusiuum portendit austeritas figure, figure, inquam,
cessantis, quod notatur cum subditur: "*Stare fecit testamentum.*" Vnde Ad
Gal. 4<:22-23>: "Scriptum est enim quoniam Abraham duos filios
habuit: Vnum de ancilla et unum de libera. Sed qui de ancilla, secundum
carnem natus est"; Glossa: Quia "iuuencula de sene solet concipere." "Qui
55 autem de libera, per repromissionem"; Glossa: Et "non secundum uim
carnis," scilicet "ut uetula" et "sterilis de uetulo" conciperet "sed per
operationem Dei, qui promisit." Sequitur <4:24>: "Hec enim," scilicet
ancilla et libera, "sunt duo testamenta: Vnum quidem in Monte Syna, in
seruitutem generans"; Glossa: "Quia pro timore seruiebant" Iudei. Sequi-
60 tur <4:26>: "Illa autem, que sursum est Ierusalem, libera est, que est
mater nostra," quasi diceret: "Hec," id est, "synagoga timore uel sub

47 (f. 182r, RM) "Vt sic sit ipse primogenitus in multis fratribus," Rom. 8<:29>.
48 (f. 182r, LM) Dicitur autem ipse "fere alter" propter nature conformitatem, sed
"ferens alterum" propter pene acerbitatem.

38 redemptoris] *added in marg.*

[3] Cf. the first part of this sentence with the conclusion of Sermo 2.
[4] Cf. St. John Damascene, *De fide orthodoxa*, Chap. 98; ed. Buytaert, p. 374 (cf. PG 94:1213-1216).

peccato seruit," sed illa "que sursum est," id est, "Ecclesia de gentibus congregata que cum Domino gaudet in spe," "libera est" "quia diligit et ex amore seruit."[5]

65   Circa primum, est aduertendum quod ad amorem nostri medici maxime nos allicit conformitas nature, que notatur cum dicitur: "*In carne sua*," quoniam in ea et de ea nostram confecit medicinam; et planum est quod ille medicus merito pacientis amorem sibi maxime uendicaret, qui de proprio corpore/medicine uasculum et de proprio cruore antidotum languido f. 182v

70   prepararet, verum quia "omnis curatio aut ex contrariis aut ex similibus adhibetur," sicut dicit Ysidorus, *Ethimologiis*, Libro 4, Capitulo <9>. "Ex similibus, sicut ligamentum rotundum rotundo uulneri, et oblongum oblongo coaptatur. Ex contrariis uero sicut frigidum calido, et siccum humido curatur." Vt medicus noster apciori ligamine uulnera nostra

75   alligaret, uniuit sibi habitum nostre humanitatis; et ut efficacius uirus nostrarum cupidinum a nobis expelleret, gustare uoluit antitodum dure penalitatis. "Antitodum enim Grece, Latine dicitur ex contrario datum."[6] Vnde bone memorie Pecham:

      Hic lupinis morsibus,
80   Propriis doloribus,
         Adhibens tutelam,
      De cruore proprio
      Morbidis opilio
         Preparat medelam.[7]

85   Hic autem est aduertendum quod omnis morborum curatio sub triplici genere continetur, que sunt "dieticum, farmaticum, et cyrurgicum," sicut dicit Ysidorus, Libro 4, Capitulo 9, et Iohannicius in *Ysagogis* suis. "Dieta enim," sicut dicunt, "est legis et uite obseruatio, farmatica est medicamentorum curatio, et cyrurgia est ossis consolidatio uel carnis incisio."[8] Has

90   autem tres partes medicine Christus in suo corpore pro nobis pertulit, ut nos a nostris doloribus plenissime curaret, et sic amorem nostrum sibi totaliter uendicaret. Nam cyrurgie acerbitatem expertus est in circumcisione, diete

---

64 seruit] *foll. by 2 blank lines, presumably for some later insertion*   71 Capitulo] *foll. by a blank space, presumably for the chapter number*   75 humanitatis] ta *added above the line*   76 expelleret] *foll. by* bibere *canc.*   89 cyrurgia est] *foll. by* ferramentorum incisio *canc.*

---

[5] *Glossa*, 6:504 (marginal) and 505-506 (interlinear), on Gal. 4:22-26.

[6] St. Isidore, *Etymologies*, 4.9.5-7, ed. Lindsay, vol. 1 [n.p.] (cf. PL 82:193).

[7] I have not found this stanza in any of the published poems of Pecham.

[8] Cf. St. Isidore, *Etymologies*, 4.9.3, ed. Lindsay, vol. 1 [n.p.] (cf. PL 82:193). Johannitius' "Isagoge ad Tegni Galeni," as published in the *Articella* (Venice, 1493), f. 3v, makes some general references to the "parts" of medicine, but without Isidore's explicit three-fold division.

tenuitatem in temptatione, scilicet in deserto ieiunans, farmacie asperita-
tem in expiratione, quando scilicet dederunt ei acetum cum felle mixtum.
95 O bone Iesu, quis tibi, sic mutilato, sic dietato, sic potato, rependit
uicissitudinem amoris et compassionis? Certe, dulcissime Iesu, omnis, ut
ita dixerim, creatura aut tibi congaudet nascenti aut tibi compatitur
pacienti, excepto solo homine ingrato pro quo hec omnia pertulisti, etc.[9]
   Considerandum ergo quod cyrurgia quam pertulit Christus hodierna die
100 resecare debet in nobis gibbum superfluarum diuiciarum, gibbum furentis
auaricie; sua dieta tenuis curat luxum castrimargie seu fetentis luxurie; sua
farmacia curat fumum tumentis superbie.
   De primo dicitur, Gen. 17<:14>: "Masculus, cuius prepucii caro
circumcisa non fuerit, delebitur anima illa de populo suo, quia pactum
105 meum irritum fecit." Glossa, super illud Io. 7<:22>, "et in Sabbato
circumciditis hominem," dicit: Circumcisio "signat baptisma, quo peccata
dimittuntur, et cor a cupiditatibus spoliatur."[10] Sicut igitur Christus in
carne, ita et nos in spiritu necesse est circumcidi, "radix enim omnium
malorum est cupiditas," sicut dicitur I ad Thim. 6<:10>, super quo
110 uerbo dicit Gregorius, *Moralia* 15: "Cui ergo dominari cupiditas dicitur,
subiectus proculdubio malis omnibus demonstratur,"[11] propter quod dicit
Apostolus, ubi prius <6:9>: "Qui uolunt diuites fieri, incidunt in
temptationem et in laqueum dyaboli et desideria multa inutilia et nociua,
que mergunt homines in interitum et perditionem." Vnde sequitur
115 <6:11>: "Tu autem, O homo Dei, hec fuge," non solum propter mala
predicta, sed etiam quia quisquis es qui sectaris auariciam, consequi non
poteris ueram sapientiam. Est enim paupertas una de clauibus que ad
scientiam nos introducit. Vnde Hugo de Sancto Victore in suo *Didascali-*
con, Libro 3, et *Policraticon*, Libro 7, Capitulo 14:[13]

117 (f. 182v, BM) Paupertas, etc.: Hec necessaria est ad scientiam. Nam "si
luxuriat animus in deliciis, rerum affluentia lumen rationis extinguit. Hec est uere
humilitatis custos" et camus uiciorum per quam tam gula quam luxuria
infrenatur.[12] O felices pauperes, qui uestre peregrinationis exemplum habetis,
5 ducem, et patronum!

   100 furentis] *added in marg.*   101 fetentis] *added in marg.*   110 cupiditas] di
added above the line   115 hec fuge] *foll. by* et qualiter *canc.*   M117.3 custos et] *foll.*
by fren *canc.; perhaps the beginning of* frenum   119 Capitulo 14] Versus *appears in the*
marg.

   [9] This passage, beginning "O bone Iesu," looks like a quotation, particularly given the "etc." at the
end; it sounds much like St. Bernard, but I have been unable to discover a source.
   [10] *Glossa*, 5:208va (marginal), on Jo. 7:22, "*circumcisionem.*"
   [11] St. Gregory, *Mor.*, 15.18 (CCSL 143A:763; PL 75:1093).
   [12] Cf. John of Salisbury, *Pol.*, 7.13; ed. Webb, 2:150. This passage is again quoted in ll. 265-266,
below.
   [13] The verses which follow begin the discussion of the "seven keys of wisdom" as found in Hugh of
St. Victor's *Didascalicon*, 3.12; ed. Buttimer, p. 61 (PL 176:773). The verses were first recorded by

120   Mens humilis, studium querendi, uita quieta,
       Scrutinium tacitum, paupertas, terra aliena,
       Hec reserare solent multis obscura legendi.

"Quibus Quintilianus, *De institutione oratoris*, septimam clauem adicit,
scilicet amorem discencium, quo preceptores ut parentes amandi sunt et
125 colendi. Sicut enim illi corporum, ita et isti sunt quidam genitores
animorum, non quidem de se spiritus propagando substanciam, sed
quasi sapientiam in auditorum mentibus gignunt, in melius reformando
<naturam>. Et 'hec quidem pietas studio plurimum confert. Nam et
libenter audiunt quos amant, et dictis credunt, et eis esse similes
130 concupiscunt, et pio faciente affectu, in ipsos cetus scolarium leti
alacresque conueniunt. Emendati non irascuntur, laudati non erubescunt,
ut sint et ipsi karissimi studio merebuntur. Nam ut doctorum officium est
docere, sic auditorum prebere se dociles. Alioquin neutrum sine altero
sufficit.'" Hec ille.
135   /"Vna tamen est et singularis, quasi clauium clauis, clauis illa 'que aperit f. 183r
et nemo claudit, claudit et nemo aperit' (Apoc. 3<:7>) et sine qua ad
intelligenciam ueri nullus accedit, quam quisquis non apprehendit aut non
tenet, pocius insanire crediderim quam philosophari."[15]
    Sed heu, "domesticas calamitates clericorum, dico, et thalamum
140 sapientie expositum fornicatoribus, et sanctuarii interioris recessum in
prostibulum permutatum, quis deflere sufficiet? Domus namque orationis,
Domino prohibente, domus negociationis facta est; et templum fundatum
in lapide adiutorii, in latronum speluncam uersum est.[16] Siquidem Ecclesia
data est in direptionem, aliis palam, aliis clam occupantibus eam. Non est
145 enim inuentus, nisi perrarus, qui accingatur gladio super femur suum, ad
presumptionem ambitionis reprimendam. Alius enim de nobilitate con-
fisus, aut uiribus potestatum, uiolenter in sancta irruit. Alius, sperans in

---

134 (f. 182v, BM) Boecius, *De disciplina*: "Felicis autem discipuli discretio
magistratu gaudeat eumque metuendo diligat fidelisque existat. Nec ei, sub
picturate dilectionis obtentu Albinus existat detrahendo. Quid enim detractore
nequius? Ve magistratus detractori."[14]

---

126 se] *added above the line*   128 naturam] *supplied from the text of the* Policraticus
136 Apoc. 3] *added in marg.*   140 recessum] *corr. from* processum   147 in sancta]
added in marg.

John of Salisbury in his *Policraticus*, 7.13, where John attributes them to Bernard of Chartres (ed.
Webb, 2:145). After the poem, Herebert gives a long quotation from the *Policraticus*, 7.14 (ed. Webb,
2:152-153), much of which John took from Quintilian, *De institutione oratoriae*, 2.9. On the seven
keys and John's misleading citation of Quintilian, cf. Sermo 4, ll. 24-25, above, and the notes there.
   [14] Pseudo-Boethius, *Disc. scol.*, Chap. 4; ed. Weijers, pp. 109-110 (cf. PL 64:1230).
   [15] John of Salisbury, *Pol.*, 7.14; ed. Webb, 2:153.
   [16] Cf. Matt. 21:13; Mark 11:17; Luc. 19:46.

multitudine diuiciarum, Symone ducente ingreditur, non inueniens ibi
Petrum qui eum et pecuniam suam ire iubeat in perditionem. Alius
150 obsequio quasi muneris ignarus adest, ac si obsequia non cedant in muneris
rationem; profecto malum maius est munus, quantum homo seipsum
hominis deuouet seruituti. Alium collusione quadam uocantis liberalitas
preuenit; sed postmodum collatam graciam suo Giezi plenius compensa-
bit."[17] *Policraticon*, Libro 7, Capitulo 19: "Nusquam ergo illud Apostoli
155 <I Cor. 12:29>: 'Non multi prophete' inter uos, 'non multi magistri';
omnes enim prophete et magistri sunt. Ita ut secundum antiquum
prouerbium merito dicatur, 'et Saul inter prophetas' <I Reg. 10:11>.
Omnes itaque currunt, sed cum eo uentum est, unus accipit brauium–ille
qui in cursu ambitionis uelocior extitit, et qui precucurrit citius Petro, et
160 quouis discipulorum Christi."[18] "Vtinam" alter Phinees et Petrus obuiaret
"procis istis qui omnes sedes olfaciunt, attencius quidem et curiosius,
quam 'odora uis et sagacitas canum' formellas leporum, aut ferarum
latebras deprehendit."[19]

"Frustra enim, ut quemquam eorum excipias, aliquem oppones titulum,
165 quia clamore conducticio preualente delebitur, concurrentibus exemplis et
sanctionibus patrum. Si dicas ignobilis est; sed nec Petrus patricius extitit,
aut alicubi de sanguinis claritate gloriatur. Puer est; et seniores a Daniele
puero nouimus condempnatos <Dan. 13>. Illiteratus est; nec scolas
frequentasse leguntur Apostoli. Scorta sectatus est; sed Osee, mandante
170 Domino, amplexibus meretricis adhesit <Osee 1:2>. Insipiens est; sed per
insipientiam mundi decreuit Deus saluare credentes <I Cor. 1:21>.
Percussor est; sed Petrus, gladium exerens, serui principis sacerdotum
auriculam amputauit <Io. 18:10>. Meticulosus est; sed Ionas ad Niniuitas
ueritus est accedere <Ionas 1:3>, et Thomas ad Indos.[20] Tenetur
175 functionibus publicis alligatus; sed Matheus de theloneo assumptus est
<Matt. 9:9>. Vinolentus est, et deditus gule; sed Dominus ipse dictus est
potator uini et carnium uorator <Matt. 11:19>. Non adquiescit maioribus;

---

149 Petrum] *added in marg.*   151 seipsum] *foll. by* de se *canc.*   154 *Poli-*
craticon ... Capitulo 19] *added in marg.*   160 discipulorum] rum *added above*
the line   162 odora] MS odorat

[17] John of Salisbury, *Pol.*, 7.17; ed. Webb, 2:162-163.
[18] John of Salisbury, *Pol.*, 7.19; ed. Webb, 2:171-172. The passage was earlier quoted in Sermo 3,
ll. 195-198, above.
[19] John of Salisbury, *Pol.*, 7.19; ed. Webb, 2:174-175. This passage was earlier quoted in Sermo 3,
ll. 190-193, above. For the phrase, "odora uis et sagacitas canum," cf. Virgil, *Aeneid*, 4.132.
[20] Cf. "De miraculis beati Thomae apostoli," Chap. 3: "Igitur cum saepe a Domino commoneretur ut
diximus beatus Thomas ut partes citerioris Indiae visitaret, et ille quasi Ionas a facie Domini fugiens ire
differret nec impleret quae sibi divinitus praecipiebantur, apparuit ei Dominus in visu noctis dicens:
'Ne timeas, Thomas, descendere in Indiam, ego enim vadam tecum . . .'"; *Die alten lateinischen*
Thomasakten, ed. Klaus Zelzer, Texte und Untersuchungen zur Geschichte der altchristlichen
Literatur, Band 122 (Berlin, 1977), p. 46.

sed et Paulus in facie restitit Petro <Gal. 2:11>. Contentiosus est; et inter
discipulos facta contentio memoratur <Luc. 22:24>. Miliciam armatam
180 exercuit; sed Martinus Iuliano legitur militasse.[21] Vir sanguinum est; sed et
Moyses Egypcium interfecit, et abscondit in sabulo <Ex. 2:12>. Perfidus
et periurus est; sed Petrus perfidiam periurio cumulauit <Matt. 26:74>.
Mutus est; sed hoc Zachariam a sacerdocio non exclusit <Luc. 1:22-23>.
Cecus est; <sed> et Paulus uidere non possit, quando Ananias eum
185 Domino consecrauit <Act. 9:8-18>. Vt paucis vniuersa complectar, ad
omnia ineptus est; sed Sampson in mandibula asini Philistiim expugnauit
<Iudic. 15:15>. 'Potens est et nunc Deus de lapidibus suscitare filios
Abrahe' <Matt. 3:9>. Heu, heu, lex et prophete, Euangelium, et omnes
patrum regule, illorum detestantur audaciam. Et nichilominus aduersus
190 Dominum eriguntur. 'Erubesce, Sydon, ait mare' <Isa. 23:4>. Et tu,
clerice, quid sentis, cum laicus fere legis ignarus ambitionem tuam arguit
et compescit? Obstupesce, propheta, cum asina te sessorem suum reuocat,
et tuos conuincit errores."[22] Hec est sapientia et prudencia huius mundi, de
qua Ad Rom. 8<:6-7>: "Nam prudencia carnis, mors est; prudencia
195 autem spiritus, uita et pax, quoniam sapientia carnis inimica est Deo."
Glossa: "Prudencia carnis" est mors "eterna,"[23] id est, dignus est morte
eterna qui habet prudenciam carnis, quod est cum studiosius implet que
carnis sunt, appetendo/bona temporalia, et fug<i>endo mala. Prudencia f. 183v
autem ideo dicitur cum res stulta sit, quia ita uidetur secularibus
200 hominibus.

200 (f. 183r, bm) De "epieikeia," <*Ethica Nicomachea*> Libro 5, Capitulo 17.[24]
Sed "deinotica" dici potest, quam diffinit Aristotiles et Commentator, sexto
Ethicorum, commento Capitulis 16 et 17, quod est "potencia adinuentiua ad
intentionem conferencium."[25]

184-185 Cecus . . . consecrauit] *added in marg.*   189 Et] *added above the line*   193 et
prudencia] *added in marg.*   m200.3 Capitulis 16 et 17] *corr. from* Capitulo 17

---

[21] Cf. the *Vita S. Martini* of Sulpicius Severus, Chap. 2 (csel 1:111-112; pl 20:161).

[22] John of Salisbury, *Pol.*, 7.19; ed. Webb, 2:175-178, 180-181.

[23] *Glossa*, 6:103-104 (interlinear), on Rom. 8:16, "*mors.*"

[24] Grosseteste's translation; see *Aristoteles Latinus* vol. 26, fasc. 3, pp. 248-249 (1137a31-1138a3).

[25] These chapter numbers correspond to Grosseteste's translation, not to modern editions of
Aristotle's original text. The definition of "δεινότητα" is from Grosseteste's translation of the Greek
commentator, Eustratius, upon the *Ethic. Nic.*, Bk. 6; cf. Cambridge, Peterhouse, ms 116, f. 151va (an
edition of Grosseteste's translation of the Greek commentators is being prepared by H. Paul F. Mercken
and published by E.J. Brill as vol. 6 of the series "Corpus Latinum Commentariorum in Aristotelem
Graecorum," but the edition of Eustratius on Bk. 6 is not yet available; for the Greek text of the
commentary, see *Commentaria in Aristotelem Graeca*, 20:392, ll. 13-14). The text of Aristotle upon
which this is a commentary may be found (in Grosseteste's translation) in *Aristoteles Latinus* vol. 26,
fasc. 3, p. 269 (1144a23).

Lincolniensis: "Amator autem mundialium assimilatur esurienti qui,
querens saturari dulcedine suauissimi fructus, intrat ortum in quo sunt
arbores optimos fructus in cacuminibus ferentes, quorum fructuum umbre
proiciuntur inferius super spinas et tribulos et urticas. Ingressus autem in
205 ortum uidens has umbras, inani manus apprehensione et oris morsu nititur
umbram apprehendere et deglutire suamque esuriem inde saturare,
reperitque in apprehendendo et mordendo pro suauitate dolores et
punctiones. Sic omnes transitorie dulcedines et suauitates umbre sunt
bonorum permanencium, que bona stabilia sunt sicut in arboris cacumine
210 fructus; dumque has transitorias suauitates sectamur, pro eis punctiones
apprehendimus. Et si aliquid rationis in nobis uigeret, deberemus per
umbram reminisci rei cuius est umbra, et excitari ad sectandam et
apprehendendam rei solidam suauitatem, non umbre pungentem
inanitatem."[26]
215   Altera clauis scientie est terra aliena. Philosophia enim numquam aliquo
"grauatur exilio quia terram suam alienam facit, immo alienam facit
suam."[27] "Omnis enim mundus philosophantibus exilium est, quia tamen,
ut ait quidam:

Nescio qua natale solum dulcedine cunctos
220   Ducit, et immemores non sinit esse sui.[28]

Magnum uirtutis principium est, ut discat paulatim exercitatus animus hec
uisibilia et transitoria primum commutare, ut postmodum possit etiam
derelinquere. Delicatus ille est cui adhuc propria patria dulcis est; fortis
autem iam, cui omne solum patria est; perfectus uero, cui totus mundus
225 exilium est. Ille mundo amorem fixit, iste sparsit, hic extinxit. Ego a puero
exulaui, et scio quo merore animus artum aliquando pauperis tugurii
fundum deserat, qua libertate postea marmoreos lares et tecta laqueata
despiciat." Hec Hugo, tertio libro, *Didascalicon*, in fine.[29] Huic conuenienter dici potest illud Matt. 16<:17>: "Caro et sanguis non reuelauit
230 tibi, sed Pater meus, qui est in celis," qui etiam dudum Abraham patriarcham ad relinquendam patriam et cognationem propriam inuitauit, ut
eum in gentem magnam dilataret, Gen. <12>.[30]

201 Lincolniensis] *added in marg.*   228 in fine] *added in marg.*   232 Gen. 12]
foll. by 3 blank lines, presumably for some later insertion

[26] Grosseteste, *Dicta*, no. 1; ed. Westermann, pp. 3-4; cf. London, BL, MS Royal 6.E.v, f. 6rb. The
passage was also quoted in Sermo 4, ll. 386-398, above.

[27] John of Salisbury, *Pol.*, 7.13; ed. Webb, 2:151.

[28] Ovid, *Ex Ponto*, 1.3.35-36.

[29] Cf. *Didascalicon*, 3.19; ed. Buttimer, p. 69 (cf. PL 176:778; note that the chapter numbers of this
latter part of Book 3 differ in the PL edition by a factor of +1).

[30] Cf. John of Salisbury, *Pol.*, 7.13; ed. Webb, 2:151: "Et forte huc patriarcham inuitat Dominus,
dum eum exire de terra et de cognatione sua praecipit, ut in peregrinatione proficiens multiplicetur in
gentem magnam ipsamque terram adquirat feliciter quam relinquit, dum ad uocationem sapientiae
omnia quae sunt mundana contempnit."

Secunda species medicine est dietica, vbi considerandum quod Christi
dieta tenuis refrenare debet in nobis excessum gule et fluxum luxurie. Vnde
235 Glossa super illud Luc. 4<:1-2>, "Iesus autem agebatur a Spiritu in
desertum diebus quadraginta et temptabatur a dyablo": "Ieiunat Christus
ante mortem carnis, quasi clamet: 'Abstinete a desideriis seculi dum estis
in agone.'"[31] Vnde bene dicitur, Prima ad Thim. 3<:16>: "Manifeste
magnum pietatis est sacramentum, quod manifestatum est in carne,
240 iustificatum est in spiritu, apparuit angelis, predicatum est gentibus,
creditum est in mundo, assumptum est in gloria." "Manifestatum est,"
inquit, "in carne," id est, "operibus et uirtute in carne Christi ostensis
claruit quis esset qui erat in carne."[32] "Obsecro" ergo "uos" cum bono
Petro "abstinete uos a carnalibus desideriis, que militant aduersus
245 animam," I Pet. 2<:11>. Dicit enim Ambrosius, in libro De ieiunio:
"Certamen nostrum ieiunium est. Denique ieiunauit Saluator, et sic
temptator ad eum accessit. Et primum gule direxit spiculum dicens, 'si
Filius Dei es, dic lapidi huic ut panis fiat' <Luc. 4:3>. Magna uirtus
ieiunii, denique tam speciosa milicia est, ut ieiunare delectaret et
250 Christum, tam ualida, ut homines leuaret ad celum. Ieiunus Helyas filium
uidue ab inferis suscitauit, ieiunus pluuias ore deposuit; ieiunus ignes
eduxit de celo; ieiunus curru est raptus ad celum; et quadraginta dierum
ieiunio diuinam adquisiuit presenciam. Ieiuno ore statuit fluenta Iordanis,
et redundantem fluminis alueum repente siccatum puluerulento transiuit
255 uestigio. Quid est ieiunium nisi substancia et ymago celestis? Ieiunium
refectio anime, cibus mentis est. Ieiunium culpe mors, excidium delicto-
rum, remedium salutis, radix gracie, fundamentum est castitatis. Hoc ad
Deum gradu cicius peruenitur; hoc gradu Helyas ascendit antequam
curru."[33]
260   Ac contra: "Ebrietas fomentum libidinis, incentiuum insanie, ue/nenum f. 184r

---

260 (f. 183v, BM) Boecius, De disciplina scolarium: "Vinum modice sumptum
intellectui multum uidetur conferre acumen; non modice autem sumptum rationem
perturbat, intellectum dissipat et ebetat, memoriam eneruat, obliuionem immittit,
errorem infundit, ignoranciam producit. Vbi enim ebrietas, ibi furor dominatur;
5 vbi furor, ibi nulla sapientia, sed desipiencia peruagatur. Que consorte uinoso
pestis deterior, quia si nequeat studere, ceteros gignalio corrodit inhyare uel
horrorem litis sonat uel pugnis cesus opem orat."[34]

245 I Pet. 2] added in marg.

[31] Glossa, 5:136ra (marginal), on Luc. 4:2, "diebus quadraginta."
[32] Glossa, 6:705-706 (interlinear), on I Tim. 3:16, "manifestum est."
[33] St. Ambrose, De Helia et jejunio, Chaps. 1-3; ed. Buck, pp. 44-46 (cf. CSEL 32.2:412-414; PL 14:732-733).
[34] Pseudo-Boethius, Disc. scol., Chap. 2; ed. Weijers, pp. 102-103 (cf. PL 64:1228). The same passage was quoted in Sermo 1, ll. 383-388, above.

insipiencie. Hec sensus hominum mutat et formas, per hanc fiunt ex
hominibus equi ad lasciuiam hinnientes. Vocem amittunt, colore uarian-
tur, oculis ignescunt, ore anhelant, fremunt naribus, sensu excedunt, in
furorem inardescunt," etc.[35] Cum hac uita quieta, que clauis est scientie,
265 stare nequit. Nam "si luxuriat anima in deliciis, rerum affluentia lumen
rationis extinguit."[36] Item hec scrutinium tacitum non permittit. Nam
ebriis, "hinc frenesis periculosa, hinc calculi grauis pena, hinc exicialis
crudelitas, hinc uomitus fremens epulas cum internorum uiscerum cruore
refundens."[39] "Qui autem sunt Christi, carnem suam crucifixerunt cum
270 uiciis et concupiscenciis," Ad Gal. 5<:24>. Glossa: Id est, carnem suam
"macerauerunt"[40] et subdit: "Congruit enim nostre deuotioni, ut qui
Domini crucifixi passionem celebramus, reprimandarum carnalium uolup-
tatum crucem nobis faciamus. In hac quidem cruce semper in hac uita debet
pendere Christianus, ut sit fixus clauis," id est, "preceptis iusticie, ut
275 Christus in cruce clauis confixus fuit."[41] In cruce namque Christi, "nobis
innuitur quod omnes creature exceptis demonibus et hominibus perpetuo
dampnatis per eam renouantur et meliorantur, quia quelibet creatura gerit
in se figuram crucis corporalem, aut spiritualem, aut utramque. Amor enim
trinitatis in Christo homine est sicut linea crucis que a medio puncto

266 (f. 184r, ᴛᴍ) "Quod autem turba ueritatis lumen impediat, cecus Euangelicus
docet quem turbe precedentes et sequentes 'increpabant pariter ut taceret' <Luc.
18:39>. Siquidem, teste Domino, qui uersatur in turbis turbatur erga plurima."[37]
Et septimo *Phisicorum*: "In quiescendo enim et sedando anima sciens fit et
5 prudens. Sicut igitur neque cum dormiens surgat aliquis aut ebrius pauset aut
infirmus ordinetur factus est sciens et ideo non poterat uti scientia et secundum
scientiam agere. (f. 184r, ᴮᴍ) Sed mutata perturbatione et in statum ueniente
intellectu, inerat potencia ad scientie congruitatem. Turbationis enim quies est
restitutio scientie. Neque igitur infantes possunt addiscere; multa enim perturbatio
10 circa eos et motus."[38]

261-262 ex hominibus] *corr. from* homines   ᴍ266.8-9 Turbationis ... scientie]
added above the line   276 quod] *foll. by* per eam *canc.*

[35] St. Ambrose, *De Helia et jejunio*, Chap. 16; ed. Buck, p. 86 (ᴄsᴇʟ 32.2:446-447; ᴘʟ 14:753).
[36] John of Salisbury, *Pol.*, 7.13; ed. Webb, 2:150. This passage was also quoted in M117, above.
[37] John of Salisbury, *Policraticus*, 7.13 (ed. Webb, 2:150).
[38] Aristotle, *Physics*, 7.3 (247b10-248a2), in the "vetus translatio" (Vatican, ʙᴀᴠ, ᴍs Urbin. Lat.
206, ff. 78v-79r). The first line of this quotation was also quoted, though differently phrased, in Sermo
4, M18.
[39] St. Ambrose, *De Helia et jejunio*, Chap. 16; ed. Buck, p. 86 (ᴄsᴇʟ 32.2:447; ᴘʟ 14:753).
[40] *Glossa*, 6:515-516 (misnumbered "517-518") (interlinear), on Gal. 5:24, "*crucifixerunt.*"
[41] *Glossa*, 6:516 (misnumbered "518") (marginal), on Gal. 5:24, "*carnem suam crucifixerunt*"; cf.
St. Augustine, "Sermo 205" (ᴘʟ 38:1039).

280 uoluntatis sursum tendit," etc.[42] Item "omnis creatura corporalis quam
patenter secundum figuram crucis formetur, patet si animaduertamus quod
corporeitas est potencia suscipiendi trinam dimensionem: Hoc est, tres
lineas intersecantes se ad angulos rectos. Tres autem linee intersecantes se
ad angulos rectos trinam crucem faciunt. Cuiuslibet igitur corporalis
285 formatio in trina cruce consistit."

Item "omnia creauit Deus in numero, pondere, et mensura <cf. Sap.
11:21>. Numerum autem, uocat Augustinus, formam et speciem. Cum
igitur omnis forma et species numerus sit, omnis autem numerus, ut patet
peritis in arismetrica, figurabilis est secundum aliquam figuram geometri-
290 cam regularem, omnis forma et species, utpote que numerus est figurabilis,
est secundum figuram regularem. Nulla est autem figura una regularis
secundum quam potest omnis numerus a binario usque in infinitum
regulariter figurari, preter figuram crucis. Secundum figuram autem
crucis, omnis numerus a binario sursum, potest regulariter figurari.
295 Ternarius enim, qui est primus numerus perfectus, figuratur in crucem
carentem brachio superiori, qualis est figura tau ('T') littere Grece."[43]
Quere ibi. I Pet. 4<:1-2>: "Christo igitur passo in carne, et uos eadem
cogitatione armamini, quoniam qui passus est in carne, desiit a peccatis, ut
iam non hominum desideriis, sed uoluntati Dei quod reliquum est in carne
300 uiuat temporis." Gal. 2<:19>: "Christo confixus sum cruci."

"Studium querendi," secunda clauis, "ad exercicium pertinet, in quo
plus exhortatione lector indiget quam informatione. Qui enim diligenter
inspicere uoluerit quid antiqui propter amorem sapientie pertulerunt, quam
memoranda posteris uirtutis sue monimenta reliquerint, quamlibet suam
305 diligentiam inferiorem esse uidebit. Alii calcabant honores, alii proiece-
runt diuicias, alii acceptis iniuriis gaudebant, alii penas spreuerunt, alii
contubernia hominum deserentes, ultimos secessus et heremi secreta
penetrantes, soli se philosophie dedicabant, ut eo contemplationi uacarent
liberius, quo nullis que uirtutis iter impedire solent cupiditatibus animum
310 subiecissent. Parmenides philosophus quindecim annis in rupe Egypcia
consedisse legitur."[44] "Solon philosophus qui summo semper sapientie
feruore 'flagrauerat, suppremo die, assidentibus amicis et conferentibus,
iam fere mersum capud erexit interrogatusque cur hoc fecisset, respondit:
"Vt, cum illud, quicquid est de quo disputatis percepero, moriar."
315 Migrasset profecto de scolaribus inercia, si eo animo uitam ingrederentur,

---

284 faciunt] t *added above the line*   297 I Pet. 4] *added in marg.*   304 uirtutis]
foll. by exempla *canc.*

---

[42] Grosseteste, "De cruce," *Dicta*, no. 119; London BL, MS Royal 6.E.v, f. 56vb.

[43] Grosseteste, "De cruce," *Dicta*, no. 119; London BL, MS Royal 6.E.v, f. 57va. I have not been able
to trace the reference to St. Augustine at the beginning of this quotation.

[44] Hugh of St. Victor, *Didascalicon*, 3.14; ed. Buttimer, pp. 64-65 (PL 176:775).

quo iam Solon egressus est.'"[45] "Hanc igitur diligenciam in nostris clericis esse uellem, ut numquam in eis senesceret sapientia. 'Omnes pene uirtutes corporis mutantur in senibus, et crescente sola sapientia decrescunt cetera. Vnde et sapiens uir ille Grecie, Temostecles, cum expletis centum septem
320 annis se mori cerneret, dixisse fertur se dolere quod tunc egrederetur e uita quando sapere cepisset. Cato etiam censorius et Romani generis disertissimus, iam senex Grecas litteras discere nec erubuit nec desperauit.'"[46] Tales igitur si qui sint dicere possunt illud Apostoli, II Cor. 10<:3>: "In carne enim ambulantes, non secundum carnem militamus." Vnde dicit
325 Augustinus, in quodam sermone ad iuuenes:[47] "Daniel ab angelo 'uir desideriorum' appellatus est <Dan. 10:11>. Que erant illa eius desideria, nisi quibus in sapientie pulcritudinem ar/denter inhiabat? Qui et iuuenili etate calcauit lasciuiam, et regum superbiam pressit captiuus, et ora leonum clausit inclusus."
330   Tercio, Christi farmacia dissipare debet in nobis fumum tumentis superbie. Vnde Ad Rom. 8<:3-4>: "Deus Filium suum mittens in similitudinem carnis peccati, de peccato dampnauit peccatum in carne, ut iustificatio legis impleretur in nobis, qui non secundum carnem ambulamus, sed secundum spiritum." "De peccato," inquit, "dampnauit pecca-
335 tum in carne," id est, "pro peccato quod" fecerunt ministri dyaboli "in carne Christi,"[49] scilicet crucifigendo et felle potando et uilificando, "dampnauit peccatum," id est, superbiam nostram. Moralia 27: "Quia enim origo uirtutis humilitas est, illa in nobis uirtus ueraciter pululat, que in radice propria, id est, in humilitate perdurat. A qua nimirum si absciditur
340 arescit, quia uiuificantem se in intimis humorem caritatis perdit."[50] Hec est prima clauis scientie, scilicet et "principium discipline cuius cum multa sint documenta, hec tria precipue ad lectorem pertinent: Primum, ut nullam scientiam, nullam scripturam uilem reputet; secundum, ut a nemine discere erubescat; tercium, ut cum scientiam adeptus fuerit, ceteros non conte-

325 (f. 184r, ʙᴍ) Augustinus ibi: "Ad uos michi sermo est, O iuuenes, flos etatis, periculum mentis."[48]

318 corporis] added in marg.   331 Rom. 8] foll. by lex canc.   337 Moralia 27] added in marg.   343 secundum] corr. from secundo   344 fuerit] foll. by a second fuerit canc.

[45] John of Salisbury, Pol., 7.13; ed. Webb, 2:149. John here quotes from Valerius Maximus, Facta et dicta memorabilia, 8.7.14.
[46] Hugh of St. Victor, Didascalicon, 3.14; ed. Buttimer, pp. 65-66 (ᴘʟ 176:775-776). Hugh here quotes from St. Jerome, "Epistle 52 (Ad Nepotianum)" (ᴄsᴇʟ 54:416-418; ᴘʟ 22:528-529).
[47] Herebert here quotes from the [Pseudo-?] Augustine, "Sermo 391, 'Ad juvenes'" (ᴘʟ 39:1709).
[48] [Pseudo-?] Augustine, "Sermo 391, 'Ad juvenes'" (ᴘʟ 39:1706). Herebert here gives the incipit of the sermon to which he just referred.
[49] Glossa, 6:102 (marginal), on Rom. 8:3, "damnavit."
[50] St. Gregory, Mor., 27.46 (ᴘʟ 76:443). This same passage was quoted in Sermo 4, ll. 282-285.

345 mpnat. Multos hoc decipit, quod ante tempus sapientes uideri uolunt. Hinc
namque in quemdam elationis tumorem prorumpunt, ut iam et simulare
incipiant quod non sunt et quod sunt erubescere, eo quod longius a uera
sapientia recedunt, quod non esse sapientes sed putari incipiunt. 'Nos,'
inquiunt, 'uidimus illos. Nos ab illis legimus. Sepe nobis illi loqui
350 solebant. Illi summi, illi famosi, cognouerunt nos.' Sed utinam me nemo
agnoscat et ego cuncta nouerim. Platonem uidisse, non intellexisse
gloriamini. Sufficit uobis: Ipsum philosophie fontem, sed adhuc sitiretis.
Rex post aurea pocula de uase bibit testeo. Platonem audistis, audistis et
Crisippum. In prouerbio dicitur: 'Quod tu non nosti, fortassis nouit
355 Ofellus.'[51] Nemo est cui omnia scire datum sit, neque quisquam rursum
cui aliquid speciale a natura accepisse non contigerit. Prudens igitur lector
omnes libenter audit, omnia legit, non scripturam, non personam, non
doctrinam cuiusquam spernit. Indifferenter ab omnibus quod sibi deesse
uidet querit, nec quantum sciat, sed quantum ignorat, considerat."[52]
360 Bernardus, Libro 2, *Ad Eugenium*: "Bonus fundus est humilitas, in quo
omne edificium spirituale constructum alcius crescit. Cum enim omni
indifferenter persone humilitas sit quedam turris fortitudinis a facie
inimici, nescio quo pacto tamen uis eius maior in maioribus, et in
clarioribus clarior comprobatur. Nulla splendidior gemma, in omni
365 precipue clericali ornamento."[53]

   "*Stare fecit testamentum.*" Notandum quod, sicut dicit Ysidorus,
Ethimologiis, Libro 5, Capitulo 24: Testamentum tripliciter dicitur,
scilicet ciuium, pretorum, et holographum. "Testamentum iuris ciuilis est
quinque testium subscriptione firmatum. Testamentum iuris pretorii est
370 septem testium signis signatum. Testamentum holographum est manu
auctoris totum conscriptum atque subscriptum."[55] Sic in Christo triplex

369 (f. 184v, LM) Huguccio: "Pretores sunt qui presint ut torqueant."[54]

345 tempus] *foll. by* uid *canc.; probably the beginning of* uideri *which was then postponed
until after* sapientes   360 Bernardus . . . *Ad Eugenium*] *added in marg.*   365 orna-
mento] *foll. by 5 blank lines, probably for some later insertion*   366 Stare fecit] *added
above the line*

   [51] Walther, *Lateinische Sprichwörter*, 4:498 (no. 26100). The usual form of the proverb has
"asellus" rather than "Ofellus."
   [52] Hugh of St. Victor, *Didascalicon*, 3.13; ed. Buttimer, pp. 61-62 (PL 176:773-774). The "Rex"
referred to is King Agathocles, whose method of remaining humble is described in Valerius Maximus'
Facta et dicta memorabilia, 7.4.1.
   [53] St. Bernard, *De consideratione libri quinque ad Eugenium tertium*, 2.6; *Opera*, 3:421 (cf. PL
182:750).
   [54] See the *Magnae derivationes* under "torqueo" (Oxford, Bod., MS Laud misc. 626, f. 179ra). Also
cf. Balbus, *Catholicon*, under "pretor."
   [55] St. Isidore, *Etymologies*, 5.24.5-7, ed. Lindsay, vol. 1 [n.p. (cf. PL 82:204).

stetit testamentum: Primum est diuinitatis confessione, secundum in humanitatis expressione, et tercium in utriusque connexione. Diuinitatis confessio signatum est quintupliciter, et sunt angelorum decantatio,
375 celorum illustratio, magorum ueneratio, pastorum preparatio, et brutorum recognitio; de hoc testamento accipitur illud Mal. 3<:1-2>: "Ecce ego mitto angelum meum, et preparabit uiam tuam ante faciem tuam et statim ueniet ad templum suum Dominator Dominus quem uos queritis, et angelus testamenti quem uos uultis. Ecce uenit et quis poterit cogitare diem
380 aduentus eius?"

Humanitatis expressio patet in septem sigillis, que patent in eius septena eiusdem sanguinis effusione.[56] Prima fuit hodierna die in circumcisione, secunda in oratione, tercia in flagellatione, quarta in coronatione, quinta et sexta in manuum et pedum perforatione, septima in lateris apertione; de
385 hoc testamento dicitur, Zach. 9<:11>: "Tu quoque in sanguine testamenti tui emisisti uinctos tuos de lacu in quo non erat aqua."

Vtriusque, scilicet diuinitatis et humanitatis coniunctio, patet in subscriptione, nam Apoc. 19<:11> dicitur: "Et uidi celum apertum, et ecce equus albus, et qui sedebat super eum, uocatur Fidelis, et Verax. . . .
390 <19:13:> Et uestitus erat ueste aspersa sanguine, et uocabant nomen eius Verbum Dei. . . . <19:16:> Et habet in uestimento et in femore suo scriptum: Rex regum et Dominus dominancium." Sed et Pilatus concordat in hoc, nam in titulo scripsit: "Iesus Nazarenus," etc. <Io. 19:19>. Nam de isto testamento dicit Psalmista <Ps. 110:9>: "Redemptionem misit
395 populo suo; mandauit in eternum testamentum suum."[57]

376 (f. 184v, LM) Dicit Deus Pater.

378 Dominator] *foll. by a second* Dominator *canc.*   388 uidi] *foll. by* et ecce *canc.*
392-393 Sed . . . Nam] *added in marg.*   392 Pilatus] *foll. by* in *canc.*

[56] On the effusions of blood, cf. Sermo 4, ll. 322-329, and the note there. Jacobus de Voragine, "De circumcisione Domini," *Legenda aurea*, Chap. 13 (ed. Graesse, p. 82), gives the standard five effusions, four of which are matched here.

[57] At the end of the sermon there is a two-line note in pencil, now badly faded. One of the words looks like Herebert's usual abbreviation for Ezechiel, and this may be a quotation from that book; however, the note is otherwise indecipherable and cannot be read even under ultraviolet or infrared light.

Sermon Outline 1

<Sermo in festo S. Lucae>

"*Quatuor facies vni,*" *Eze.* <1:6>. Sicut colligi potest ex Boecio, *De* f. 164v
disciplina scolarium, Capitulo 6, secundum Introductorium, debet esse
stabiliter collocatus, utiliter compilatus, faciliter explicatus.[1] In uerbis
premissis describitur Beatus Lucas Euangelista quantum ad duo que sunt
5 multiplicitas perfectionis uirtualis et singularitas discretionis personalis;
primum ibi "*quatuor facies,*" secundum ibi "*vni.*"

    Circa primum sciendum quod Beatus Lucas habuit faciem hominis in
natura, et ideo fuit animal amicabile et domesticum; habuit faciem bouis in
figura, et ideo fuit animal immotabile et typicum; habuit faciem leonis in
10 statura, et ideo fuit animal prospiciens contra seuicias Temptatoris; habuit
faciem aquile in censura, et ideo fuit animal inspiciens delicias Saluatoris.[2]

---

[1] I have not found a commentary on the *De disciplina scolarium* which includes such a statement.

[2] On the four faces of St. Luke, cf. Jacobus de Voragine, "De Sancto Luca Evangelista," *Legenda aurea*, Chap. 156; ed. Graesse, pp. 692-694.

Sermon Outline 2

<Sermo in festo Assumptionis Beatae Mariae Virginis>

f. 164v *"Non est mortua puella, sed dormit,"* Matt. 9<:24>, Marc. 5<:39>,
Luc. 8<:52>, ad uerbum. In quibus uerbis notare possumus Marie
habitum meritorium ibi *"puella,"* obitum transitorium, *"non est mortua,"*
cubitum reclinatorium sequitur *"sed dormit."* Quantum ad habitum
5 meritorium, describitur ut incorrupta mentaliter puritate consciencie, et
ideo *"puella."* Secundo, quantum ad eius obitum transitorium, describitur
ut incorrupta corporaliter perpetuitate eterne uite. Habet tamen usus
ecclesie quod mortem subiit temporalem, sed sequitur nec tamen mortis
nexibus deprimi potuit. Tertio, quantum ad cubitum reclinatorium bene
10 conuenit dormitio, nam dormitio est exteriorum quietatio cum incensione
actionum interiorum, et hec est dispositio contemplatiuorum. Talem
"soporem misit Dominus in Adam," Gen. 2<:21>.
   Circa primum, est aduertendum quod erat puella puritate sanctificationis
originalis, conuersationis uirginalis, desponsationis seu confirmationis
15 coniugalis, obseruationis legalis, et consummationis uidualis. Et quia ista
solempnitas conclusio est omnium solempnitatum de ipsa, ideo congruum
est ut hec omnium precedencium perfectiones includat, sicut ultima forma,
ultima differencia, et ultima gracia agit in uirtute omnium priorum. Puritas
ergo originalis competit conceptioni, puritas virginalis natiuitati, puritas
20 coniugalis annunciationi, puritas legalis purificatione, et puritas uidualis
assumptioni.

20 puritas legalis] *MS* puricalis legalis

Sermon Outline 3

"*Introduxit me rex in cellaria sua; exultabimus et letabimur in te, memores* f. 204v
uberum tuorum super uinum. Recti diligunt te," Can. 1<:3>. In qua
particula summatim introducuntur quinque, scilicet eminencie spectaculum, sanctimonie sacrarium, opulencie promptuarium, iocunditatis sola-
5 cium, caritatis incendium. In Rege, Prole, habet notari eminencia; in
Virgine Maria, sanctimonia; in cellariis, opulencia; in exultatione,
iocunditas; in dilectione, caritas. Pro introducentis eminencia, premittitur
"*rex*," secundum ordinem constructionis, que eminencia in Virginis Prole
cernitur, et hic per Anselmum sic conuincitur in quadam Oratione sua.[2]
10 Ipse est enim super cuncta, subter cuncta, extra cuncta, intra cuncta: super
cuncta, nec elatus; subter cuncta, nec substratus; extra cuncta, nec
exclusus; intra cuncta, nec inclusus; super, totus presidendo; subter,
totus sustinendo; intra, totus amplectendo; extra, totus complectendo, vt
merito in eius femore scribatur: "Rex regum et Dominus dominantium"
15 <Apoc. 19:16>.[3]
   Perspecta Regis magnificencia, sequitur Virginis Matris sanctimonia.
"*Rex*," inquit, "*introduxit me*." "Me," inquit, non uagam, non uanam, sed
sacram et tanquam †sanctissimam†[4] ordinatam, ad id quod est supra, intra,
iuxta, et infra: ad id quod est supra, per desiderii suspendium; ad id quod
20 intra, per continencie cinctorium; ad id quod iuxta, scilicet proximum, per
nectentis concordie vinculum; ad id quod infra, scilicet mundum, per
labentis substancie repudium.

---

2 Can. 1] *added above the line*   12 exclusus] *foll. by* nec cuncta *canc.*   13 intra,
totus] *foll. by* sustinendo *canc.*

[1] Although the content of this sermon would make it appropriate for several of the feasts of the
Virgin, the theme is taken from the first *lectio* of the feast of her Assumption, and it is on this basis that I
have identified the occasion of the sermon here outlined.
[2] I have not found the source of this in any of the works of St. Anselm.
[3] This verse was also quoted in Sermo 6, l. 392.
[4] The ending of this word has been somehow scraped off in the manuscript; while I have suggested
"sanctissimam," it could equally well be "sanctissime."

Poems

1. Hostis Herodes impie[1]

HErodes, þou wykked fo, wharof ys þy dredinge?   f. 205r
And why art þou so sore agast of Cristes tocominge?
Ne reueth hé nouth erthlich gód þat maketh ous heuene kynges.[2]

Þe kynges wenden here way and foleweden þe sterre,
5 And sothfast lyȝth wyth sterre lyth souhten vrom so verre,[3]
And sheuden wel þat he ys God in gold and stor and mirre.[4]

Crist, ycleped "heuene lomb," so cóm to seynt Ion,
And of hym was ywasȝe þat sunne nadde nón,[5]
To halewen oure vollouth water, þat sunne hauet uordon.

10 A newe myhte he cudde þer he was at a feste:[6]
He made vulle wyth shyr water six cannes by þe léste;[7]
Bote þe water turnde into wyn þorou Crystes oune heste.[8]

Wele, Louerd, bœ myd þe, þat shewedest þe today,[9]
Wyth þe uader and þe holy gost wythouten endeday.

1 ys] *added above the line; Herebert's name and the Latin incipit,* Hostis Herodes impie etc., *appear in marg.*   4 *The Latin incipit,* Ibant magi, *appears in marg.*   6 ys] *added above the line*   7 *The Latin incipit,* Lauacra puri gurgitis, *appears in marg.*   8 þat] t *added above the line*   9 oure] our *Brown*   10 *The Latin incipit,* Nouum genus potencie, *appears in marg.*   13 *The Latin incipit,* Gloria tibi domine, *appears in marg.*

[1] *Index,* no. 1213. This is Herebert's translation of the Epiphany hymn based on Sedulius' *Paean Alphabeticus de Christo,* stanzas 8, 9, 12, and 14. The Biblical sources of the poem may be found in Matt. 2:1-12, Jo. 1:29, 36, Matt. 3:13-17, and Jo. 2:1-11. On the history and liturgical use of the poem, see DH, 1:4-5; the complete *Paean* is printed in CSEL 10:163, the "Hostis" portion in AH, 50:58-60; TH, 1:147-148; CH, pp. 66-67. Herebert's poem has previously been edited in *Rel. Ant.,* 1:86-87; RL14, p. 15; Rolf Kaiser, ed., *Medieval English: An Old English and Middle English Anthology,* 3rd ed. (Berlin, 1958), p. 283; Luria and Hoffman, pp. 193-194.

[2] Cf. "Non eripit mortalia / Qui regna dat coelestia."

[3] "And from so far sought the True Light (i.e., Christ) by star light." Cf. "Lumen requirunt lumine."

[4] The source does not mention the three items, but speaks merely of "munere."

[5] Cf. "Peccata quae non detulit / Nos abluendo sustulit." Herebert's next line (l. 9) has no precedent in the source.

[6] The second half of this line has no precedent in the source.

[7] The source says only "Aquae rubescunt hydriae."

[8] Cf. "Vinumque iussa fundere / Mutavit unda originem."

[9] Cf. "Gloria tibi Domine, / Qui apparuisti hodie." "Today" refers to the Feast of the Epiphany (6 January) on which date (though in different years) the three events described were to have taken place. Cf. Jacobus de Voragine, "De Epiphania Domini," *Legenda aurea,* Chap. 14; ed. Graesse, pp. 87-88.

2. Vexilla regis prodeunt[1]

f. 205r   Þe kynges baneres beth forth ylad;
           Þe rode tokne ys nou tosprad
           Whar he, þat wrouth hauet al monkunne,
           Anhonged was uor oure sunne.[2]

      5   Þer he was wounded and vurst yswonge,[3]
           Wyth sharpe spere to herte ystonge;
           To wasszen ous of sunne clene,
           Water and blod þer ronne at ene.[4]

           Yvoluuld ys Dauidþes sawe,
     10   Þat soth was prophete of þe olde lawe,
           Þat sayde: "Men, ze mowen yse
           Hou Godes trone ys rode tre."[5]

f. 205v   HA trœ, þat art so vayr ykud,
           And wyth kynges pourpre yshrud,
     15   Of wourþy stok ykore þou were,
           Þat so holy limes opbere;

1 *Herebert's name appears in marg.; the Latin incipit,* Vexilla regis prodeunt etc., *appears above the line*   5 vurst] *added above the line; the Latin incipit,* Quo uulneratus insuper, *appears in marg.*   9 *The Latin incipit,* Impleta sunt que concinit, *appears in marg.* 10 soth] *added above the line*   13 HA] H *added in marg.; the Latin incipit,* Arbor decora et fulgida, *appears in marg.*   16 opbere] *corr. from* oupbere

[1] *Index*, no. 3405. This is a translation of the late medieval version of Fortunatus' hymn, deleting his second stanza ("Confixa clavis viscera") and replacing his seventh and eighth ("Fundis aroma cortice" and "Salve ara, salve victima") with two new stanzas ("O crux ave" and "Te summa Deus"). On the history and liturgical use of the hymn, see DH, 2:1220; for the text, see AH, 2:45; TH, 1:160-163; CH, pp. 84-85. Herebert's translation has previously been printed in *Rel. Ant.*, 1:87-88; RL14, pp. 15-16.

[2] Cf. "Fulget crucis mysterium, / Quo carne carnis conditor / Suspensus est patibulo."

[3] Cf. "Quo vulneratus insuper / Mucrone diro lanceae"; Herebert seems to have inserted "vurst" for purely metrical reasons.

[4] Cf. "Manavit unda sanguine."

[5] Cf. "Impleta sunt quae concinit / David fideli carmine, / Dicendo nationibus: / Regnavit a ligno Deus." As Julian (DH, 2:1220b) notes, "Neither in the Hebrew, the present Septuagint, the present Vulgate, nor in the English versions, do we find anything answering to Fortunatus's statement that David spoke of God as reigning 'from the tree,' i.e., from the Cross." Julian, however, goes on to cite various Psalters which give the text of Ps. 96:10 as "Dicite in nationibus dominus regnavit a ligno, et enim correxit orbem." This is also the reading of a versicle used in the Sarum Missal for Good Friday and for the Feast of the Invention of the True Cross (and, for the latter, may also be found in the Roman Missal).

Blessed be þou, þat hauest ybore
Þe wordles raunsoun, þat was uorlore :[6]
Þou art ymaked Crystes weye;
20 Þorou þe he tok of helle preye.[7]

Ha croyz, myn hope, onliche my trust,
Þe nouþe[8] ich gréte wyth al my lust.
Þe mylde[9] sped in rithfolnesse,
To sunfole men shéu mylsfolnesse.

25 A God, þe heyʒe Trinite,
Alle gostes heryʒe þe.
Hoem þat þou bouhtest on rode trœ,
Hœre wyssere euermore þou boe. Amen.

17 *The Latin incipit,* Beata cui*us* brachiis, *appears in marg.*   20 þorou] u *added above the line*   21 *The Latin incipit,* O crux aue, *appears in marg.*   23 mylde] *in marg. for* góde *canc.*   25-26 *These were written as one line; the Latin incipit,* Te su*m*ma d*eus, appears in marg.*

[6] "Þat was uorlore" has no precedent in the source.

[7] Cf. "Statera facta est corporis / Praedam tulitque Tartari."

[8] The source reads: "Hoc passionis tempore." This Herebert reduces to "nouþe"; there is no precedent in the source for the rest of the line.

[9] "Mylde" is a somewhat less accurate translation of the Latin "piis" than was "góde" which was the original reading and which Herebert chose to alter; he may have thought "mylde" to be more poetic, but there are also ethical implications in this alteration which may have something to do with his sense of Franciscanism.

3. Gloria, Laus, et Honor[1]

Wele, heriʒyng, and worshype boe to Crist, þat dœre ous bouhte,   f. 205v
To wham gradden "Osanna!" chyldren clene of þoute.

1 boe] o *added above the line; Herebert's name appears in marg.; the Latin incipit,* Gloria Laus et Honor etc., *appears above the line*

[1] *Index,* no. 3872. A translation of the first twelve lines of a hymn by Theodulph of Orleans (based upon Matt. 21:1-17 and Ps. 23:7-10), possibly written while he was imprisoned in Angers c. 820. While the full hymn is 78 lines in length, the first twelve lines (those translated here) almost universally appear on their own in Graduals and Missals of the later Middle Ages as a Processional for Palm Sunday. On the history and liturgical use of the hymn, see DH, 1:426; for the text, see AH, 50:160-163; TH, 1:215-217. Herebert's translation has previously been printed in *Rel. Ant.,* 2:225; RL14, pp. 16-17; Luria and Hoffman, p. 93; R.T. Davies, ed., *Medieval English Lyrics: A Critical Anthology* (London, 1963), p. 98; however, none of these has printed (or, indeed, noticed) the repeated refrain, and the absence of such a refrain features prominently in the argument between Rossell Hope Robbins and Richard L. Greene over whether this poem has anything to do with the genre of the carol: See

Þou art kyng of Israel and of Davidþes kunne,
Blessed kyng, þat comest tyl ous wyþoute wem of sunne.[2]
5 Wele, heriʒyng, <etc.>

Al þat ys in heuene þé heryʒeth under on,
And al þyn ouwe hondewerk, and euch dedlych mon.
Wœle, heriʒying, <etc.>

Þe volk of Gýwes, wyth bówes, comen aʒeynest þe,[3]
10 And wœ wyht bœdes and wyth song mœketh ous to þe.
Wœle, heriʒying, <etc.>

Hœ kepten þe wyth worsʒyping aʒeynst þou shuldest deyʒe,
And wœ syngeth to þy worshipe in trone þat sittest heyʒe.
Wœle, heriʒying, <etc.>

15 Hoere wyl and here mœkynge þou nóme þo to þonk;
Quéme þe, þœnne, mylsful kyng,[4] oure ofringe of þys song.

Wele, heri<ʒ>ying, and worshipe bœ, etc.

---

3 *The Latin incipit,* Israel es tu rex, *appears in marg.*   5 *The Latin incipit,* Gloria laus, *appears in marg., with the English phrase,* Wele, heriʒyng, *marked for insertion; this partial refrain is repeated in the marg. beside the next three stanzas*   6 *The Latin incipit,* Cetus in excelsis, *appears in marg.*   9 *The Latin incipit,* Plebs hebrea, *appears in marg.* 12 worsʒyping] r *added above the line; the Latin incipit,* Hii tibi, *appears in marg.*   15 *The Latin incipit,* Hii placuere, *appears in marg.*   16 mylsful kyng] *in marg. for* kyng of mylse canc.

Rossell Hope Robbins, "Friar Herebert and the Carol," *Anglia* 75 (1957) 194-198 and the Introduction to R.L. Greene's *A Selection of English Carols*, Clarendon Medieval and Tudor Series (Oxford, 1962).
   On the circumstances of the Latin poem's composition, Herebert adds a note in the bottom margin: Nota quod hos versus, scilicet "Gloria laus" etc., fecit Theodolphus, Aurelianis Episcopus, Andegavis custodie mancipatus.
   [2] Cf. "Israel es tu rex Davidis et inclita proles, / Nomine qui in Domini, rex benedicte, venis."
   [3] Cf. "Plebs Hebraea tibi cum palmis obvia venit."
   [4] Herebert's alteration of "kyng of mylse" to "mylsful kyng" more accurately translates the Latin "rex clemens."

4. Popule meus, quid feci tibi?[1]

My volk, what habbe y do þe?   f. 206r
Oþer in what þyng toened[2] þe?
Gyn nouþe a\<n\>d onswere þou me.

Vor vrom Egypte ich ladde þe,
5 Þou me ledest to rode trœ?[3]
My volk what habbe y do þe? etc.

Þorou wyldernesse ich ladde þe,
And uourty ʒer bihedde þe,
And aungeles bred ich ʒaf to þe,
10 And into reste ich brouhte þe.[4]
My volk what habbe y do þe? etc.

What móre shulde ich háuen ydon
Þat þou ne hauest nouth underuon?
My volk what habbe y do þe?

15 Ich þe vedde and shrudde þe,
And þou wyth eysyl drinkst[5] to me?
And wyth spere styngest me?
My volk what etc.

Ich Egypte bœth uor þe
20 And hœre tem yshlou uor þe.
My volk what habbe y do þe?

Line 3 and the cue for the refrain after each stanza are written to the right of the immediately preceding lines   1 *Above the first line appears:* Popule meus quid feci tibi etc. In parasceue. Herebert   2 toened] o *added above the line*   15 þe vedde] *corr. from* vedde we   16 drinkst] *corr. from* drinkest; drinkest *Brown*

[1] *Index*, no. 2241. A translation of the *Improperia*, or "Reproaches," used in the Mass for Good Friday during the Adoration of the Cross. Herebert consistently alters the preterite (of both the Latin and of his own original version) to the present tense, perhaps, as Brown (RL14, p. 247) suggests, to add "to the dramatic vividness of these verses." Herebert's poem has been previously printed in *Rel. Ant.*, 2:225-226; RL14, pp. 17-18; Luria and Hoffman, p. 212; *The Oxford Book of Medieval English Verse*, ed. Celia and Kenneth Sisam (Oxford, 1970), pp. 173-175; Theodore Silverstein, ed., *English Lyrics Before 1500* (Evanston, 1971), pp. 42-44.

[2] "Toened" is used to translate the Latin, "contristavi."

[3] Cf. "Quia eduxi te de terra Aegypti: / Parasti crucem Salvatori tuo."

[4] Cf. "et introduxi te in terram satis bonam."

[5] This line is the earliest instance of this sense of "drinken" cited in the MED ("drinken," 5).

Ich delede þe see uor þe,
And dreynte Pharaon uor þe,
A<n>d þou to princes sullest me?[6]
25 My volk what habbe y do þe? etc.

In bem of cloude ich ladde þe,
And to Pylat þou ledest me?
My volk what habbe y do þe? etc.

Wyth aungeles mete ich uedde þe,
30 And þou bufetest and scourgest me?
My uolk what etc.

Of þe ston ich dronk to þe,
And þou wyth galle drincst to me?
My volk what etc.

35 Kynges of Chanaan ich uor þe bœt,
And þou betest myn heued wyth rœd?[7]
My volk what etc.

Ich ȝaf þe croune of kynedom,
And þou me ȝyfst a croune of þorn?
40 My volk what etc.

Ich muchel worshype dœde to þe,
And þou me hongest on rode trœ?
My volk what etc.

23 dreynte Pharaon] *corr. from* Pharaon dreynte; pharaon dreynte *Brown*   24 sullest]
in marg. for soldest   27 Pylat] *corr. from* Pylate; pylate *Brown;* ledest] *corr. from* laddest
36 betest] *above the line to replace* bœte   39 ȝyfst] *above the line to replace* ȝeue
42 hongest] *beneath the line to replace* henge

[6] Cf. "Ego eduxi te de Aegypto, demerso Pharaone in Mare Rubrum: et tu me tradidisti principibus sacerdotum." Herebert's translation does not include the next verse: "Ego ante te aperui mare: et tu aperuisti lancea latus meum."
[7] "Rœd" translates the Latin "arundine."

5. Libera me, Domine[1]

Louerd, shyld me vrom helle deth at þylke gryslich stounde,   f. 206v
When heuene and œrþe shulle quake and al þat ys on grounde,
When þou shalt demen al wyth fur þat ys on œrþe yuounde.[2]

Ich am ouergard[3] agast and quake al in my speche
5 Aʒa þe day of rykenyng and þylke gryslych wreche:[4]

When heuene and œrþe shulle quake and al þat ys on grounde.

Þat day ys day of wreþthe, of wo and soroufolnesse;
Þat day shal bœ þe grete day, and vol of bytternesse:

When þou shalt demen al wyth fur þat ys on œrþe yuounde.

10 Þylke reste, þat euer last, Louerd, þou hœm sende,
And lyht of hœuene blysse hœm shyne wythouten ende:

Crist shyld me vrom deth endeles, etc.

What, ich uol of wrechenesse, hou shal ich take opon,[5]
When ich no gód ne bringe touore þe domes mon?

1 deth] *added above the line; the Latin incipit,* Libera me domine de morte eterna in die illa tremenda, etc., *appears above the line;* Herebert *appears in marg.*   2 heuene] ne *added above the line*   4 *The Latin incipit,* Tremens factus sum et timeo, *appears in marg.* 6 *The Latin,* Quando celi mouendi sunt et terra, *appears in marg.*   7 of] *added above the line;* wreþthe] þ *added above the line; the Latin incipit,* Dies illa dies ire, *appears in marg.*   8 vol] *corr. from* vul; voul *Gneuss*   9 *The Latin incipit,* Dum ueneris iudicare, *appears in marg.*   10 *The Latin incipit,* Requiem eternam, *appears in marg.*   12 *The Latin,* Libera me domine de morte etc., *appears in marg.*   13 *The Latin incipit,* Quid ergo miserrimus etc., *appears in marg.*

[1] *Index,* no. 1968. This is Herebert's translation of the *responsorium* to the ninth *lectio* "in III nocturno" in the "Officium Defunctorum" of the *Brev. Rom.* Gneuss, "Übersetzungen," p. 180, said that the final two lines were unique to the Sarum Use but they also appear in that of Hereford, which is probably Herebert's source; cf. *The Hereford Breviary,* ed. Walter Howard Frere and Langton E.G. Brown, vol. 2, Henry Bradshaw Society vol. 40 (London, 1911), p. 45. Herebert's poem has previously been printed in *Rel. Ant.,* 2:226-227; Frank Allen Patterson, *The Middle English Penitential Lyric: A Study and Collection of Early Religious Verse* (New York, 1911), p. 67; Gneuss, "Übersetzungen," pp. 180-181.
[2] Cf. "Libera me, Domine, de morte æterna, in die illa tremenda: Quando cœli movendi sunt et terra: Dum veneris judicare sæculum per ignem." Herebert's addition of "deth" in l. 1 was probably for metrical reasons, but it does also reproduce the Latin somewhat more accurately than did "helle" alone.
[3] This line is the earliest instance of "ouergard" cited in the MED ("overgart").
[4] With this stanza, cf. "Tremens factus sum ego, et timeo, dum discussio venerit, atque ventura ira."
[5] "Hou shal ich take opon" translates the Latin "quid faciam."

6. Þou wommon boute uére[1]

f. 206v   Þou wommon boute uére
           Þyn oune uader bére.
              Gret wonder þys was:
           Þat on wommon was móder
      5   To uader and hyre broþer,
              So neuer oþer nas.

           Þou my suster and moder,[2]
           And þy sone my broþer;
              Who shulde þœnne dréde?
     10   Who hauet þe kyng to broder
           And ek þe quéne to moder
              Wel auhte uor to spéde.

           Dame, suster and moder,
           Say þy sone, my broþer,
     15   Þat ys domes mon,
           Þat uor þe þat hym bere
           To me bœ debonere;
              My robe he haueth opon.

           Sœthþe he my robe tok,
     20   Also ich finde in bok,
              He ys to me ybounde.
           And helpe he wole ich wot,
           Vor loue þe chartre wrot,
              Þe enke orn of hys wounde.

1 *Herebert's name appears in marg.*   5 and] *foll. by* ek *canc.*   6 neuer] *foll. by*
non *canc.*   7 and] *foll. by* my *canc.*   8 sone] *foll. by* ys *canc.*   10 Who] *foll. by*
so *canc.;* Who-so *Brown;* broder] *corr. from* broþer   24 þe] *preceded by* And *canc.*

[1] *Index*, no. 3700. This appears to be an original composition by Herebert. Brown (RL14, p. 248) has noted certain parallels between the opening stanzas and the hymn "Virgo gaude speciosa." The poem has previously been printed in *Rel. Ant.*, 2:227-228; RL14, pp. 18-20; Kaiser, p. 287; Luria and Hoffman, pp. 172-174; Davies, pp. 95-97; Helen Gardner, ed., *The Faber Book of Religious Verse* (London, 1972), pp. 34-35.

The poem is untitled in the MS. Every third line (up to line 42) appears to the right of the preceding two, paralleling the rhyme scheme. The relatively heavy authorial revision of the poem seems to have been carried out primarily to improve the metre.

[2] Lines 7-12 appear in the bottom margin of f. 206v with a line drawn to indicate their insertion after l. 6.

25 Ich take to wytnessinge
  Þe spere and þe crounynge,
    Þe nayles and þe rode,
  Þat he þat ys so cunde[3]
  Þys euer haueth *in* munde,
30   Þat bouhte ous wyth hys blode.

  When þou ȝeue hym my wede,   f. 207r
  Dame, help at þe nœde.
    Ich wot þou myth uol wel,
  Þat uor no wreched gult
35 Ich bœ to helle ypult;
    To þe ich make apél.

  Nou, Dame, ich þe byseche,
  At þylke day of wreche
    Bœ by þy sones tróne,
40 When sunne shal bœn souht
  In werk, in word, in þouht,
    And spek vor me, þou one.

  When ich mot néde apére[4]
  Vor mine gultes hére
45   Touore þe dómes mon,
  Þer, Suster, bœ my uére
  And make hym debonére
    Þat mi robe haueth opon.

  Vor habbe ich þe and hym,
50 Þat markes berþ wyþ hym,
    Þat charite him tok
  (Þe woundes al blody,

---

32 help] *foll. by* me *canc.*   46 þer, Suster, bœ] Suster bœ þer *marked for trans-*
position; Suster] r *added above the line*   48 mi] *above the line to replace* þy; opon] op
added above the line

---

[3] This line is the earliest instance of "cunde" as "kind, benevolent" cited in the MED ("kinde,"
adj., 5).

[4] Lines 43-57 are given in the bottom margin of f. 207r with a line drawn to indicate their insertion
before the "Amen" which appears, in the MS, at the end of l. 42. Becáuse of the lack of space in the
margin, each triplet was compressed into a single line; they are here printed in conformity with the rest
of the poem.

Þe toknes of mercy,
   Ase techeth holy bok),
55 Þarf me noþing drede;
Sathan shal nout spede
   Wyþ wrenches ne wyþ crok. AmeN.

54 techeth] techeþ *Brown*   57 wrenches] s *added above the line*

7. Ave maris stella[1]

f. 207r   Hayl, Leuedy, se-stœrre bryht,
Godes moder, edy wyht,
Mayden euer vurst and late,[2]
Of heueneriche sely ʒáte.[3]

5 Þylk "Aue" þat þou vonge in spel
Of þe aungeles mouhþ kald Gabriel;
In gryht[4] ous sette and shyld vrom shome,
Þat turnst abakward Eues nome.

Gulty monnes bond vnbynd,
10 Bryng lyht tyl hœm þat bœth blynd.
Put vrom ous oure sunne
And ern ous alle wynne.[5]

1 Hayl] *corr. from* Heyl; *the Latin incipit,* Aue maris stella, etc., *appears in marg.*
3 late] a *added above the line*   5 *The Latin incipit,* Sumens illud aue, *appears in*
marg.   9 *The Latin incipit,* Solue vincla reis, *appears in marg.*

[1] *Index*, no. 1054. A translation of the popular medieval hymn to the Blessed Virgin. For its history and liturgical use, see DH, 1:99; for the text, see AH, 1:204-206 and 51:140; TH, 2:39-40; CH, pp. 83-84. Herebert's translation has previously been printed in *Rel. Ant.*, 2:228-229; RL14, pp. 20-21; Patterson, p. 112; Luria and Hoffman, pp. 174-175; Silverstein, pp. 44-45.
    The poem is neither entitled nor signed by Herebert. As we noted in the Introduction, Gneuss has suggested that the absence of Herebert's name may be an indication that the poem is not his at all. However, it seems more credible that the absence is merely the result of an oversight.
  [2] This line translates the Latin, "semper virgo."
  [3] This line translates the Latin, "Felix coeli porta." "Porta coeli" is one of the traditional epithets of the Blessed Virgin, going back at least to St. Augustine.
  [4] "In gryht" translates the Latin "in pace."
  [5] Cf. "Bona cuncta posce."

Shou þat þou art moder one,
And he vor þe take oure bone,
15 Þat vor ous þy chyld by com,
And of þe oure kunde nom.

Mayde one,[6] þou were myd chylde,
Among alle so mylde;
Of sinne ous quite on haste,
20 And make ous meoke and chaste.

Lyf þou ȝyf ous clene;   f. 207v
Wey syker ous ȝarke and lene[7]
Þat we Iesus ysœ,[8]
And euer blyþe bœ.

25 To Uader, Cryst, and Holy Gost beo þonk and heryinge;[9]
To þreo persones and o God, o menske and worshypinge.

13 *The Latin incipit,* Monstra te esse matrem, *appears in marg.* 17 *The Latin incipit,*
Virgo singularis, *appears in marg.* 21 *The Latin incipit,* Vitam presta puram, *appears
in marg.* 24 euer] r *added above the line* 25 To Uader, Cryst, and Holy Gost
corr. from To þe Uader, Cryst, and to þe Holy Gost

[6] Cf. "Virgo singularis."
[7] Cf. "Iter para tutum."
[8] Cf. "Ut videntes Iesum / Semper collaetemur."
[9] Herebert's revision of this line was probably for metrical reasons.

8. Veni Creator Spiritus[1]

Com, Shuppere, Holy Gost, ofsech[2] oure þouhtes;   f. 207v
Vul wyth grace of heuene heortes þat þou wrouhtest.

1 *The Latin incipit,* Veni creator spiritus, etc., *appears above the first line; Herebert's name
and* Veni creator *added in marg.*

[1] *Index,* no. 643. This is Herebert's translation of the Pentecost hymn, widely used in the later
Middle Ages. On the history and liturgical uses of the hymn, see DH, 2:1206-1211; for the text, see AH,
2:93-94, and 50:193; TH, 1:213-215; CH, pp. 96-97. Herebert's translation has previously been printed
in *Rel. Ant.,* 2:229; Patterson, pp. 117-118; RL14, pp. 21-22; Luria and Hoffman, pp. 93-94; Frances
M.M. Comper, *Spiritual Songs from English Manuscripts of the Fourteenth to Sixteenth Centuries*
(London, 1936), p. 194.
[2] Cf. the Latin, "visita." Brown (RL14, p. 21) prints this as "of-sech" with a note that the MS reads
"of seth." On the contrary, there is no space between the syllables in the MS, and the letter which Brown
thought to be a "t" and emended to "c" is clearly a "c."

Þou, þat art cleped uorspekere and ȝyft vrom God ysend,[3]
Welle of lyf, vur, charite, and gostlych oynement,

5 Þou ȝyfst þe seuene ȝyftes, þou vinger of Godes honde,
Þou makest tonge of vlesȝe speke leodene of uche londe.[4]

Tend lyht in oure wyttes, in oure heortes loue,
Per oure body is leoþewok[5] ȝyf strengþe vrom aboue.

Shyld ous vrom þe veonde, and ȝyf ous gryth anon,[6]
10 Þat wœ wyten[7] ous vrom sunne þorou þé lodesmon.

Of þé Uader and þé Sone þou ȝyf ous knoulechinge,
To léue þat of boþe þou euer boe Louinge.[8]

Wœle to þe Uader and to þe Sone, þat vrom deth aros,
And also to þé Holy Gost ay boe worshipe and los.

3 *The Latin incipit,* Qui paraclit*us, added in marg.*   5 *The Latin incipit,* Tu sep*ti-formis, appears in marg.* 7 *The Latin incipit,* Accende, *appears in marg.* 9 *The Latin incipit,* Hostem, *appears in marg.* 11 *The Latin incipit,* Per te, *appears in marg.* 12 of] MS in *with* uel of *above the line;* þat uul of *Brown;* boe] *foll. by an erasure equivalent to about 9 characters;* Louinge] *above the line to replace* Woninge   13 þe] *added above the line; the Latin incipit,* Gloria Patri. Amen, *appears in marg.*   14 þé] *corr. from* þés; ay boe] *above the line to replace* euer.

[3] "Uorspekere" translates the Latin "paraclitus." With the second half-line, cf. "Donum Dei altissimi."
[4] Cf. "Tu rite promisso patris / Sermone ditas guttura."
[5] "Leoþewok" translates the Latin "Infirma."
[6] "Gryth" translates the Latin "pacem." Cf. "Ave maris stella" (no. 7), l. 7.
[7] "We wyten" translates the Latin "Vitemus."
[8] Cf. "Te utriusque spiritum / Credamus omni tempore."

9. Alma redemptoris Mater[1]

f. 207v   Holy moder, þat bere Cryst, buggere of monkunde,
Þou art ȝat of heuene blisse þat prest wey ȝyfst and bunde.

1 *The Latin incipit,* Alma redemptoris mat*er, etc., appears above the line; Herebert's name appears in marg.* 1-3 *Brown splits each of these lines into two*

[1] *Index,* no. 1232. A not very literal translation of the widely used Antiphon, traditionally assigned to Hermann Contractus (d. 1054). On the history and use of the antiphon, see DH, 1:51-52; for the text, see AH, 50:317-318; TH, 2:318.
Herebert's translation has previously been printed in RL14, p. 22; Luria and Hoffman, p. 175; W.F. Bryan and Germaine Dempster, ed., *Sources and Analogues of Chaucer's Canterbury Tales*

Þou sterre of se, rer op þe uolk þat rysing haueht in munde.
In þe þou bere þyn holy uader,
5 Þat mayden were after and raþer,
Wharof so wondreth kunde.[2]
Of Gabrieles mouþe þou uonge þylke "Aue";
Lesne ous of sunne nouþe, so wœ bisecheth þe. AmeN.

---

3 haueht] *the second* h *added above the line*   4 holy] *above the line to replace* oune.

(1941; rpt. New York, 1958), pp. 468-469. Its inclusion in the latter is largely due to a note which Herebert added in the bottom margin:

> Hic nota de filio vidue qui semper eundo ad scolas et redeundo de scolis consueuit istam antiphonam decantare; propter quod a iudeis per quos transitum fecit "puer Marie" dicebatur; quem ipsi tandem occiderunt et in cloacam proiecerunt, qui tamen a cantu non cessauit, etc.

On the importance of this note for the study of Chaucer's Prioress' Tale, see Carleton Brown, "William Herebert and Chaucer's *Prioresses Tale*," *Modern Language Notes* 38 (1923) 92-94.

[2] This line appears to the right of the preceding two.

10. Conditor alme siderum[1]

Holy wrouhte of sterres brryht,   f. 208r
Of ryht byleue ay-lastyng lyht,
Crist, þat bouhtest mon wyth fyht,[2]
Her þe bone of mœke wyht.

5 Þou hédest ruþe of wordl vorlore þorou déth of sunfol rote;
Þou sauuedest monkun þeruore; to gulty ȝéue bote.

Toward þe wordles ende
Þy wylle was t'alende

---

1 *The Latin incipit,* Conditor alme sideru*m, appears above the line; Herebert's name appears in marg.*   5 *The Latin incipit,* Qui condolen*s* int*eritu, appears in marg.*
5-6 *Brown splits each of these lines into two*   7 *The Latin incipit,* Vergente, mu*n*di vespere, *appears in marg.*   8 t'alende] *corr. from* to alende; *the "o" was marked for deletion, presumably to indicate elision*

[1] *Index*, no. 1235. This is Herebert's translation of the ninth-century Advent hymn used in many breviaries of the later Middle Ages. On its history and use, see DH, 2:35; for the text, see AH, 2:35; TH, 1:74-76; CH, pp. 56-57. Herebert's poem has previously been printed in RL14, pp. 22-23; Luria and Hoffman, pp. 94-95.

[2] The source does not mention "fyht"; cf. "Christe redemptor omnium / Exaudi preces supplicum."

In on maydenes bour.[3]
10 Ase spouse of chaumbre alóne,
Out of þat clene wóne
Þou come t'oure honour.[4]

To whás stronge myhte
Knœn of alle wyhtes
15   Béndeth hœm ymóne,[5]
Of heuene and ek of eorþe,
And knoulecheth hym wóurþe
Vor bouwen to hym one.[6]

Holy God, wœ byddeth þe, þat shalt þys wordle déme,
20 Vrom oure fykel fohes spere þou þylke tyme ous ʒéme.[7]
Herying, worshype, myhte, and weole, to Uader and þe Sone,
And also to þe Holy Gost, and euer myd heom wone.

9 In] *foll. by* to *canc.*   12 t'oure] *corr. from* to oure; *the "o" of* oure *was marked for deletion, again presumably to indicate elision*   13 *The Latin incipit,* Cuius forti potencie, *appears in marg.;* myhte] myhte<s> Brown, *emending to improve the rhyme*   16 ek] *added above the line*   19 *The Latin incipit,* Te deprecamur agye, *appears in marg.*   19-22 *Brown splits each of these lines into two*   21 *The Latin incipit,* Laus honor, *appears in marg.*

[3] This line appears to the right of the preceding two.
[4] This line is given to the right of the preceding two. Cf. with this stanza: "Vergente mundi vespere / Uti sponsus de thalamo, / Egressus honestissima / Virginis matris clausula."
[5] This line is given to the right of the preceding two. Cf. with ll. 13-15, "Cuius forti potentiae / Genu curvantur omnia"; and cf. Phil. 2:10.
[6] This line is given to the right of the preceding two. Cf. with ll. 16-18: "Coelestia, terrestria, / Fatentur nutu subdita."
[7] "Ous ʒéme" translates the Latin "Conserva nos."

11. Christe redemptor omnium[1]

f. 208r   Cryst, buggere of alle ycoren, þe Uadres olpy Sone,
Ón touoren ey gynnyng boren ouer alle speche and wone.[2]

1 *The Latin incipit,* XPe redemptor omnium, *appears in marg.; Herebert's name appears above the line; Brown splits each of the lines of the poem into two, turning the couplets into quatrains*   2 touoren] n *added above the line;* boren] n *added above the line*

[1] *Index,* no. 600. This hymn, used in various breviaries at Vespers during the week after Christmas, was sometimes ascribed to St. Ambrose but probably dates from the eleventh century. On its history and liturgical use, see DH, 1:228-229; for the text, see AH, 51:49-50; TH, 1:78-79; CH, pp. 60-61. Herebert's translation has previously been printed in RL14, pp. 23-24; Luria and Hoffman, pp. 95-96.
[2] Cf. "Solus ante principium / Natus ineffabiliter."

Þou lyht, þou Uadres bryhtnesse, þou trust and hope of alle,
Lust what þy volk þorou-out þe wordl to þe byddeth and kallet.

5 Wrouhte of oure hele, nou haue in þyne múnde
Þat of o mayde wemles þou toke oure kúnde.

Þys day berth wytnésse, þat nǽweth úche ȝér,
Þat ón alyhtest vrom þe Uader; of sunne make ous sker.[3]

Hym hœuene and œrþe and wylde[4] se and al þat ys þeron,
10 Wrouhte, of þy comýnge, hereth wyth blisfol ron.[5]

And wœ, nomliche, þat bœth bouht wyth þyn holy blod   f. 208v
Vor þys day singeth a neowe song and makeþ blisfol mod.[6]

Weole, Louerd, beo wyth þe, yboren of o may,
Wyth Uader and þe Holy Gost wiþouten endeday. AmeN.

---

3 Uadres] *corr. from* Uaderes; *the Latin incipit,* Tu lumen, *appears in marg.*   4 þy
volk þorou-out] *corr. from* þyne þorou; kallet] t *added above the line;* kalle *Brown, perhaps*
to preserve the rhyme   5 *The Latin incipit,* Memento salutis auctor, *appears in marg.*
7 þat] t *added above the line; the Latin incipit,* Hic presens testatur, *appears in marg.*
8 Þat ón] Þat ou *Brown*   9 *The Latin incipit,* Hunc celum, *appears in marg.*
11 bouht] *added above the line; the Latin incipit,* Nos quoque qui sancto tuo, *appears in*
marg.   13 *The Latin incipit,* Gloria tibi domine, *appears in marg.*   14 wiþouten]
wyþouten *Brown*

---

[3] Cf., with this stanza, "Hic praesens testatur dies / Currens per anni circulum, / Quod solus a sede
patris / Mundi salus adveneris."

[4] This adjective is Herebert's; the source has merely "mare."

[5] Cf. "Hunc caelum, terra, hunc mare, / Hunc omne, quod in eis est, / Auctorem adventus tui /
Laudat exsultans cantico." The "Hym" at the beginning of Herebert's first line causes some difficulty.
As a 3rd person personal pronoun, it makes little sense given the "þy" of the next line. It is, though, a
literal translation of the Latin "Hunc." Wieland (CH, p. 60) suggests that the "hunc" is impersonal,
referring not to Christ but to "Hic dies," "þys day"; Herebert seems to have taken it to refer to "Uader"
of l. 8.

[6] Cf. "Ob diem natalis tui / Hymnum novum concinimus."

12. Tu rex glorie Christe[1]

f. 208v   Þou kyng of wœle and blisse, Louerd Iesu Crist,
          Þou Vaderes Sone of heuene, þat neuer ende bist:

          Þou, uor to sauue monkunne þat þou haddest whrout,
          A mœke maydes wombe þou ne shonedest nouht.

     5 Þou þat ouercóme þe bitter déthes stunchg,
          Þou openedest hœuene ryche to ryth byleues þrunchg.

          Þou sist in Godes ryth hond in þy Uaderes blisse;
          Þou shalt comen to demen ous, wǿ léueth al-to wysse.[2]

          Þé, þœnne, wœ byddeth help ous, wham þou hauest ywrouth,
     10 Whóm wyþ þy dœrewourþe blod on rode hauest ybouth.

          Aliter sic:[3]

          Þe, þœnne, wœ bysecheth: help ous, þyn oune hyne,
          Whom wyth þy derewourþe blod hast bouth vrom helle pyne. Amen.

---

1 *The Latin incipit,* Tu rex glorie XPe, *appears above the line; Herebert's name appears in* marg.; *Brown splits each of the lines of the poem into two, turning the couplets into qua-trains*   3 *The Latin incipit,* Tu ad liberandum, *appears in marg.*   5 *The Latin incipit,* Tu deuicto mortis, *appears in marg.*   7 *The Latin incipit,* Tu ad dexteram, *appears in* marg.   9 *The Latin incipit,* Te ergo quesumus tuis famulis, *appears in marg.*

---

[1] *Index*, no. 3676. "Tu rex gloriae, Christe," lines 14-20 of the sequence, *Te Deum laudamus,* appears in some medieval hymnaries as a hymn separate from the sequence. On the history and liturgical use both of the sequence and this hymn, see DH, 2:1119-1134; for the text (with extensive commentary) see TH, 2:276-299. Herebert's translation has previously been printed in RL 14, pp. 24-25; Luria and Hoffman, pp. 96-97.

[2] With this stanza, cf. the words of the "Credo": ". . . et ascendit in caelum, sedet ad dexteram Patris. Et iterum venturus est cum gloria, iudicare vivos et mortuos. . . ."

[3] "Aliter sic" appears in the left margin, indicating that the following stanza is an alternative translation of the last stanza of the hymn; while ll. 11-12 are a more literal translation than ll. 9-10, Herebert has given no indication of his preference. Note also that neither the "on rode" of l. 10, nor the "vrom helle pyne" of l. 12 has any precedent in the source, which reads: "quos pretioso sanguine redemisti."

13. Vous purueez en cete vye[1]

Byscœth ʒou in þysylke lyf of lyflode in þat oþer lyf.   f. 208v

Scœthþe mon shal hœnne wende
And néde déʒen at þen ende[2]
   And wonyen he not whare,
5 Gód ys þat he trusse hys pak,
And tymliche pute hys stor in sak,
   Þat not when hœnne váre.

Œuch mon þenche uor to spede
Þat he ne lœse þe grete mede
10   Þat God ous dythte ʒáre.

Þys lyf nys bote sorewe awáy,   f. 209r
Ounnéþe ys mon gladuol o day
   Vor sorewe and tœne and káre;
Mon wyth sorewe is uurst ybore,
15 And eft wyth sorewe rend and tore,
   Ʒyf he ryth þencþ of hys wáre.

Œuch mon þenche uor to spede, *etc.*, *sicut prius.*

---

1 *The Anglo-Norman incipit,* Vous purueez en cete vye, *appears above the line; Herebert's
name appears in marg.; Brown prints the first line as a couplet*   3 néde] *foll. by* mot *canc.;*
þen] n *added above the line*   4 wonyen] *the second* n *added above the line*
13 sorewe] we *added above the line*   16] wáre] *corr. from* váre

---

[1] *Index*, no. 3135. This is a translation of stanzas 1-4, 8 and 9 of the eighth verse sermon (in
Anglo-Norman) by Nicholas Bozon, OFM, which is included in an earlier part of Herebert's
"Commonplace Book" (ff. 84r-v). Herebert's poem has previously been printed in RL14, pp. 25-27;
Luria and Hoffman, pp. 225-226. Part of a draft of Herebert's translation, corresponding to ll. 32-44 of
the present poem, is visible at the bottom of f. 84v, written in pencil in Herebert's hand, but now all but
illegible. Brown's notes (RL14, pp. 250-253) include the Anglo-Norman text of Bozon as well as what
little he could read of Herebert's draft. My own attempt to decipher the draft translation produced no
better results even under ultraviolet and infrared lights.
   Besides Brown's printing of the Anglo-Norman text, see also Brian J. Levy's edition and
commentary in *Nine Verse Sermons*, pp. 77-86, particularly on the differences between the text in
Herebert's manuscript and that preserved in London, Lambeth Palace Library, MS 522 and BL, MS
Sloane 1611.
   The third and sixth lines of every stanza are printed to the right of the preceding couplet, thus
emphasizing the rhyme scheme.
[2] Cf. with these two lines: "Pus ke homme deit morir / E de ceo secle departyr. . . ."

What ys lordshype and heynesse,
What helpth katel and rychesse?
20   Góld and sœluer awey shal uáre.
Þy gost shal wonye þou ne wost nout where,
Þy body worth wounde in grete oþer here;[3]
     Of oþer þyng þou worst al báre.

Œuch mon þenche uor to spede, etc.

25 Byþench, mon, ȝœrne on œuche wyse
Er þou bœ brouht to þylke asyse,
     On what þou shalt truste þáre.
What gód þou hauest, mon, here ydon
Prest þer þou shalt ounderuon
30   Elles euer þou worst in káre.

Œuch mon þenche nou to spede, etc.

Bœ mon ȝong oþer bœ he old,
Non so strong ne wel ytold
     Þat hœnnes ne mot fare.
35 Deth is hud, mon, in þy gloue,
Wyth derne dunt þat shal he proue
     And smyte þou nost wháre.[4]

Œuch mon þenche uor to spede, etc.

Touore þe deth ys betere o dede[5]
40 Þen after téne, and more of mede
     And more quencheth kare.
Bœ monnes wyttes hym byreued,
Hys eȝen blynd, hys eren deued,
     Þe cofres bœth al bare.

45 Œuch mon þenche uor to spede, etc.

21-22 *The order of these lines is reversed in the* MS, *with marks to indicate transposition*
22 grete] *above the line to replace* shete

---

[3] Cf. "Le corps ert mys en grose heyre. . . ."
[4] Cf. "La mort tapit dedenz se gaunz / Ke ly ferra de sa launz / Kaunt meynz quyde le prendera. . . ."
[5] Cf. with Herebert's final two stanzas, Bozon's stanza 9: "Meuz vaut vn ben devaunt la mort / Ke dis apres e plus confort / L'alme kant sen irra / Kant l'alme ert departye / Ne auera dounkes amy ne amye / Allas en ky safiera."

Bœ þe gost urom body reued,
Þe bernes sone shulle bœn sheued,[6]
   Ne shal me noþyng spáre.
Bœ þe body wyth grœth byweued,
50 Þe soule sone shal bœ leued,
   Alas, of froendes báre.

Œuch mon þenche uor t⟨o⟩ spede, etc.

52 uor to] MS uorte.

[6] "Bernes" is probably "barns," thus fitting in with Bozon's harvest imagery. However, depending on how one is to interpret "sheued," it is possible that this might be "children" (i.e., "bearnes"), "heroes" (i.e., "beorns"), or even "barons" (cf. Bozon's "Ke fray li Reys baroun e counte . . ." of stanza 6).
"Sheued": Brown (RL14, p. 253) notes this word as a crux and suggests several possibilities, none of which is he willing to endorse: "The context suggests some such sense as 'dispersed' or 'stripped.' A verb 'sweep clear (of chaff)' is conceivable as a formation on *sheave* (*shive*) sb.[2] 'husk; particle of chaff, etc.,' but semasiologically unlikely. Accomodation of ON *skæva* 'to go quickly' is improbable for the same reason." Luria and Hoffman gloss it as "emptied" without explanation. Unfortunately, there is no literal correspondent for this line in the Bozon original.

14. Iesu nostra redemptio[1]

Iesu, oure raunsóun, loue, and lóngynge,   f. 209v
Louerd God almyhti, Whrouhte of alle þinge:
Vlesh þou nóme and mon bicóme in times endinge.

What mil⟨s⟩folnesse awalde þé þat oure sunnes bére,
5 So bitter déth to þolien, urom sunne óus uor t'aráre?

Helle clós þóu þorledest[2] and bóuhtest þine of bóndes;
Wyht grét nobléye þou opstéye to þy Uader ryhthonde.[3]

1 *The Latin incipit,* IHU n*ostra* rede*mpti*o, *appears above the line; Herebert's name appears in marg.; Brown splits each of the lines of the poem into two, turning the couplets into quatrains*   4 *The Latin incipit,* Que te vic*it*, *appears in marg.*   5 uor t'aráre] MS uortaráre   6 bóndes] bonde *Brown, emending to improve the rhyme; the Latin incipit,* Inferni clau*stra, appears in marg.*

[1] *Index,* no. 1742. This is Herebert's translation of an Ascension-tide hymn, probably dating from the seventh or eighth century. For the history and liturgical use of the hymn, see DH, 1:592; for the text, see AH, 2:49, and 51:95; TH, 1:63-64; CH, pp. 88-89. Herebert's poem has previously been printed in RL14, pp. 27-28; Luria and Hoffman, p. 97.
[2] Cf. "Inferni claustra penetrans."
[3] "Þou opstéye" appears alone on the line following "Wyht grét nobléye"; this separation was probably done to emphasize the internal rhyme of the line, although Herebert did not do the same to l. 3.

Þylke mylse néde þe t'awélde oure wyckenesse
Wyth þy mercy, and vul ous ay wyth þy nebshaftes blisse.

10 Þou bœ nou oure ioie, þat shalt bœn oure méde,
And oure wœle ay bœ in þé þat shalt ous wyth þé néde.[4]

8 *The Latin incipit,* Ipsa te cogat, *appears in marg.*   10 nou] *added above the line; the*
Latin incipit, Tu esto nostrum, *appears in marg.*

[4] This final half-line does not correspond to anything in the source; cf. "Sit nostra in te gloria / Per cuncta semper saecula."

15. Eterne rex altissime[1]

f. 209v   Kyng hexst of alle kynges, þat hauest non endynge,
Buggere of Cristenemen þat bœth of ryth leuynge,
Þorou þé deth ys uordon and brouth to þ'endinge,
And ȝyuen ys ous þe ouere hond of graces vindinge.

5 Þou styinge op to tróne in þy Uadres ryhthond,
Hauest, Iesu, uonge mythte þat neuer shaft ne vond.[2]

Vor hœuene and œrþe and helle, and al þat þrinne bœn,
To þé shullen bouwen hœm and bénden hœre knœn.[3]

Aungles þat in heuene bœth quaketh uor wondringe,
10 Þat abouten dedlich mon sœth so gret chaunginge,
Vor vlesh sunneth and vlesh béteth and vlesh ys God regninge.[4]

1 endynge] endyng *Gneuss; the Latin incipit,* Eterne rex altissime, *appears above the line;*
Herebert's name appears in marg.   5 Uadres] *corr. from* Uaderes; *the Latin incipit,*
Scandens tribunal, *appears in marg.*   7 Vor] *above the line to replace* þat; Vor þat *Gneuss;*
the Latin incipit, Ut trina rerum, *appears in marg.*   9 *The Latin incipit,* Tremunt uidentes,
appears in marg.   11 vlesh] *in all three instances, above the line to replace* mon

[1] *Index*, no. 1821. This is Herebert's translation of the fifth-century hymn for Ascension-tide. On its history and use, see DH, 1:26-27; for the text, see AH, 2:48, and 51:94-95. Herebert's translation has previously been printed in Gneuss, "Übersetzungen," pp. 181-183.

[2] Cf. "potestas omnium / Collata est, Iesu, caelitus, / Quae non erat humanitus."

[3] Cf. "Ut trina rerum machina, / Caelestium, terrestrium, / Et infernorum, condita / Flectat genu iam subdita."

[4] Cf. "Culpat caro, purgat caro, / Regnat Deus Dei caro."

Þou, Crist, bǿ oure blisse and oure gladiing,[5]
Þat wyþoute misse in hǿuene hast wonyng,[6]
Þat al þys ylke myddelerd hauest to ȝemyng,
15 And al þys wordles ioye hast in vorhówyng.[7]

Þereuore wǿ byddeth þé oure gultes þou deface,[8]
And oure hǿrtes rer to þé þorouh þy gréte grace.

Þat whén þou shalt uerlich comen ous to déme,   f. 210r
Comen yne cloudebryth wyth blówinde béme,[9]
20 Vrom þe pyne of helle Iesu, þou ous ȝéme.
And ȝeld þe lorene crounes, God wǿ to þé réme.[10]

Louerd þat boue þe stǿrre steye, to þé bǿ wǿle and blisse,
Wyth þe Uader and Holy Gost, euer boute misse. AmeN.

---

12 *The Latin incipit,* Tu esto nostrum, *appears in marg.*   16 þereuore] *the second* e
was added above the line; the Latin incipit, Hinc te precantes, *appears in marg.*   17 rer]
foll. by op *canc.*   18 uerlich] *corr. from* uerliche; *the Latin incipit,* Ut cum repente,
appears in marg.   22 steye] *the first* e *was added above the line; the Latin incipit,* Gloria
tibi, *appears in marg.*

[5] Gneuss ("Übersetzungen," p. 182) points out that the marginal incipit here, "Tu esto nostrum,"
matches that of the fifth stanza in a version apparently unique to the Use of Sarum, and that Herebert's
translation does not, in fact, translate this Sarum stanza but rather the more common stanza beginning
"Tu Christe nostrum." It is possible that Herebert knew a version in which the fifth stanza began "Tu
esto" while maintaining the wording of the rest of the verse, but it is equally possible that he made a
simple copying error, made that much easier by the presence on the same page of "Jesu nostra
redemptio" of which the final stanza's incipit (which Herebert added in the margin at the appropriate
place, as noted above) is "Tu esto nostrum."

[6] Cf. "Manens Olympo praeditum. . . ."

[7] "Vorhówyng" translates the Latin "vincens."

[8] "Deface" translates the Latin "Ignosce."

[9] Gneuss ("Übersetzungen," p. 182) suggested that "wyth blówinde béme," which has no
correspondence with anything in "Æterne rex," may be a recollection of the second stanza of the "Dies
iræ."

[10] Cf. with this stanza: "Ut cum repente coeperis / Clarere nube iudicis, / Poenas repellas debitas, /
Reddas coronas perditas."

16. Quis est iste qui uenit de Edom?[1]

Questio angelorum:

f. 210r

What ys he, þys lordling, þat cometh vrom þe vyht,
Wyth blodrede wede so grysliche ydyht,
So vayre ycoyntised,[2] so semlich in syht,
So styflyche ʒóngeþ, so douhti a knyht?

Responsio Christi:

5 Ich hyt am, Ich hyt am, þat ne speke bote ryht,
Chaunpyoun to hélen monkunde in vyht.[3]

Questio angelorum:

Why, þœnne, ys þy shroud red wyth blod[4] al ymeind,
Ase troddares in wrynge wyth most al byspreynd?

Responsio Christi:

Þe wrynge ich habbe ytrodded, al mysulf on,
10 And of al monkunde ne was non oþer won.

Ich hœm habbe ytrodded in wréþe and in gróme,[5]
And al my wéde ys byspreynd wyth hœre blod ysome,
And al my robe yuúled to hœre gréte shome.[6]

1 *Above the first line appears:* Quis est iste qui uenit de Edom, Ysa. 63. Herebert.*; the notes specifying the speakers' voices for the first 4 stanzas are given in both the margins in each instance,* Ista ... agencium *appears only in the right margin; Brown does not print nor even mention these rubrics*   5 ne] *added above the line; the Latin incipit,* Ego qui loquor iusticiam, *etc., appears in marg.*   7 *The Latin incipit,* Quare ergo rubrum, *appears in marg.*   9 *The Latin incipit,* Torcular calcaui solus, *appears in marg.*   11 *The Latin incipit,* Calcaui eos, *appears in marg.*

1 *Index,* no. 3906. This is a rather loose translation of Isa. 63:1-7. As he explains in his marginal notes, Herebert found verses 1-5 and 7 in the *lectio* for Wednesday of Holy Week; he added v. 6 from the Biblical text. Herebert's translation has previously been printed in RL14, pp. 28-29; Luria and Hoffman, pp. 204-205; Davies, pp. 94-95; Gardner, pp. 33-34; OBMEV, pp. 175-76; Silverstein, pp. 45-46.

2 The earliest instance of this word cited in the OED ("quaintise," v.) is from Gower, *Confessio amantis,* 8.2472.

3 Cf. "Ego qui loquor iustitiam, et propugnator sum ad salvandum."

4 There is no reference to blood at this point in the Biblical text. Cf. "Quare ergo rubrum est indumentum tuum, et vestimenta tua sicut calcantium in torculari?"

5 "Gróme" translates the Latin "furore."

6 The second half-line has no correspondence with the source.

Þe day of þ'ylke wréche leueth in my þouht;
15 Þe ჳér of medes ჳeldyng ne uorჳet ich nouht.[7]

Ich loked al aboute som helpynge mon,
Ich souhte al þe route bote help nas þer non.
Hyt was myn oune strengþe þat þys bóte wrouhte,
Myn owe douhtynesse þat help þer me brouhte.[8]
20 Ich habbe ytrodded þe volk in wréthe and in grome,
Adreynt al wyth shennesse, ydrawe doun wyth shome.[9]

Ista sunt uerba Iudeorum penitenciam agencium:

On Godes mylsfolnesse ich wole byþenche me,
And heryen hym in alle þyng þat he ჳeldeth me.[10]

14 *The Latin incipit,* Dies enim ultionis, *appears in marg.* 16 *The Latin incipit,* Circumspexi, *appears in marg.* 18 *The Latin incipit,* Et saluauit michi, *appears in marg.* 20 þe volk] *above this Herebert wrote:* scilicet Iudeorum; *the Latin incipit,* Et conculcaui, *appears in marg.* 22 *The Latin incipit,* Miserationum domini, *etc., appears in marg.*

[7] Cf. "Annus redemptionis meae venit."
[8] Cf. "Et indignatio mea ipsa auxiliata est mihi."
[9] Cf. "Et conculcavi populos in furore meo, et inebriavi eos in indignatione mea, et detraxi in terram virtutem eorum." Lines 20-21 (translating v. 6 of Isa. 63) are added in the bottom margin with a line drawn to indicate their insertion at this point. Brown prints these lines at the end of the poem, thus distorting the effect of the conclusion: Brown would have Christ continue to speak of his wrath even after the Jews have praised God for his mercy.
[10] Noting that the *lectio* in the service for Holy Wednesday excluded v. 6, Herebert wrote, below l. 23: "In epistola que legitur feria 4 maioris ebdomade non est plus," underlined, and after l. 21: "Istud est de integro textu libri, sed non est de Epistola," underlined.

17. Crucem sanctam subiit[1]

He sthey opon þe rode, þat barst helle clos;[2]   f. 210v
Ygurd he was wyth strengþe, þe þrydde day aros.

1 *Herebert's name and the Latin incipit,* Crucem sanctam subiit, *appear in marg.*

[1] This is not listed in either the *Index* or its *Supplement*. It is a translation of an antiphon used in various breviaries of the later Middle Ages at Vespers of the feast of the Finding of the True Cross. Herebert's translation has previously been printed in Gneuss, "Übersetzungen," p. 183.
[2] Cf. "Qui infernum confregit."

18. Audi benigne conditor[1]

f. 210v Lustne, mylde Wrouhte, oure bones wyth wœpinge
In þys holy uastinge, vourti dawes lestynge.

Holy secher of monnes þouht, þou wost oure brotelnesse;[2]
To hœm þat bœth yturnd to þe graunte vorȝyfnesse.

5 Mœche, vorsoht,[3] wœ habbeht agult;[4] vorȝyf hœm þat knoulecheth.
To worshype of þyn oune nome, to sunvol mon bœ leche.[5]

Graunte ous pyne wyþouteuorth þe body wyth vastinge,
Þat oure gost wyþynneuorth veste vrom sunnynge.[6]

Graunte ous, Holy Trinite, þat in Godhede art ón,
10 Þat þe ȝyft of leyntes vast notfol[7] boe to mon. AmeN.

1 *The Latin incipit,* Audi benigne conditor, *appears above the line; Herebert's name appears in marg.* 3 secher] *a final "e" appears above the line but is faint and seemingly erased;* sechere *Gneuss;* þou] u *added above the line; the Latin incipit,* Scrutator alme, *appears in marg.* 5 habbeht] *corr. from* habben; habbeth *Gneuss* 7] Graunte] Graunt *Gneuss; the Latin incipit,* Sic corpus extra, *appears in marg.* 9 Graunte] e *added above the line; the Latin incipit,* Presta beata trinitas, *appears in marg.*

[1] *Index,* no. 1903. A translation of the Lenten-tide hymn frequently ascribed to St. Gregory the Great. On the history and use of the hymn, see DH, 1:91; for the text, see AH, 51:53-55; CH, pp. 75-76. Herebert's translation has previously been printed in Gneuss, "Übersetzungen," p. 184.

[2] The earliest instances of this word recorded in the MED are from Trevisa and Chaucer, some fifty years after Herebert's death (MED, "brotelnesse").

[3] "Mœche vorsoht" translates the Latin "Multum quidem."

[4] "Agult" translates the Latin "peccavimus."

[5] Cf. "Ad laudem tui nominis / Confer medelam languidis."

[6] Cf. "Sic corpus extra conteri / Dona per abstinentiam, / Ieiunet ut mens sobria / A labe prorsus criminum."

[7] "Notfol" translates the Latin "fructuosa." However, the indirect object of Herebert's version, "to mon," does not correspond with the Latin, which reads "tuis."

19. Euangelium: Missus est angelus Gabriel[1]

Prologus:

SEynt Luk, in hys godspel, bryngeth ous to munde   f. 211r
Hou Godes Sone of hǽuene com tók oure kunde,

And sayth who was messager and of whom ysend,
Into whuch lond, to what wymman, and yn whuch toun alend.

5 Of Luk leche, oure leuedy prœst, lofsom in apryse,
Lustneth lyþe oure leuedy lay þat gynth in þisse wyse.

Missus est.

Ysend was þ'aungel Gabriel vrom God þe Trinite[2]
Into þe lond of Galilee, to Nazareth cite,

To a mayde þat hedde o mon ykald Ioseph to spouse,
10 Þat was of grete kunne, of kyng Dauidþes house.

Þé mayde to whóm Gabriel ysend was on hye,
Hǽ rediliche to wysse ynemned was Marie.[3]

And when þ'aungel was in-wend to speke wyth þe mayde,
Hendeliche he grette hyre on þys wyse and sayde:[4]

15 "Hayle bœ þou, vol of grace, oure Louerd ys wyth þe;
Among alle wymmen þou yblessed bœ."

When hœ þys herde, a[5] was ystured in þ'aungles spekynge,
And inwardlyche þouthte whuch was þys gretynge.

---

1 *Above the first line appears:* Euangeliu*m*. Missus *est* angelus Gabriel. Herebert*; the rubrics,* Prologus *and* Missus est, *appear in the right margin beside lines 1 and 7 respectively* 10 kyng] n *added above the line*   16 wymmen] n *added above the line*   17 þ'aungles] *corr. from* þ'aungeles

---

[1] *Index*, no. 2963. This is a translation of Luke 1:26-38, the Gospel for the Feast of the Annunciation. Herebert's poem has previously been printed in Gneuss, "Übersetzungen," pp. 185-186.

[2] There is no such reference to the Trinity in Luke's Gospel.

[3] Cf. with this stanza: "et nomen virginis Maria."

[4] Cf. "Et ingressus angelus ad eam dixit. . . ."

[5] This is an unstressed form of "heo" (MED, "he"; cf. Gneuss, "Übersetzungen," p. 186).

Þœnne sayde þ'aungel bryht,[6] "Marye, dred þou nouht.
20 Þou hauest yuounde grace touore God ysouht.[7]

Lo, in þe *con*ceyue þou shalt and sone bere,
Whom þou shalt 'Iesu' nemnen, þat Englys ys 'helere.'[8]

Þes shal bœ muchel, and ne*m*ned 'worth,' 'þe alre hextes Sone,'
And oure Louerd hym shal ʒeue hey stoede uor to wone.[9]

25 Hys oune uadres see, Dauid, and he shal bœ regnynge
In Iacobes house wythouten ey endynge,
And hys kyneryche shal boen aylastinge."

Þœnne spak Marie to þ'aungel anon,
"Hou may þys bœn? uor knoulechyng haue ich of no wepmon."

30 Þ'aungel hyre onsuerede and sayde to ryhte,
"Þe Holy Gost vrom bouenuorth in þe shal alihte,
And þe shal byshadewen þe alre hextes myhte.[10]

f. 211v   And loo þér Elyzabeth, þy cosyne on þe heelde,
Haueth *con*ceyued ane sone in dawes of hyre eelde,
35 Vor noþyng impossible nys to God þat al may welde."[11]

Þœnne spak Marye and mœkelyche[12] sayde,
"Loo me hér alredy my Lordes hondmayde.
To me bœ do, vollyche also, ase þou raþer saydest."

Who so nule nouht lye þat maketh trœwe asay,
40 Of oure leuedy Marie þys ys seynt Lukes lay,
To hœuene hœ make ous stye at oure endeday. AmeN.

24 oure] o *added above the line*

[6] "Bryht" has no correspondent in the source.

[7] "Ysouht" is an addition by Herebert.

[8] This half-line has no correspondent in the passage from Luke's gospel, but cf. Matt. 1:21.

[9] Cf. with this stanza: "hic erit magnus, et Filius Altissimi vocabitur, et dabit illi Dominus Deus sedem David patris eius. . . ."

[10] Cf. "Spiritus sanctus superveniet in te, et virtus Altissimi obumbrabit tibi." Herebert does not translate the next sentence: "Ideoque et quod nascetur ex te sanctum, vocabitur Filius Dei."

[11] Herebert omits the clause preceding this in the text: "et hic mensis sextus est illi, quae vocatur sterilis." On the other hand, the "þat al may welde" is an addition not found in the source.

[12] "Mœkelyche" is added by Herebert. Cf. "Dixit autem Maria. . . ."

20. Þys nome ys also on honikomb[1]

Þys nome ys also on honikomb þat ȝyfþ ous sauour and swetnesse,   f. 161v
And hyt ys a seollich nome þat maketh ous wondren hys héynesse,
And hyt ys on holsom nome þat bryngh ous bóte of wykkenesse,
And hyt ys a nome of lyf þat bryngþ ous ioie and gladsomnesse.

1 ȝyfþ] þ *added above the line*

[1] *Index, Supp.*, no. 3622.6. This epigrammatic poem is found in Sermo 1 in the bottom margin of f. 161r (see ll. 227-230). No source can be cited, but some of the images are reminiscent of St. Bernard's 15th sermon on the Canticle of Canticles. The poem has not previously been printed.

21. Hic que uita?[1]

What lyf ys þer her? Þe lyf her ys deyȝe.   f. 179v
What hope ys þer her? Of lyf, uor deth dreye.
What lawe ys þer her? Euer woep in eyȝe.
What skyl ys þer her? Þat shal prute wreyȝe.

[1] *Index, Supp.*, no. 3909.4. This is a translation of an epigram, possibly by Serlo of Wilton; both the Latin and this translation appear in Sermo 5, ll. 115-118. Herebert's translation has previously been printed in Gneuss, "Übersetzungen," p. 191, n. 4.

22. Quomodo se habet homo?[1]

Also þe lanterne in þe wynd þat sone is aqueynt,   f. 204v
Ase sparkle in þe se þat sone is adreynt,
Ase vom in þe strem þat sone is tothwith,[2]
Ase smoke in þe lift þat passet oure sith.

[1] *Index, Supp.*, no. 269.5. Folio 204v of Herebert's "Commonplace Book" contains extracts from an otherwise unknown version of Alcuin's *Pippini Regalis disputatio cum Albino scholastico* in which Albinus' replies are significantly longer than in the other known versions. This translation of one of these replies appears, in Herebert's hand, on that folio beside the original which reads:

Tercia: Quomodo se habet homo? et ille respondit quod homo se habet sicut:
    Lucerna ad uentum que cito extinguitur.
    Scintilla in mari que cito ab undis absorbetur.
    Spuma que cito a procellis dispergitur. (Sap. 2)
    Fumus qui cito diffunditur et ad nichil redigitur.
The version printed by Migne (PL 101:975), by contrast, reads:
    P.: Quomodo positus est homo?–A.: Ut lucerna in vento.
Herebert's translation was previously printed in *Rel. Ant.*, in a note to 2:229.
[2] "Tothwith" translates the Latin "dispergitur"; cf. Stratmann, "totwicchen."

23. Vóur þynges ȝe ofte ysœth[1]

f. 85r   Vóur þynges ȝe ofte ysœth
          Whareþorou monye onknowe bœth:
          Vretebœ́de,[2] Byrinekoc,[3]
          Whystlebóne,[4] and Shorelok.[5]

[1] *Index*, *Supp.*, no. 861.8. This is a translation of ll. 39-42 of the ninth verse sermon by Nicholas Bozon, and appears (as two long lines) in the bottom margin of f. 85r beneath the Bozon text. Some faint letters may be seen beneath these lines, but they are too faint to be read.

As printed by Levy, *Nine Verse Sermons*, p. 90, this quatrain reads:

Quatre choses funt ennu,
Dount plusours pount estre conu:
Roungemesere e Kokenplu,
Siflevent e Cheftondu.

Levy also printed Herebert's fragmentary translation on p. 91.

Bozon goes on to describe each of these four hypocrites in detail; Herebert has added in the margin beside this quatrain and the description of the first: "Nota" and has numbered 2-4 the descriptions of the other three.

[2] Vretebœ́de: "Munch-prayer" (MED, "freten(1)," "bed(e)"); the name is used by Bozon to describe one who makes a pretense of spending many hours devoutly in prayer, but is doing nothing more than moving his lips and thinking of the impression which he is making upon those around him. Cf. Levy, *Nine Verse Sermons*, pp. 91-92.

[3] Byrinekoc: "Rained-upon cock" (OED, "berain"; MED, "bireien"), a literal translation of "coc empleu." The term is used by Bozon of one who is carefully careless of his appearance, looking poor and bedraggled, as though he cared nothing for this world, yet proudly making a show of this condition. Cf. Levy, p. 92.

[4] Whystlebóne: Levy, p. 95, n. 17, suggests the equivalent "hiss-prayer." Bozon's description is of one "who takes care to pray in a loud, sibilant whisper, making sure that all may hear him being pious . . ." (Levy, p. 95).

[5] Shorelok: "shorn-lock," by which name, according to Levy (p. 96), Bozon intends that "'faux-dévot' who seeks all the honour due to his tonsured crown, but has none to spare for his Maker."

Appendix

Sermo 7

<Sermo in festo Translationis S. Thomae,
Cantuariensis archiepiscopi>

"*Sol egressus est super terram,*" Gen. 19<:23>. Vniuscuiusque f. 163r
incolatus tunc erit sufficienter commendatus si a viciis sit alienus et
uirtutibus sit serenus. Sed tunc vita vniuscuiusque sufficientissime
describitur si eius merita quantum ad secundam et eius premia quantum ad
5 primam qualis fuerit exprimatur. Igitur omisso uerbi preassumpti sensu
litterali assumptoque sensu quodam spirituali, describitur Beatus Thomas
in hiis verbis dupliciter commendabilis. Describitur enim ut eminenter
uirtutibus illustratus et ut eminenter a terrestribus eleuatus, quia enim
eminenter illustrabatur uirtutis claritate quantum ad vite meritum, digne
10 sublimabatur, siue eleuabatur honoris dignitate quantum ad uirtutis
premium, nam "honor est premium uirtutis," quarto *Ethicorum.*[1] Quia
etiam claruit uirtutibus in conuersacione, micuit honoribus in translatione.
Morum eius claritas patet in specie solari ibi: "*sol*"; sed honorum
sublimitas in eleuatione spirituali: "*egressus est super terram.*" Describi-
15 tur, inquam, ut uirtutibus eminenter illustratus ibi: "*sol*," "sol" enim dicitur
quasi "solus lucens."[2] Est enim

> Fomes sensificus, mentis fons, lucis origo,
> Mundanus oculus, fulgor splendentis Olimpi,

secundum quod dicit Martianus.[3] "Quasi enim sol refulgens, sic ille
20 refulsit in templo Dei," Eccli. 50<:7>. Sicud enim sol totum celum
illuminat suis radiis, sic Beatus Thomas totam Dei Ecclesiam adornat suis
exemplis. Secundo, describitur ut eminenter a terrestribus eleuatus ibi
"*egressus est super terram.*" Verum hic est alius Helias cui dixit Dominus
per angelum, III Reg. 19<:11>: "Egredere, et sta in monte coram

---

[1] Cf. *Ethic. Nic.*, 4.7 (1123b35) in Grosseteste's translation: "Virtutis enim premium, honor"
(*Aristoteles Latinus* vol. 26, fasc. 3, p. 213, and fasc. 4, p. 440).

[2] Cf. Martianus Capella, *De nuptiis Philologiae et Mercurii*, Bk. 2, Sec. 188; *Martianus Capella*,
ed. James Willis (Leipzig, 1983), p. 52. The false etymology of "sol" from "solus" was current among
a number of late antique authors; see the note on this passage in Willis's edition.

[3] Martianus, *De nuptiis*, Bk. 2, Sec. 185; ed. Willis, p. 52.

25 Domino," vbi describitur ut inuitatus gradi legittime quia uerbo Domini
precipitatus, et ideo dicitur "egredere"; et ut situatus in sublime scilicet in
gradu presidentis quasi "in monte coram Domino," dicatur ergo "sol," etc.
Sicud fabris quorum operatio in ferro est competit loqui de fabrilibus, sic
mathematicis, quorum conuersatio in celis est, decet loqui de celestibus
30 "quorum sciencia non parum mortalibus" in terra est sed multum,
secundum Ieronymum, in Epistola ad Paulinum:[4] Facit namque sui
dilectorem seipsum contempnere, Domino perfectius adherere, "et se
creatori assimilare," secundum Tholomeum, Capitulo 1, *Almagestus.*[5]

Aduertendum est igitur quod merito describitur ut eminenter uirtutibus
35 illustratus et hoc sub solis methaphora propter eius excellentes multas
proprietates, quarum omnium solum tres recito quia solum tres moralizare
intendo. Est autem sol inter omnes planetas pulcherrimus in claritate,
vniformissimus in mobilitate, et fortissimus in potestate, nam micat
clarius, vadit vniformius, et agit fortius. Sic iste Sanctus prepollebat
40 puritate mundicie, equitate iusticie, longanimitate constancie, ut sic per
solis claritatem intelligamus in eo puritatem mundicie, per motus vnifor-
mitatem iusticie equitatem, per uirtutis potestatem constancie
longanimitatem.

Est, inquam, sol pulcherrimus in claritate, dicente Ambrosio, in
45 *Exameron*, Omelia 4: Sol est "oculus mundi, iocunditas diei, celi
pulchritudo, gracia nature, prestancia creature."[6] Sic iste Sanctus mundis-
simus erat castitate, nam inter aulicos conuersatus, cui "mundus in
omnibus lenociniis adulari et applaudere videbatur (quod rarius accidere
solebat) ymitandus erat corporis castitate."[7] Vnde procurante eum ad
50 amplexum perpulchra quadam muliere, dum ab opiduano ut luxuriosus
explorabatur, post genuflexiones nocturnas et orationes diuturnas reli-
giosus inueniebatur. Vnde merito potest de ipso exponi illud, Iac. 1<:11>:
"Exortus est sol cum ardore et arefecit fenum, et flos eius decidit." Sol
"exortus est cum ardore" quando Beatus Thomas inchoauit cum castitatis
55 feruore; et "fenum arefecit" cum carnem suam legi spiritus subiecit, nam
"omnis caro fenum" <Isa. 40:6>; et "flos eius decidit" dum caro eius

---

39 prepollebat] *corr. from* prepollollebat   40 longanimitate] *foll. by* iust *canc.*

[4] St. Jerome, "Epistle 53 (Ad Paulinum)" (CSEL 54:452; PL 22:544).

[5] Ptolemy, *Almagest*, 1.1, in Gerard of Cremona's translation: ". . . et assimilat eum creatori suo"; London, BL, MS Burney 275, p. 778a.

[6] St. Ambrose, *Hexameron*, 4.1 (CSEL 32.1:111; PL 14:201).

[7] This quotation and the following story are from the *Quadrilogus* version of the *Vita S. Thomae*, 1.4; *Materials for the History of Thomas Becket*, ed. J.C. Robertson, "Rolls Series" no. 67 (1883; rpt. Millwood, NY, 1965), 4:273. Thomas, in Stafford on chancery business, gave gifts to the wife of his host. Taking these as tokens of lust rather than of courtly manners, she stole into his bedroom one night; there she found him asleep on the floor having evidently exhausted himself at prayer. Thus was the supposedly ribald courtier found to be a secretly pious man.

freno temperancie moderata in concupiscenciam non pululauit. Flores
enim feni qui cito arescunt sunt delectationes carnales que cito transeunt. O
quam singulare et admirabile spectaculum! hominem, inter Latinos
60 iuuenes nutritum, multipliciter mundi blanditum illecebris, et tamen tanta
castitate insignitum; vnde admirando indicauit eum Beatus Iohannes, in
Apocalypsi Domin<i>, Capitulo 14 <Apoc. 12:1>: "Signum magnum
apparuit in celo: Mulier amicta sole, et luna sub pedibus eius, et in capite
eius corona stellarum duodecim." "Mulier" ista, que sole tegebatur, fuit
65 eius sancta anima que luce castitatis perfundebatur; et "luna sub pedibus
eius" ponebatur quia caro sua imperio rationis subiciebatur. Per lunam
enim caro nostra siue sensualitas designatur tam propter nature sue
opacitatem, quam propter motuum diuersitatem. Sicud enim luna nisi a
sole illuminetur in se tenebrescit, sic caro nostra nisi sole castitatis
70 illustretur sordescit. Et sicud luna in superiori parte epicicli contra viam
solis graditur, in inferiori uero semicirculo cum sole mouetur, sic caro
nostra quanto plus eleuatur, tanto plus castitati contrariatur. Et sicud luna
quinque diuersis motibus mouetur, sic caro nostra per quinque sensus quasi
per quinque motus stringitur. Mouetur enim luna in circumferencia
75 epicicli, et centrum epicicli in circumferencia eccentrici, et centrum
eccentrici cuiusdam periodici cicli, et puncta sectionum equantis et
deferentis, et capud Arietis et Libre accedentis et recedentis. Hos motus
singulos figuraliter sensibus coaptare plus in nobis generaret fastidium
quam commodum. Sed hoc diligenter est aduertendum quod, sicud
80 mathematici dicunt lunam in omnibus motibus suis radiis suis regulari,[8] sic
debet caro nostra in quinque sensibus suis regulis continencie moderari.
"Continendus est enim animi appetitus a voluptate aurium," etc., secundum Ambrosium in suo/De virginibus.[9] "Quidquid enim pulcrescit visu,   f. 163v
quidquid lenocinatur odoratu," etc., secundum Ambrosium in quodam
85 sermone de vno martire.[10] Et aduertaris quod dicit "quidquid"; "quicquid"
distribuit pro omni genere. A delectationibus ergo illicitis caueamus et
lunam nostram eclypsari non permittamus. Scitur quod causa eclypsis lune
est transitus eius per umbram terre. Per umbram autem, quam causat
corpus opacum radios prohibens corporis illuminantis, intelligo delecta-
90 tiones illicitas quas causant sensus corporei regulas continencie exce-
dentes. Sed quid dicit Dominus in Eze. 32<:7>? "Nigrescere faciam
stellas celi et solem nube tegam." Stelle luminose sunt persone religiose

---

57 temperancie] foll. by in canc.   58 arescunt] in marg. for transeunt   67 tam] MS
tum   72 nostra] foll. by per quinque sensus quasi per quinque motus canc.   84 etc.]
added above the line

[8] I have been unable to find a specific source for this in the standard astronomical texts.
[9] I have not found the source of this; St. Ambrose does use the phrase "aurium voluptati" in his De
virginibus, 3.3 (PL 16:236), but not in a phrase such as this.
[10] Again, the source of this quotation has eluded me.

que tunc quasi eclipsantur et nigrescunt quando bonam famam amittunt; et
tunc sol nube tegitur quando castitas religiosarum quasi delectatione
95 carnali maculatur. Sequitur in auctoritate <Apoc. 12:1>: "Et in capite
eius corona stellarum duodecim." Per stellarum duodenarium intelligo
excellentiam perfectionum uirtualium, nam in duodenario numero, quantum ad arismeticam, includitur superhabundantia partium aliquotarum, ut
patet septimo Euclidis;[11] quantum ad musicam includitur in duodenario
100 sufficientia proportionum musicarum, ut patet primo *Musice*;[12] quantum
ad ethicam in duodenario continetur vniuersalitas uirtutum polliticarum, ut
patet secundo *Ethicorum*;[13] quantum ad theologum in duodenario habetur
generalitas fructuum siue perfectionum beatificarum, ut patet in Apoc.
<12:1>. Coronam ergo "stellarum duodecim habuit in capite" qui omnes
105 uirtutes tenuit in quodam perfectionis apice.

Secundo, pollebat Beatus Thomas in equitate iusticie, et ideo congrue
designatur per solem, qui vniformius ceteris planetis mouetur ut pote, qui
vnam causam diuersitatis a Tholomeo ponitur habere, scilicet eccentricus,
reliquis omnibus habentibus eccentricos et epiciclos.[14] "Erat enim," ut in
110 Vita sua dicitur, "prouidus in consiliis, in ventilationibus causarum
diligens et modestus auditor, in interrogationibus subtilis, in responsio-
nibus promptus, in iudiciis iustus, et personarum acceptione deducta iuris
per omnia executor."[15] Vnde iste est sol de quo, in Eccli. <42:16>,
dicitur: "Sol illuminans per omnia respexit." "Respexit" enim indigentes
115 siue inopes misericorditer radiis temporalis subuentionis; "respexit"
insipientes sapienter radiis spiritualis instructionis; "respexit" proficientes
diligenter radiis pastoralis protectionis; et "respexit" delinquentes equa-
nimiter radiis uirtualis correptionis; "respexit" peruersos et a Deo auersos
radiis seuere punicionis; et ideo dicitur "super omnia respexit." Secundum
120 enim quod dicit duodecimo propositio secundi libri, *Perspectiue*: "A
puncto cuiuslibet corporis luminosi lumen diffunditur secundum omnem
lineam rectam que ab illo puncto ad oppositam superficiem duci potest."[16]

97 numero] De numero duodenario *appears in marg.*   106 Secundo] *repeated in left*
marg.; ii *appears in right*

[11] This commonplace of antique numerical theory is not, in fact, from Euclid. It is possible that our
author knew the work in a manuscript in which Euclid's definitions in Bk. 7 (of such things as "perfect"
numbers) were expanded to include "superabundant" numbers as well.

[12] This does not appear to be a reference to the first book of Boethius' *De musica*, nor have I found
any other source; while "threes" and "fours" are common in discussions of the numerics of harmony,
their product, "twelve," is less commonly mentioned.

[13] Cf. Aristotle, *Ethic. Nic.*, 2.7 (1107a28-1108b10); *Aristoteles Latinus* vol. 26, fasc. 3, pp.
172-175, and fasc. 4, pp. 404-407 (Grosseteste's translation).

[14] Cf. Ptolemy, *Almagest*, 3.4.

[15] *Quadrilogus* (*Vita S. Thomae*), 1.11; ed. Robertson, p. 288.

[16] Cf. Witelo, *Perspectiva*, Bk. 2, Prop. 20 (not 12): "A puncto cuiuslibet corporis luminosi lumen
diffunditur secundum omnem rectam lineam, que ab illo puncto ad oppositam superficiem duci
potest . . ." (Basel, 1572), pp. 68-69.

Qualiter ergo prelati moderni temporis equaliter indigentibus inequaliter subueniunt, equaliter delinquentes inequaliter corripiunt, equaliter profi-
125 cientes inequaliter promouent et protegunt, sane nisi quia sol non emittit radios nisi secundum lineas rectas. Tales autem prelati, illos quos odiunt uel minus diligunt, non rectis lineis sed curuis respiciunt, que curuitas et inequalitas ex triplici causa accidunt, secundum Sapientem, quinto *Ethicorum*: Aliquando ex munere, aliquando ex timore, aliquando ex
130 amore.[17] Ex munere quidem, et hoc bene attendunt, qui prelatis suis larga mittunt exhibencia quatinus aliqua officia ordinis, licet indigni tamquam mercenarii, immo magis symoniaci, consequantur. Quis est enim tam sanctus homo quin munerum receptione non inclinatur?

Munera, crede michi, capiunt hominesque deosque,

135 dicit Ouidius.[18] Ex timore autem prelatus inferior aliquando deuiat a tramite iusticie quando scilicet superiorem credit offendere. Ex amore inordinato accidit magna inequalitas quia quando affectus illo amore deducuntur, de facili ratio in iudicando secundum uoluntatem et affectio-nem seducitur; et quando affectus isto amore ligantur, intellectus non recta
140 arbitratur. Nam

Omnis amor cecus, non est amor arbiter equus,
Nam deforme pecus iudicat esse decus,

non sic debet esse.[19] Sed debet iudex esse quasi centrum a quo omnes linee, id est, omnes affectiones, ad circumferentiam debent esse equales;
145 cum tamen modo fere omnes sunt inequales, et ideo fiunt incerte ponderationes et mensurationes. Sicud enim dicit quinto propositio, *De ponderibus*: "Si brachia libre fuerint inequalia, etiam si appendantur equalia, ex parte longiori nutus fiet."[20] Et qualiter certe sicud ibi demonstratur quia appensa non equaliter distant a centro libre; sic sane si
150 modo prelatus alicos subditos, equaliter litteratos, equaliter morigeratos, debeat promouere uel ad promouendum ponderare illum, qui propior est per affectionem quia minus distat a centro libre, minime est ipsum ascendere et rectum descendere.[21]

---

[17] While Aristotle's fifth book of the *Ethic. Nic.* does deal, in general, with causes of injustice, such a statement as this does not occur.

[18] Ovid, *Ars amatoria*, 3.653.

[19] Cf. Walther, *Lateinische Sprichwörter*, 3:635-636 (no. 20188), where he cites a number of occurrences of this proverb, including Vincent of Beauvais, *Speculum morale*, 3.3.

[20] Cf. Jordanus de Nemore, *Elementa Jordani super demonstrationem ponderum*, Prop. 5: "Si brachia libre fuerint inequalia, equalibus appensis, ex parte longiore nutum faciet." *The Medieval Science of Weights*, ed. and trans. Ernest A. Moody and Marshall Clagett (Madison, 1952), p. 134.

[21] "Minime est" should probably be taken here as an idiomatic equivalent to "minime debet": the one who is nearest in affection "*ought* least to ascend" at the expense of the "right one."

Non sic iste Sanctus, sed ipse "stetit ut sol in medio celi" donec
155 triumpharet uiriliter, ut dicitur <Ios. 10:13>. Sol enim ille materialis in
loco tenet medium arismeticum quod sistit in equalitate quantitatis, quia
tres planetas habet superius et tres inferius; in motu tenet medium
geometricum quod stat in equalitate proportionis, quia licet omnes planetas
suis radiis regulat in epiciclis, secundum Ptholomeum[22] et Bedam, *De*
160 *temporibus,*[23] non tamen equaliter sed proportionaliter. In sono etiam tenet
medium armonicum quod sistit in proportione duorum et triorum, nam
sono suo facit dyatesseron. Vnde primus tonus ad solem dyatesseron facit
f. 164r   /eandem.[24] Consimiliter uere Sanctus, quantum ad officium pastoris, in
retributionibus premiorum pro meritis stetit in medio arismetico, quod
165 requiritur ad iusticiam commutatiuam; in distributionibus beneficiorum
siue subsidiorum stetit in medio geometrico, quod requiritur ad iusticiam
distributiuam; in regimine uero subditorum stetit <in medio> armonico,
quod requiritur ad iusticiam communis pacis conseruatiuam.

Tertio, pollebat iste Sanctus in longanimitate constancie, et ideo non
170 incongrue designatur per solem qui omnes alias planetas excellit in
potestatis fortitudine. Quanta enim constancia fuit pro domo Domini et in
domo Domini se morti offerre! Dixit enim lictatoribus illis: "Mortem pro
Domino libenter amplector dummodo ecclesia in effusione sanguinis mei
pacem consequatur et libertatem," secundum quod dicitur in Vita sua.[25]
175 Quis isto constancior, quis in caritate feruencior? De isto sole dixerat
Abac. <3:11>: "Sol et luna steterunt in habitaculo suo." Per solem hic
intelligo Beatum Thomam, per lunam Sanctam Anglicanam Ecclesiam.
Habitaculum autem et domus solis est Leo, secundum astronomos et
secundum Damascenum; domus uero lune est signum Cancri.[26] In
180 domibus autem suis planete maximam habent fortitudinem. "Sol" ergo "et
luna" in suis habitaculis "steterunt," quia Beatus Thomas in leonina
magnitudine et Sancta Ecclesia ipso protegente in altissima libertate

---

155 dicitur] *foll. by 10 blank spaces, presumably for the missing reference*   157 in
motu] *added in marg.*   158 quod] MS que   159 radiis] *added in marg.*
169 Tertio] *repeated in marg.*

[22] Cf. Ptolemy, *Almagest*, 3.3.

[23] This is presumably a reference to St. Bede's *De temporum ratione*, but I have not found such a
statement there or in any of Bede's other works.

[24] I have consulted with Professor Andrew Hughes on this passage, and he has suggested that there
may be some punning on "sol" as "sun" and "sol" as in "ut, re, mi, fa, sol"; unfortunately, our author's
meaning is no longer obvious. In the first mode ("primus tonus"), on D, "sol" would be "G," which, in
the hexachord, would make a fourth with "D"; and our author may be taking the position of the sun in
relation to the earth in the solar system as similarly representing a fourth. But neither Professor Hughes
nor I have worked out a completely satisfactory explanation for these statements.

[25] *Quadrilogus*, 3.17; ed. Robertson, p. 396.

[26] For both of these astronomical commonplaces, see St. John Damascene, *De fide orthodoxa*,
Chap. 21; ed. Buytaert, pp. 95-96 (cf. PG 94:897-898).

perseuerauerunt, Cancer enim est signum altissimi. "Manus enim eius non lassabantur usque ad occasum solis," ut dicitur de <Moyse> in Ex.
185 <17:12>. Occubuit autem sol ille iuxta Gabaon <Ios. 10:12-13>. "Gabaon" autem interpretatur "procliuum iniquitati" et significat illos pessimos geminos qui eum occiderunt. In Geminis, secundum astronomos, est solis exaltatio,[27] certe et sub Geminis et per illos geminos facta fuit Beati Thome usque ad celos exaltatio.
190 Viso ergo quomodo fuit luculenter uirtutibus illustratus, restat videre breuiter quomodo fuit eminenter a terrestribus eleuatus, quod est secundum principale notatum ibi: *Egressus est super terram.* Circa quod aduertendum quod, sicud in sole materiali triplex assignatur ascensio, sic in Sancto Thoma triplex fuit eleuatio. Ascendit enim sol in eccentrico, in
195 horoscopo, in emisperio. In eccentrico enim ascendit sol ab auge opposito usque ad cuspidem centralem; in oroscopo ab hyemis solstitio usque ad tropicum estiualem; in emisperio a terre angulo usque ad lineam meridionalem. Sic et Beatus Thomas eleuabatur siue egrediebatur primo de vanitatis seculo ad vitam monasticam, de carnis ergastulo ad vitam beatificam,
200 de terrestrietatis tumulo ad situationem honorificam. Primum gradum eleuationis optinuit in sui conuersione, secundum in carnis depositione, sed tertium in sui corporis translatione.
Egrediebatur, inquam, primo de vanitatis seculo ad vitam monasticam que egressio assimilatur eleuationi solis qua ascendit ab augis opposito
205 usque ad augem.[28] Et merito, nam oppositum augis est punctum eccentrici magis terre propinquum et magis a celo remotum. Aux uero est punctum eccentrici magis a terra distans et per consequens magis celo propinquans. Per que duo puncta intelligo duos status vite presentis, vnum de quo Beatus Thomas ascendit quod est terre proximior et a celo remotior, scilicet vita
210 regularis, alium qui est a terra remotior et celo propinquior, scilicet vita fratris. Et de ista eleuatione siue egressione dicitur in Vita sua: "Habitu monachali cum cilicio suscepto, spiritualem hominem, quem sub honestate vestitum oculis exhibebat, meritis implebat. Paucisque consciis, sub lorica fidei militabat, gaudens quia sub triplici veste triplicem personam
215 gereret; exteriori clericum exibuit, interiori monachum occultauit, in intima heremite molestias sustinuit."[29] Hic est alius Habraham et pater multarum gentium <cf. Gen. 17:4> qui, habitu et actu mundum deserens, mistice impleuit Domini preceptum dicentis Gen. 12<:1>: "Egredere de terra tua et de cognacione tua." Egrediebatur enim de terra sua quantum ad

---

184 dicitur de] *foll. by 7 blank spaces, presumably for the missing name* 190 Viso] Secundum principale *appears in marg.*

[27] I am unable to cite a specific source for this astronomical commonplace.
[28] "Aux" is to be found in Latham's *Revised Medieval Latin Word-List.*
[29] *Quadrilogus*, 1.9; ed. Robertson, pp. 281-282.

220 presentiam corporalem ille Habraham et de cognatione sua quantum ad
    affectionem carnalem. Et ideo dicitur "de cognatione tua," per quam datur
    intelligi quod qui mundum reliquerunt intrando religionem, in mundo
    remanere uel redire non debent per carnalem affectionem. Et hoc mistice
    designatur cum dicitur <Gen. 12:4>: "Septuaginta quinque annorum erat
225 Habraham, cum egrederetur de Aram." Numerus enim ille componitur ex
    uiginti quinque et ternario et vno, scilicet in altero ducto, qui numeri, "ad
    se inuicem comparati, sunt incompositi" ad alterum; qualium numerorum
    talis est natura quod nullam habent communem mensuram, ut docet
    Boecius, primo *Arismetice*.[30] Et per hoc datur intelligi quod qui, habitum
230 religionis sumendo, mundum sunt egressi, nullo modo, nec affectione nec
    actione, debent regredi, nec in alico cum mundo assimilari uel commensu-
    rari. Quo contra quidem non ut sol gradiuntur–ipse enim nuncquam est
    stationarius nuncquam retrogradus–sed sicud sidera errancia in principio
    sue conuersionis sunt directi, postea sunt stationarii, et demum affectione
235 et mundana conuersatione fiunt quasi retrogradi.

    Egrediebatur secundo sol iste de carnis ergastulo ad vitam angelicam
    siue beatificam, que egressio assimilatur egressioni solis qua egrediatur in
    horoscopo ab hiemis solstitio ad tropicum estiualem. Per hiemale enim
    solstitium, sub quo sunt tempora turbida et magne tempestates, intelligo
240 presens seculum in quo sunt multa pericula et diuerse aduersitates. Per
    tropicum estiualem, sub quo sunt tempora quieta et aeris serenitas,
    interpretatur vita eternalis vbi sunt omnia pacificatoria et summa amenitas.
    Et ista egressio sacer expresse describitur in Hester, Capitulo 8<:15>, vbi
    dicitur: "Mardocheus de palacio et de conspectu regis egrediens fulgebat
    245 vestibus regiis, iacinctinis videlicet et aerinis, coronam auream portans/in
    capite et amictus pallio serico atque purpureo." Per Mardocheum, qui
    interpretatur "amara conterens," intenditur Beatus Thomas inimicos
    ecclesie viriliter atterens. Describitur ergo quoad martirium et martirii
    circumstantias et primo ut a Deo ad martirium predestinatus quia
250 "egrediens" a "conspectu regis," ut in loco digno per martirium immolatus
    "de palacio," ut uirtutibus Dei fortiter adornatus "fulgebat vestibus regiis,"
    ut corona victorie laureatus "coronam auream portans in capite," ut ictibus
    cedencium sanguine rubricatus quia "amictus pallio serico atque purpu-
    reo." Per vestes autem trium colorum, scilicet iacinctinas, aerinas, et
255 purpureas, quibus fuit Mardocheus vestitus, intelligo tria genera uirtutum
    quibus fuit Beatus Thomas insignitus, scilicet polliticas, honestas, et
    theologicas.

    Egrediebatur tertio iste sol de terrestrietatis tumulo ad situacionem
    honorificam; quam egressionem siue eleuationem recolit hodie Ecclesia,

f. 164v

---

251 fulgebat] *MS* fulgebabat

[30] Boethius, *De arithmetica*, 1.16-17 (PL 63:1093-1094).

260 que egressio assimilatur egressioni siue eleuationi a terre angulo ad lineam
meridionalem. Et merito, nam per terre angulum vbi sol maxime occultatur
intelligo terrestrietatis tumulum vbi corpus Beati Thome primo reconde-
batur, et per lineam meridionalem vbi sol maxime eleuatur intelligo feretri
nobilitatem vbi iam corpus eius eleuatur. In ista eleuatione siue translatione
265 impleta est lex illa que olim data fuit in Ex. 21<:2>: "Sex annis seruiet et
in septimo egredietur liber." Senarius numerus placet hoc quod sit primus
numerus perfectus est triangularis equilateralis, ut patet primo *Arisme-
tice*.[31] Senario igitur equilatero ipse Deo seruiuit, quia in tribus statibus,
quasi in tribus lateribus, perfectionem debitam acquisiuit et custodiuit,
270 scilicet in statu seculari, pastorali, et monachali. Septimo autem anno
egressionis, est liber <ut> noscimus ex lege quia Hebrei septimum diem
et septimum mensem et septimum annum celebrem habebant, et post
septem ebdomadas annorum annum iubileum celebrabant in quo anno
omnes qui seruituti fuerant subiugati restituebantur pristine libertati. Sic
275 sane post septem septenarios annorum corpus Beati Thome, quod per
septem septenarios annorum in terra absque debito honore fuerat tumula-
tum, anno iubileo in precioso feretro ut digne honoraretur translatum est, et
ab Ecclesia sublimatum.[32]

---

263 meridionalem] *corr. from* meriodionalem   271 noscimus] *MS* nosc[9]

---

[31] Boethius, *De arithmetica*, 1.19 (PL 63:1097), defines "perfect" numbers. According to standard
Pythagoreanism, the aliquot parts of 6, being 1, 2 and 3, form an equilateral triangle when represented
by rows of dots, one above the other (cf. the diagrams accompanying Boethius' 2.7 and 2.16; PL
63:1122 and 1126).

[32] On the Translation of St. Thomas as being in the year of the "Jubilee" of his death, cf. the
Appendix of the *Quadrilogus* as well as the third *lectio* for the feast of his Translation in the *Breviarium
ad usum insignis Ecclesiae Sarum*, ed. Francis Procter and Christopher Wordsworth (1879-1886; rpt.
Farnborough, 1970), 3:446.

Bibliography

Manuscript Sources

Cambridge, Peterhouse, MS 116. (Aristotle's *Ethica Nicomachea* with commentary.)

Hereford, Hereford Cathedral Library, MS O.1.iv. (Various works by St. Bernard of Clairvaux, with annotations by Herebert; from the library of the Hereford Minorite Convent.)

London, British Library, MS Additional 46919. (*Olim* Phillipps 8336; Herebert's "Commonplace Book.")

———, MS Burney 275. (A miscellany of rhetorical and mathematical works, including a copy of Gerard of Cremona's translation of Ptolemy's *Almagest*.)

———, MS Cotton Nero A.ix. (Franciscan miscellany, including part of "Eccleston's" *Chronicle* with annotations by Herebert; formerly bound together with London, BL, MS Egerton 3133; from the Hereford Minorite Library.)

———, MS Cotton Claudius, D.vii. (Contains the "Lanercost Chronicle.")

———, MS Egerton 3133. (The "Lamport Fragment" of "Eccleston's" *Chronicle*, annotated by Herebert; originally the latter part of London, BL, MS Cotton Nero A.ix; from the library of the Hereford Minorite Convent.)

———, MS Royal 6.A.xii. (Includes sermons by Chrysostom.)

———, MS Royal 6.E.v. (An extensive collection of works by Robert Grosseteste; the manuscript is probably of Franciscan provenance.)

———, MS Royal 7.A.iv. (Letters and sermons by Hildebert of Lavardin, annotated by Herebert; from the library of the Hereford Minorite Convent.)

———, MS Royal 7.F.vii. (Philosophical and scientific works, chiefly by Roger Bacon, annotated by Herebert; at least the first part of the manuscript seems originally to have been part of London, BL, MS Royal 7.F.viii; from the Hereford Minorites' Library.)

———, MS Royal 7.F.viii. (Works of Roger Bacon, annotated by Herebert; from the library of the Hereford Minorite Convent.)

———, MS Royal 12.C.xii. (Miscellaneous pieces in prose and verse in French, English, and Latin; includes the original of some of the French recipes translated by Herebert in his "Commonplace Book.")

———, MS Sloane 1611. (A collection of Latin hymns and OF pieces; it includes Bozon's eighth verse sermon.)

London, Lambeth Palace, MS 522. (An Anglo-Norman devotional miscellany, probably of Franciscan provenance; it includes Bozon's eighth
verse sermon.)
Oxford, Bodleian Library, MS Lat. misc. C.75. (*Olim* Phillipps 3119;
fragments of seven manuscripts bound together by John Bale; includes
various items of Franciscan interest, including "Eccleston's" *Chronicle*
copied from the Cotton manuscript which Herebert annotated; this
section of the manuscript is from the library of the Oxford Minorite
Convent.)
————, MS Laud misc. 626. (Huguccio's *Magnae derivationes*.)
————, MS Rawlinson C.308. (St. Bede, *De temporum ratione*, annotated
by Herebert; also formerly contained the *Constitutions* of Pope Gregory
X; from the library of the Hereford Minorite Convent.)
Oxford, Lincoln College, MS Lat. 101. (A preacher's miscellany,
including a number of the works of Dionysius the Pseudo-Areopagite in
Grosseteste's translation.)
Paris, Bibliothèque nationale, MS lat. 15887. (Includes a copy of Walter
Chatton's commentary on the *Sentences* of Peter Lombard, with a
marginal note regarding Ockham's views on certain of William of
Alnwick's opinions.)
————, MS lat. 16204. (A miscellany of astronomical works, including
Albumasar's *Introductorium* in John of Seville's translation.)
Vatican, Biblioteca Apostolica Vaticana, MS Urbin. Lat. 206. (Aristotle's
Physics, with commentary.)

PRINTED WORKS
A. *Ancient and Medieval Works*

[Alanus de Insulis]. *Anticlaudianus*: *Texte critique avec une introduction
et des tables*. Ed. R. Bossuat. Textes philosophiques du moyen âge no.
1. Paris: Librarie philosophique J. Vrin, 1955.
————. *De planctu naturae*. Ed. Nikolaus M. Häring. In *Studi Medievali*,
Serie Terza vol. 19, no. 2 (1978) 797-879.
Alhazen. *Opticae thesaurus Alhazeni Arabis libri septem*, . . . *Item
Vitellonis Thuringopoloni libri X*. . . . Basel, 1572.
[Ambrosius, Saint]. *De Helia et ieiunio*. Ed. Sister Mary Joseph Aloysius
Buck. The Catholic University of America Patristic Studies vol. 19.
Washington, DC: The Catholic University of America, 1929.
————. *De Nabuthae*. Ed. Martin R.P. McGuire. The Catholic University
of America Patristic Studies vol. 15. Washington, DC: The Catholic
University of America, 1927.
————. *De virginibus ad Marcellinam sororem suam*. Ed. Otto Faller, SJ.
Florilegium Patristicum fasc. 31. Bonn: Peter Hanstein, 1933.

Aristoteles Latinus. Corpus philosophorum medii aevi. 33 Vols. [in progress]. Rome: La libreria dello stato (imprint varies), 1939-.

Articella. Venice: Bonetus Locatellus, 1493; reproduced on microfilm in the series "Italian Books before 1601." Cambridge, MA: General Microfilm, n.d., Roll 76.

[Bacon, Roger]. *Opus majus of Roger Bacon*. Ed. John Henry Bridges. 3 Vols. 1897-1900; rpt. Frankfurt: Minerva, 1964.

[Balbi, Giovanni]. *Catholicon*. 1460; rpt. Farnborough: Gregg International, 1971.

Bernard de Clairvaux, Saint. *Opera omnia*. Ed. J. Leclercq, C.H. Talbot and H.M. Rochais. 8 Vols. [in progress]. Rome: Editiones Cistercienses, 1957-.

Biblia Sacra cum Glossa Ordinaria . . . et Postilla Nicolai Lyrani. . . . Vols. I, III, VI: Paris: Franciscus Fevardentium, 1590. Vol. II: Venice: Franciscus Fevardentium, 1603. Vols. VI, V: Lyons: n.p., 1545. Vol. VII: Lyons: n.p., 1590.

Bihl, P. Michael (OFM), ed. "Statuta Generalia Ordinis." *Archivum Franciscanum Historicum* 34 (1941) 13-94.

[Bonaventura, Saint]. "Legenda major S. Francisci." *Analecta Franciscana* 10 (1926-1941) 555-652.

[Bozon, Nicole]. *Les contes moralisés*. Ed. Lucy Toulmin Smith and Paul Meyer. Société des anciens textes français. Paris: Librarie de Firmin Didot, 1889.

Breviarium ad usum insignis Ecclesiae Sarum. Ed. Francis Procter and Christopher Wordsworth. 3 Vols. 1879-1886; rpt. Farnborough: Gregg International, 1970.

Breviarium Romanum, ex decreto SS. Concilii Tridentini restitutum. . . . Lyons and Paris: Perisse Fratrum Bibliopolium Catholicum, 1838.

Brown, Carleton, ed. *Religious Lyrics of the XIVth Century*. 2nd ed., revised by G.V. Smithers. Oxford: Clarendon Press, 1952.

Bullarium Franciscanum Romanorum Pontificum. Rome: Typis Sacrae Congregationis de Propaganda Fide, 1759-1904. 7 Vols. Vols. 1 and 2 were edited by Joannis Hyacinthi Sbaraleae; Vols. 3 and 4 by his colleagues, on the basis of his MS notes; Vols. 5-7 by Conrad Eubel.

[Burley, Walter]. *Liber de Vita et Moribus Philosophorum*. Ed. Hermann Knust. Tübingen: Der litterarischen Verein in Stuttgart, 1886.

The Canterbury Hymnal. Ed. Gernot R. Wieland. Toronto Medieval Latin Texts. Toronto: Published for the Centre for Medieval Studies by the Pontifical Institute of Mediaeval Studies, 1982.

Chronicon de Lanercost. Ed. Joseph Stevenson. Bannatyne Club no. 65. Edinburgh: Bannatyne Club, 1839.

[Chrysostomus, Joannes, Saint]. *Opera . . . Chrysostomus*. Ed. S. Gelenius. 5 Vols. Basel: H. Frobenius, 1547.

Cicero, Marcus Tullius. *De oratore*. Ed. Wilhelm Kroll. Berlin: Weidmannsche Verlagsbuchhandlung, 1958.

————. *De oratore III*, *De fato*, *Paradoxa Stoicorum*, *De partitione*, *Oratoria*. Ed. and trans. H. Rackham. Loeb Classical Library. Cambridge, MA: Harvard University Press, 1948.

————. *De senectute*, *De amicitia*, *De divinatione*. Ed. and trans. William Armistead Falconer. Loeb Classical Library. London: William Heinemann Ltd., 1959.

Coleiro, Edward. *An Introduction to Vergil's Bucolics with a Critical Edition of the Text*. Amsterdam: B.R. Grüner Publishing Co., 1979.

Comper, Frances M.M. *Spiritual Songs from English Manuscripts of the Fourteenth to Sixteenth Centuries*. London: Society for the Promotion of Christian Knowledge, 1936.

Corpus Christianorum, *Series Latina*. 76 Vols. [in progress]. Turnhout: Brepols, 1953-.

Corpus Juris Canonici, editio Lipsiensis secunda. Ed. Emil Albert Friedberg. 2 Vols. Leipzig: Ex officina Bernhardi Tauchnitz, 1879-1881.

Corpus Scriptorum Ecclesiasticorum Latinorum. 88 Vols. [in progress]. Vienna: Hoelder-Pichler-Tempsky (imprint varies), 1866-.

Daniel, Hermann A., ed. *Thesaurus hymnologicus*. 5 Vols. in 2. 1841-1856; rpt. Hildesheim: G. Olms, 1973.

Davies, Reginald Thorne, ed. *Medieval English Lyrics*: *A Critical Anthology*. London: Faber and Faber, 1963.

De disciplina scolarium. Ed. Olga Weijers. Studien und Texte zur Geistesgeschichte des Mittelalters, Band 12. Leiden: E.J. Brill, 1976.

Dreves, Guido Maria, and Clemens Blume, ed. *Analecta hymnica medii aevi*. 55 Vols. 1886-1922; rpt. New York: Johnson Reprint, 1961.

Euclides. *Elementa*. Edidit et Latine interpretatus I.L. Heiberg. 5 Vols. Bibliotheca Scriptorum Graecorum et Romanorum Teubneriana. Leipzig: B.G. Teubner, 1883-1888.

Eustratii et Michaelis et Anonyma, *In Ethica Nicomachea commentaria*. Ed. Gustavus Heylbut. *Commentaria in Aristotelem Graeca* vol. 20. Berlin: Typsis et impensis Georgii Reimeri, 1892.

[al-Farghani]. *Differentie scientie astrorum*. Ed. Francis J. Carmody. Berkeley: n.p., 1943.

The Fourth Book of Ezra. Ed. Robert L. Bensly and M.R. James. Texts and Studies vol. 3, no. 2. Cambridge: Cambridge University Press, 1895.

The Greek Commentaries on the Nichomachean Ethics of Aristotle in the Latin Translation of Robert Grosseteste, *Bishop of Lincoln* († *1253*). Ed. H. Paul F. Mercken. Corpus Latinum Commentariorum in Aristotelem Graecorum vol. 6 [in progress]. Leiden: E.J. Brill, 1973-.

Greene, Richard Leighton, ed. *The Early English Carols*. 2nd ed. Oxford: Clarendon Press, 1977.

————, ed. *A Selection of English Carols*. Clarendon Medieval and Tudor Series. Oxford: Clarendon Press, 1962.

Grosseteste, Robert. See also Westermann, Edwin Jergen.

[Grosseteste, Robert]. *Epistolæ*. Ed. Henry Richards Luard. "Rolls Series" no. 25. London: Longman, Green, Longman, and Roberts, 1861.

———. *Hexaëmeron*. Ed. Richard C. Dales and Servus Gieben (OFM). Auctores Britannici medii aevi no. 6. London: Published for the British Academy by the Oxford University Press, 1982.

The Hereford Breviary. Ed. Walter Howard Frere and Langton E.G. Brown. 3 Vols. Henry Bradshaw Society vols. 26, 40, 46. London: Henry Bradshaw Society, 1904-1915.

Horatius Flaccus, Quintus. *Satires*. Ed. and trans. H. Ruchton Fairclough. Loeb Classical Library. Cambridge, MA: Harvard University Press, 1929.

[Hugo de S. Charo]. *Opera omnia*. 8 Vols. Venice: Apud Nicolaum Pezzana, 1732.

[Hugo of St. Victor]. *Didascalicon*. Ed. Charles Henry Buttimer. The Catholic University of America Studies in Medieval and Renaissance Latin vol. 10. Washington, DC: The Catholic University Press, 1939.

[Isidorus, Saint]. *Etymologies*. Ed. W.M. Lindsay. Scriptorum Classicorum Bibliotheca Oxoniensis. 2 Vols. Oxford: Clarendon Press, 1911.

[Jacobus de Varagine]. *Legenda aurea*. Ed. Thomas Graesse. 2nd ed. Leipzig: Impensis Librariæ Arnoldianæ, 1850.

[Joannes of Damascus, Saint]. *De fide orthodoxa*. Ed. Eligius M. Buytaert. Franciscan Institute Publications, Text Series no. 8. St. Bonaventure, NY: The Franciscan Institute, 1955.

[John of Salisbury]. *Policraticus*. Ed. Clemens C.I. Webb. 2 Vols. Oxford: Clarendon Press, 1909.

[Jordanus Nemorarius]. *Elementa Jordani super demonstrationem ponderum*. In *The Medieval Science of Weights*. Ed. and trans. Ernest A. Moody and Marshall Clagett, pp. 119-142. Madison: University of Wisconsin Press, 1952.

Juvenalis, Decimus Junius. *Saturae*. Ed. and trans. John Delaware Lewis. 2nd ed. New York: Macmillan and Co., 1882.

Kaiser, Rolf, ed. *Medieval English*: *An Old English and Middle English Anthology*. 3rd ed. Berlin: n.p., 1958.

Lucanus, Marcus Annaeus. *De bello civili*. Ed. A.E. Housman. Oxford: Basil Blackwell, 1927.

Mansi, Giovanni Domenico, ed. *Sacrorum conciliorum nova, et amplissima collectio*. . . . 31 Vols. Florence and Venice: A. Zatta, 1759-1798.

Manuale ad usum percelebris Ecclesie Sarisburiensis. Ed. Arthur Jefferies Collins. Henry Bradshaw Society no. 91. Chichester: Moore and Tillyer, Ltd., 1960 [for 1958].

Map, Walter. *De nugis curialium* (*Courtiers' Trifles*). Ed. and trans. M.R. James, rev. C.N.L. Brooke and R.A.B. Mynors. Oxford Medieval Texts. Oxford: Clarendon Press, 1983.

Martène, Edmond, and Ursin Durand. *Thesaurus novus Anecdotorum.* Burt Franklin: Research and Source Works Series no. 275; Essays in History, Economics, and Social Science no. 26. 5 Vols. 1717; rpt. New York: Burt Franklin, 1968.

Martianus Capella. *Martianus Capella.* Ed. James Willis. Bibliotheca Scriptorum Graecorum et Romanorum Teubneriana. Leipzig: B.G. Teubner, 1983.

Monumenta Franciscana, [I]. Ed. John Sherren Brewer. "Rolls Series" no. 4, vol. 1. London: Longman, Brown, Green, Longman and Roberts, 1858.

Ovidius Naso, Publius. *Amores, Medicamina facie femineae, Ars amatoria, Remedia amoris.* Ed. E.J. Kenney. Scriptorum Classicorum Bibliotheca Oxoniensis. Oxford: Clarendon Press, 1961.

———. *Tristium libri quinque, Ibis, Ex Ponto libri quattuor, Halieutica, Fragmenta.* Ed. S.G. Owen. Scriptorum Classicorum Bibliotheca Oxoniensis. Oxford: Clarendon Press, 1915.

[Palmer, Thomas, Hibernicus]. *Flores doctorum* [i.e.], *Manipulus florum.* Vienna: Apud Joan. Paul. Krauss, 1760.

[Paris, Matthew]. *Chronica majora.* Ed. Henry Richards Luard. "Rolls Series" no. 57. 7 Vols. London: Longman and Co., *et al.*, 1872-1884.

Patrologiae Cursus Completus, Series Graeca. Ed. Jacques Paul Migne. 161 Vols. Paris: Garnier, 1857-1866.

Patrologiae Cursus Completus, Series Latina. Ed. Jacques Paul Migne. 221 Vols. Paris: Garnier, 1844-1864.

Quintilianus, Marcus Fabius. *Institutionis oratoriae libri duodecim.* Ed. M. Winterbottom. Scriptorum Classicorum Bibliotheca Oxoniensis. 2 Vols. Oxford: Clarendon Press, 1970.

[*Rhetorica ad Herennium*]. *Ad C. Herennium de Ratione Dicendi.* Ed. and trans. Harry Caplan. Loeb Classical Library. Cambridge, MA: Harvard University Press, 1954.

The Sarum Missal. Ed. John Wickham Legg. 1916; rpt. Oxford: Clarendon Press, 1969.

Secretum secretorum. Ed. Robert Steele. Opera hactenus inedita Rogeri Baconi fasc. 5. Oxford: Clarendon Press, 1920.

Seneca, Lucius Annaeus. *Ad Lucilium Epistulae Morales.* Ed. L.D. Reynolds. Scriptorum Classicorum Bibliotheca Oxoniensis. Oxford: Clarendon Press, 1965.

———. *Moral Essays.* Ed. and trans. John W. Basore. Loeb Classical Library. 3 Vols. London: William Heinemann, Ltd., 1928-1935.

———. *Opera.* Ed. Fridericus Haase. Leipzig: B.G. Teubner, 1895.

[Serlo of Wilton.] *Poèmes latins.* Ed. Jan Öberg. Studia Latina Stockholmiensia no. 14. Stockholm: Almquist & Wiksell, 1965.

Silverstein, Theodore, ed. *English Lyrics Before 1500.* Evanston: Northwestern University Press, 1971.

Sisam, Celia, and Kenneth Sisam, ed. *The Oxford Book of Medieval English Verse*. Oxford: Clarendon Press, 1970.

Statvta Antiqva Vniversitatis Oxoniensis. Ed. Strickland Gibson. Oxford: Clarendon Press, 1931.

Thabit ibn Qurrah. *The Astronomical Works of Thabit B. Qurra*. Ed. Francis J. Carmody. Berkeley: University of California Press, 1960.

Theoduli Eclogam. Ed. Johann Osternacher. *Fünfter Jahresbericht des bischöflichen Privat-Gymnasiums am Kollegium Petrinum in Urfahr für das Schuljahr 1901/02*. Urfahr: Bischöflichen Privatgymnasiums am Kollegium Petrinum, 1902.

[Thomas "of Eccleston"]. *Fratris Thomae* (*vulgo dicti de Eccleston*), *Tractatus de Adventu Fratrum Minorum in Angliam*. Ed. A.G. Little. Manchester: Manchester University Press, 1951.

[Ticonius]. *The Turin Fragments of Tyconius' Commentary on Revelation*. Ed. Francesco Lo Bue and G.G. Willis. Texts and Studies n.s.7. Cambridge: Cambridge University Press, 1963.

Valerius Maximus. *Factorum et dictorum memorabilium libri novem*. Ed. Carolus Kempf. Leipzig: B.G. Teubner, 1888.

Van Dijk, Stephen Joseph Peter (OFM), ed. *Sources of the Modern Roman Liturgy*: *The Ordinals by Haymo of Faversham and Related Documents* (*1243-1307*). Studia et Documenta Franciscana no. 2. 2 Vols. Leiden: E.J. Brill, 1963.

[*De vetula*]. *The Pseudo-Ovidian De vetula*: *Text, Introduction, and Notes*. Ed. Dorothy M. Robathan. Amsterdam: Adolf M. Haddert, Publisher, 1968.

Vincent de Beauvais. *Speculum Quadruplex, sive Speculum majus*. 4 Vols. 1624; rpt. Graz: Akademische Druck, 1964-1965.

Virgil. See also Coleiro, Edward.

Virgil. *Opera*. Ed. R.A.B. Mynors. Scriptorum Classicorum Bibliotheca Oxoniensis. Oxford: Clarendon Press, 1972.

"Vita S. Thomae seu Quadrilogus." Ed. James Craigie Robertson. In *Materials for the History of Thomas Becket, Archbishop of Canterbury*. "Rolls Series" no. 67, 4: 266-430. 1897; rpt. Millwood, NY: Kraus Reprint Co., 1965.

Westermann, Edwin Jergen. "An Edition, with Introduction and Notes, of *Dicta I-L* of Robert Grosseteste, Bishop of Lincoln, 1235-1253." Diss. Colorado, 1942.

Witelo. See Alhazen.

Zelzer, Klaus, ed. *Die alten lateinischen Thomasakten*. Texte und Untersuchungen zur Geschichte der altchristlichen Literatur, Band 122. Berlin: Akademie-Verlag, 1977.

B. *Modern Works*

Allen, Judson Boyce. *The Ethical Poetic of the Later Middle Ages*: *A Decorum of Convenient Distinction*. Toronto: University of Toronto Press, 1982.

———. *The Friar as Critic*: *Literary Attitudes in the Later Middle Ages*. Nashville: Vanderbilt University Press, 1971.

Bachmann, Johannes. "Lateinische Secundus-handschriften (aus der Kgl. bibliothek zu München)." *Philologus* 46 (1888) 385-400.

Bale, John. *Index Britanniae Scriptorum*. Ed. Reginald Lane Poole and Mary Bateson. Anecdota Oxoniensia, Medieval and Modern Series no. 9. Oxford: Clarendon Press, 1902.

———. *Scriptorum illustrium maioris Britanniae catalogus*. 2 Vols. 1557-1559; rpt. Farnborough: Gregg International, 1971.

Bataillon, Louis J. "Approaches to the Study of Medieval Sermons." *Leeds Studies in English* n.s.11 (1980 [for 1979]) 19-35.

British Library. *Catalogue of Additions to the Manuscripts, 1946-1950*: *Part 1, Descriptions*. London: British Library, 1979.

Brown, Carleton. "Mulier est Hominis Confusio." *Modern Language Notes* 35 (1920) 479-482.

———. "William Herebert and Chaucer's *Prioresses Tale*." *Modern Language Notes* 38 (1923) 92-94.

———, and Rossell Hope Robbins. *The Index of Middle English Verse*. New York: Published for the Index Society by Columbia University Press, 1943.

Bryan, William Frank, and Germaine Dempster, ed. *Sources and Analogues of Chaucer's Canterbury Tales*. 1941; rpt. New York: Humanities Press, 1958.

Charland, Th.-M. (OP). *Artes praedicandi*: *Contribution a l'histoire de la rhétorique au moyen âge*. Publications de l'institut d'études médiévales d'Ottawa no. 7. Paris: Librarie philosophique J. Vrin, and Ottawa: Institut d'études médiévales, 1936.

Chevalier, Cyr Ulysse Joseph. *Repertorium hymnologicum*. 6 Vols. Louvain: Imprimerie Lefever (imprint varies), 1892-1921.

Degginger, Stuart H.L. "The Earliest Middle English Lyrics, 1150-1325: An Investigation of the Influence of Latin, Provençal, and French." Diss. Columbia, 1953.

Dictionary of National Bibliography . . . to 1901. Founded by George Smith; ed. Sir Leslie Stephen and Sir Sidney Lee. 22 Vols. 1885-1901; rpt. London: Oxford University Press, 1963-1964.

Emden, Alfred Brotherston. *A Biographical Register of the University of Oxford to A.D. 1500*. 3 Vols. Oxford: Clarendon Press, 1957-1959.

Esposito, Mario. "Friar Malachy of Ireland." *English Historical Review* 33 (1918) 359-366.

Fleming, John V. *Introduction to the Franciscan Literature of the Middle Ages*. Chicago: Franciscan Herald Press, 1977.

Gardner, Helen, ed. *The Faber Book of Religious Verse*. London: Faber and Faber, 1972.

Gneuss, Helmut. *Hymnar und Hymnen im englischen Mittelalter*. Tübingen: Max Niemeyer, 1968.

———. "Latin Hymns in Medieval England: Future Research." In *Chaucer and Middle English Studies in Honour of Rossell Hope Robbins*, ed. Beryl Rowland, pp. 407-424. London: George Allen and Unwin, Ltd., 1974.

———. "William Hereberts Übersetzungen." *Anglia* 78 (1960) 169-192.

Gray, Douglas. *Themes and Images in the Medieval English Religious Lyric*. London: Routledge and Kegan Paul, 1972.

Hailperin, Herman. *Rashi and the Christian Scholars*. Pittsburgh: University of Pittsburgh Press, 1963.

Haskins, Charles Homer. *Studies in Mediaeval Culture*. 1929; rpt. New York: Frederick Ungar Publishing Co., 1965.

James, Montague Rhodes. "The Library of the Grey Friars of Hereford." In *Collectanea Franciscana*, I, ed. A.G. Little, M.R. James, H.M. Bannister, pp. 114-123, 154-155. British Society Franciscan Studies no. 5. Aberdeen: Typis academicis, 1914.

———. "The List of Libraries Prefixed to the Catalogue of Boston of Bury and the Kindred Documents." *Collectanea Franciscana*, II, ed. C.L. Kingsford, *et al.*, pp. 37-60. British Society of Franciscan Studies no. 10. Manchester: Manchester University Press, 1922.

Jeffrey, David L. *The Early English Lyric and Franciscan Spirituality*. Lincoln: University of Nebraska Press, 1975.

———. "Franciscan Spirituality and Early English Drama." *Mosaic* 9 (1975) 17-46.

———. "Franciscan Spirituality and the Growth of Vernacular Culture." In *By Things Seen: Reference and Recognition in Medieval Thought*, ed. David L. Jeffrey, pp. 143-160. Ottawa: University of Ottawa Press, 1979.

Julian, John, ed. *A Dictionary of Hymnology*. 2nd ed. 1 Vol. in 2. 1907; rpt. New York: Dover Publications, Inc., 1957.

Kaiser, Rolf. *Zur Geographie des mittelenglischen Wortschatzes*. Palaestra no. 205. 1937; rpt. New York: Johnson Reprint Corporation, 1970.

Knowles, David. *The Religious Orders in England*. 3 Vols. 1948; rpt. Cambridge: Cambridge University Press, 1979.

———, and R. Neville Hadcock. *Medieval Religious Houses: England and Wales*. 2nd ed. London: Longman, 1971.

Kristeller, Paul Oskar, and Ferdinand Edward Cranz, ed. *Catalogus Translationum et Commentariorum: Medieval and Renaissance Latin Translations and Commentaries; Annotated Lists and Guides*. 4 Vols.

[in progress]. Washington, DC: The Catholic University of America Press, 1960-.

Latham, R.E. *Revised Medieval Latin Word-List from British and Irish Sources*. London: Oxford University Press for the British Academy, 1965.

Lecoy de la Marche, Albert. *La Chaire française au moyen âge*. 2nd ed. Paris: Librarie Renouard, 1886.

Leland, John. *Commentarii de Scriptoribus Britannicis*, ed. Anthony Hall. 2 Vols. Oxford: E Theatro Sheldoniano, 1709.

———. *De rebus Britannicis Collectanea*. . . . 2nd ed. 5 Vols. in 6. London: Apud Benji White, 1774.

———. *Leland's Itinerary in England and Wales*. Ed. Lucy Toulmin Smith. 5 Vols. London: George Bell and Sons, 1906-1910.

Levy, Brian J. *Nine Verse Sermons by Nicholas Bozon: The Art of an Anglo-Norman Poet and Preacher*. Medium Ævum Monographs n.s.11. Oxford: The Society for the Study of Mediæval Languages and Literature, 1981.

Little, Andrew G. "The Authorship of the Lanercost Chronicle." *English Historical Review* 31 (1916) 269-279.

———. "Educational Organisation of the Mendicant Friars in England (Dominicans and Franciscans)." *Transactions of the Royal Historical Society* 8 (1895) 49-70.

———. *Franciscan Papers, Lists, and Documents*. Manchester: Manchester University Press, 1943.

———. "The Franciscan School at Oxford in the Thirteenth Century." *Archivum Franciscanum Historicum* 19 (1926) 803-874.

———. *The Grey Friars in Oxford*. Oxford Historical Society no. 20. Oxford: Clarendon Press for the Oxford Historical Society, 1892.

———. "The Lamport Fragment of Eccleston and its Connexions." *English Historical Review* 49 (1934) 299-302.

———, and F. Pelster. *Oxford Theology and Theologians, c. A.D. 1282-1302*. Oxford Historical Society no. 96. Oxford: Clarendon Press for the Oxford Historical Society, 1934.

Luria, Maxwell S., and Richard L. Hoffman, ed. *Middle English Lyrics*. A Norton Critical Edition. New York: W.W. Norton and Co., Inc., 1974.

Messenger, Ruth Ellis. *The Medieval Latin Hymn*. Washington, DC: Capitol Press, 1953.

Meyer, Paul. "Notice et extraits du MS 8336 de la bibliothèque de Sir Thomas Phillipps à Cheltenham." *Romania* 13 (1884) 497-541.

A Middle English Dictionary. Ed. Hans Kurath, *et al.* 6 Vols. plus fascicules [in progress]. Ann Arbor, MI: University of Michigan Press, 1954-.

Moorman, John R.H. *A History of the Franciscan Order from its Origins to the Year 1517*. Oxford: Clarendon Press, 1968.

Munby, Alan Noel Latimer. *The Dispersal of the Phillipps Library*. Phillipps Studies no. 5. Cambridge: Cambridge University Press, 1960.

———. *The Formation of the Phillipps Library up to the Year 1840*. Phillipps Studies no. 3. Cambridge: Cambridge University Press, 1954.

Murphy, James J. *Rhetoric in the Middle Ages: A History of Rhetorical Theory from Saint Augustine to the Renaissance*. Berkeley: University of California Press, 1974.

Owst, Gerald R. *The Destructorium Viciorum of Alexander Carpenter: A Fifteenth-Century Sequel to Literature and Pulpit in Medieval England*. London: Society for the Promotion of Christian Knowledge, 1952.

———. *Literature and Pulpit in Medieval England: A Neglected Chapter in the History of English Letters and of the English People*. 2nd ed. Oxford: Basil Blackwell, 1961.

———. *Preaching in Medieval England: An Introduction to Sermon Manuscripts of the Period c. 1350-1450*. Cambridge Studies in Medieval Life and Thought. 1926; rpt. New York: Russell & Russell, 1965.

———. "*Sortilegium* in English Homiletic Literature of the Fourteenth Century." In *Studies Presented to Sir Hilary Jenkinson*, ed. J.C. Davies, pp. 272-303. London: Oxford University Press, 1957.

Oxford English Dictionary, The Compact Edition. 2 Vols. Oxford: Oxford University Press, 1971.

Pantin, William Abel. *The English Church in the Fourteenth Century*. Mediaeval Academy Reprints for Teaching no. 5. 1955; rpt. Toronto: University of Toronto Press in association with the Mediaeval Academy of America, 1980.

———. "John of Wales and Medieval Humanism." In *Medieval Studies Presented to Aubrey Gwynn*, SJ, ed. J.A. Watt, J.B. Morrall, and F.X. Martin, OSA, pp. 297-319. Dublin: Colm O. Lochlainn, 1961.

Patterson, Frank Allen. *The Middle English Penitential Lyric: A Study and Collection of Early Religious Verse*. New York: Columbia University Press, 1911.

Perry, Ben Edwin. *Secundus the Silent Philosopher*. American Philological Association, Philological Monographs no. 22. Ithaca, NY: Cornell University Press for the American Philological Association, 1964.

Pfander, Homer G. "The Mediæval Friars and Some Alphabetical Reference-Books for Sermons." *Medium Ævum* 3 (1934) 19-29.

———. *The Popular Sermon of the Medieval Friar in England*. New York: New York University, 1937.

Phillipps MS. 8336. William H. Robinson, Ltd., Sale Catalogue no. 79. London: William H. Robinson, Ltd., [1950].

Pits, John. *Relationum historicarum de rebus Anglicis Tomus Primus quatuor partes complectens*. Ed. W. Bishop. Paris: Apud Rolinvm Thierry & Sebastianvm Cramoisy, 1619.

Polheim, Karl. *Die lateinische Reimprosa*. 1925; rpt. Berlin: Weidmann-sche Verlagsbuchhandlung, 1963.

Pratt, Robert A. "Jankyn's Book of Wikked Wyves: Medieval Antimat-rimonial Propaganda in the Universities." *Annuale Mediaevale* 3 (1962) 5-27.

Raby, Frederic James Edward. *A History of Christian-Latin Poetry, from the Beginnings to the Close of the Middle Ages*. 2nd ed. Oxford: Clarendon Press, 1953.

———. *A History of Secular Latin Poetry in the Middle Ages*. 2nd ed. 2 Vols. Oxford: Clarendon Press, 1957.

Rashdall, Hastings, ed. "The Friars Preachers *v*. the University, A.D. 1311-1313." In *Collectanea, Second Series*, ed. Montagu Burrows, pp. 193-273. Oxford Historical Society no. 16. Oxford: Clarendon Press for the Oxford Historical Society, 1890.

———. *The Universities of Europe in the Middle Ages*. 2nd ed. Ed. F.M. Powicke and A.B. Emden. 3 Vols. Oxford: Clarendon Press, 1936.

Reicke, Rudolph. "Vita Secundi Atheniensis Philosophi." *Philologus* 18 (1862) 523-534.

Reimer, Stephen R. "St. Edmund Rich." *Notes and Queries* n.s.30 (1983) 292-293.

———. "Studies in the Sermons and Lyrics of Friar William Herebert, O.F.M. (d. c. 1333)." Diss. University of Toronto, 1984.

Robbins, Rossell Hope. "The Authors of the Middle English Religious Lyrics." *The Journal of English and Germanic Philology* 39 (1940) 230-238.

———. "Friar Herebert and the Carol." *Anglia* 75 (1957) 194-198.

———, and John L. Cutler. *Supplement to the Index of Middle English Verse*. Lexington: University of Nebraska Press, 1965.

Rouse, Richard H., and Mary A. Rouse. *Preachers, Florilegia and Sermons: Studies on the Manipulus florum of Thomas of Ireland*. Studies and Texts no. 47. Toronto: Pontifical Institute of Mediaeval Studies, 1979.

———. "The Verbal Concordance to the Scriptures." *Archivum Fratrum Praedicatorum* 44 (1974) 5-30.

Salter, Herbert Edward. *Medieval Oxford*. Oxford Historical Society no. 100. Oxford: Clarendon Press for the Oxford Historical Society, 1936.

Sbaraglia, Giovanni Giacinto. *Supplementum et castigatio ad Scriptores trium Ordinum S. Francisci a Waddingo*. . . . Editio nova. Rome: A. Nardecchia, 1908.

Schepss, Georg. "Eine Maihinger handschrift zu Secundus Philosophus." *Philologus* 37 (1877) 562-567.

Schirmer, Walter Franz. *Geschichte der englischen und amerikanischen Literatur*. 4th ed. 2 Vols. Tübingen: Max Niemeyer, 1959.

Schneyer, Johannes Baptist. *Repertorium der lateinischen Sermones des Mittelalters für die Zeit von 1150-1350*. Beiträge zur Geschichte der

Philosophie und Theologie des Mittelalters, Band 43, Heftes 1-9. Münster Westfalen: Aschendorffsche Verlagsbuchhandlung, 1969-1980.

―――. *Wegweiser zu lateinischen Predigtreihen des Mittelalters*. Bayerische Akademie der Wissenschaften, Veröffentlichungen der Kommission für die Herausgabe ungedruckter Texte aus der mittelalterlichen Geisteswelt, Band I. München: Verlag der Bayerischen Akademie der Wissenschaften, 1965.

Schofield, B. "The Manuscript of a Fourteenth Century Oxford Franciscan." *British Museum Quarterly* 16 (1951) 36-37.

Sebastian, Harry Francis. "William of Wheteley's (fl. 1309-1316) Commentary on the Pseudo-Boethius' Tractate *De disciplina scolarium* and Medieval Grammar School Education." Diss. Columbia, 1970.

Serjeantson, Mary S. "The Dialects of the West Midlands in Middle English." *Review of English Studies* 3 (1927) 54-67, 186-203, 319-331.

Sharp, Dorothea Elizabeth. *Franciscan Philosophy at Oxford in the Thirteenth Century*. British Society of Franciscan Studies no. 16. Oxford: Oxford University Press, 1930.

Sinclair, Keith Val. "Anglo-Norman Studies: The Last Twenty Years." *Australian Journal of French Studies* 2 (1965) 113-155 and 3 (1966) 225-278.

Smalley, Beryl. *English Friars and Antiquity in the Early Fourteenth Century*. Oxford: Basil Blackwell, 1960.

―――. "Some Latin Commentaries on the Sapiential Books in the Late Thirteenth and Early Fourteenth Centuries." *Archives d' histoire doctrinale et littéraire du moyen âge* 15-16 (1950-1951) 103-128.

―――. *The Study of the Bible in the Middle Ages*. 3rd ed. Oxford: Basil Blackwell, 1983.

Stevens, John. *The History of the Antient Abbeys, Monasteries, Hospitals, Cathedrals and Collegiate Churches*. 2 Vols. London: J. Smith *et al.*, 1722-1723.

Stratmann, Francis Henry. *A Middle-English Dictionary*. 2nd ed., revised by Henry Bradley. 1891; rpt. Oxford: Oxford University Press, 1971.

Szövérffy, Joseph. "L'hymnologie médiévale: recherches et méthode." *Cahiers de civilisation médiévale* 4 (1961) 389-422.

Tanner, Thomas. *Bibliotheca Britannico-Hibernica*. . . . 1748, rpt. Tucson: Audax Press, 1963.

Thorndike, Lynn. "Unde Versus." *Traditio* 11 (1955) 163-193.

Trachtenberg, Joshua. *The Devil and the Jews: The Medieval Conception of the Jew and its Relation to Modern Antisemitism*. Harper Torchbooks no. 822. 1943; rpt. New York: Harper and Row, Publishers, 1966.

Van Dijk, Stephen Joseph Peter (OFM), and Joan Hazelden Walker. *The Origins of the Modern Roman Liturgy: The Liturgy of the Papal Court and the Franciscan Order in the Thirteenth Century*. Westminster, MD: The Newman Press, 1960.

Wadding, Luke (OFM). *Scriptores Ordinis Minorum*. 1650; rpt. Rome: A.
  Nardecchia, 1906.

Walther, Hans. *Initia carminum ac versuum medii aevi posterioris
  latinorum*. 2nd ed. Carmina medii aevi posterioris latina no. 1.
  Göttingen: Vandenhoeck and Ruprecht, 1969.

————. *Lateinische Sprichwörter und Sentenzen des Mittelalters in
  alphabetischer Anordnung*. Carmina medii aevi posterioris latina no. 2.
  6 Vols. Göttingen: Vandenhoeck und Ruprecht, 1963-1969.

Warton, Thomas. *The History of English Poetry*. . . . 3 Vols. London: J.
  Dodsley, *et al.*, 1774-1781.

Weber, Sarah Appleton. *Theology and Poetry in the Middle English Lyric*:
  A Study of Sacred History and Aesthetic Form. n.p.: Ohio State
  University Press, 1969.

Wenzel, Siegfried. "The English Verses in the *Fasciculus Morum*." In
  *Chaucer and Middle English Studies in Honour of Rossell Hope
  Robbins*, ed. Beryl Rowland, pp. 230-248. London: George Allen and
  Unwin, Ltd., 1974.

————. "The Joyous Art of Preaching; or, The Preacher and the Fabliau."
  Anglia 97 (1979) 304-325.

————. "Unrecorded Middle-English Verses." *Anglia* 92 (1974) 55-78.

————. *Verses in Sermons*: *Fasciculus Morum and its Middle English
  Poems*. Cambridge, MA: The Mediaeval Academy of America, 1978.

————. "Vices, Virtues, and Popular Preaching." *Medieval and Renaissance Studies* 6 (1977) 28-54.

Whiting, Bartlett Jere, and Helen Wescott Whiting, ed. *Proverbs,
  Sentences, and Proverbial Phrases from English Writings Mainly
  Before 1500*. Cambridge, MA: The Belknap Press of Harvard University
  Press, 1968.

Wilmart, Andre. *Auteurs spirituels et textes dévots du moyen âge latin*.
  1932; rpt. Paris: Études Augustiniennes, 1971.

Woolf, Rosemary. *The English Religious Lyric in the Middle Ages*.
  Oxford: Clarendon Press, 1968.

Wright, Thomas, and James Orchard Halliwell, ed. *Reliquiæ Antiquæ*. 2
  Vols. 1841-1843; rpt. London: John Russell Smith, 1845.

Zumthor, Paul. *Essai de poétique médiévale*. Paris: Editions du Seuil,
  1972.

Index of Scriptural Passages

Genesis

1:14 50
1:14-15 52
1:26 90
2:7 91
2:9 75
2:21 108
3:5 91
12 100
12:1 145
12:4 146
13 69
17:4 145
17:14 96
18:4 72
18:4-5 15, 71 and S. 4 *passim*
19:23 16, 139 and S. 7 *passim*
41 49
49:11 43, 85

Exodus

2:12 99
16:31 37
17:12 145
21:2 147
24:9-10 49
28 64
28:4 64
28:6 64
30 29, 39

Numbers

24 69

Deuteronomy

27:13 53
27:16 53
27:17 53

27:18 53
27:19 53
27:24 53
27:26 53
28:15 53

Josue

10:12-13 145
10:13 144

Ruth

2:14 75

I Kings

10:11 64, 98
15 69

II Kings

47
10:1-2 61
10:4-5 61
11:8 80
19:12 94
19:14 94

III Kings

48
19:11 139-140
21 69

IV Kings

48
4:18-37 35
5 78

II Paralipomenon

48

I Esdras

3 36

IV Esdras (cited as "Apocalypsis Esdre")

7:28-30 34

Esther

8:15 146

Job

9:9 54
12:7 91
27:19 (cited as "Job 28"), 68
29:2-6 84
30:3 61
38:31 54
41:25 78

Psalms

2:9 75
8:2 37
8:10 37
9(B):8 69
9(B):14 67
21:7 40
23:7-10 113 n.1
48:13 89 and S. 5 *passim*
49:11 35
49:15 36
59:5 43
75:6 59
94 45 n.3
94:6 45, 48
96:10 112 n.5
97:2 36
109:3 47
110:9 106
138:15 33 n.15
138:16 33
142:10 45

Proverbs

1:8 31
5:2 44
13:7 59
16:18 89
21:17 61
22:2 66
31:1-2 31
31:22 65

Ecclesiastes

1:18 84
3:19 92
7:10 83
7:29 42

Canticle of Canticles

1:2 35
5:12 83

Wisdom

2 137 (P.22) n.1
7:16 46
11:21 103

Ecclesiasticus

11:21 93
11:35 83
13:21-23 69
19:2 (cited as "Sap. 19") 43
29:29 62
30:27 66
31:8 62
31:8-9 63
31:32 85
42:16 142
44:21 93 and S. 6 *passim*
46:1-2 35
50:7 139
50:29 36

Isaias

1:3 91

3:12 33
4:3-4 78-79
5:20 53
13:10 51 n.21
14:12-13 89
14:15 89
23:4 99
34:4 51
40:6 17, 34, 140-141
53-8 46
60:5 49
63:1-7 22, 132 n.1, 133 n.9

Jeremias

2:22 86
10:9 60-61

Lamentations

2:12 32

Ezechiel

106 n.57
1:6 107
32:7 141

Daniel

4 91
5 49
10:11 104
12:3 52
13 98

Osee

1:2 98

Joel

2:10 6, 53

Jonas

1:3 98

Habacuc

3:11 144
3:18 34

Zacharias

9:11 106
9:17 43

Malachias

3:1-2 106

St. Matthew

1:1 37
1:21 32, 37-38, 136 n.8
2:1-2 48
2:1-12 111 n.1
2:2 45 and S 2 *passim*
2:9 49-50
2:10 48
2:11 48
3:9 99
3:11 80
3:13-17 111 n.1
5:18 39
6:20 69
8:29 31
9:9 98
9:24 108
11:19 98
11:28 72
11:28-30 69
11:29 40
15:14 53
16:17 100
16:20 37
19:22 67 n.48
19:23-24 67
21:1-17 113 n.1
21:13 97 n.16
24:29 53-55
25:40
70 n.56
26 69
26:74 99

St. Mark

2:22 86
5:39 108
11:17 97 n.16

St. Luke

1:22-23 99
1:26-28 135 n.1
1:31 38
1:34 41-42
1:38 41
1:46 41
2:12 6, 52
2:19 31
2:21 38
2:34-35 52
2:48 41
4:1-2 101
4:3 101
6:20 60
6:39 53
8:52 108
10:30 91
13:19 74
16:19 57 and S. 3 *passim*
16:20 58
16:22 66
16:24 67
16:25 67
18:39 102
19:46 97 n.16
21:25 52
22:19 76
22:24 99

St. John

1:17 36
1:29 111 n.1
1:36 111 n.1
2:1 29-30
2:1-3 29
2:1-11 111 n.1
2:3 29 and S. 1 *passim*
2:4 29 n.3
2:5 41
2:6 32
2:11 30
3:11 49

3:17 (cited as "Jo. 1") 35
7:22 96
8:34 90
13:1 73
13:3-4 73
13:4-5 81
13:8 73-74
13:14-15 73
16:28 31
18:10 98
19:19 75, 106
19:34 82

The Acts of the Apostles

4:10 37
4:12 37
6 69
8 69
9:8-18 99

Romans

1:4 32
8:3-4 104
8:6-7 99
8:16 99 n.23
8:29 33, 94

I Corinthians

1:18 74
1:20 85
1:21 98
1:30 35
2:2 34
3:11 39
11:23-24 76
12:3 38
12:29 64 n.35, 98
13:1 47, 72
13:4 68
13:7 68
15:41 54
16:22 38

II Corinthians

8:9 33
10:3 104

Galatians

2:11 99
2:19 103
2:20-21 93
4:22-26 94-95
5:24 102
6:14 74 n.10

Ephesians

1:5 32

Philippians

2:10 34, 124 n.5
3:20-21 40

Colossians

2:3 33

I Timothy

3:16 101
6:9 96
6:10 96
6:11 96
6:17 68

II Timothy

2:1 77
2:3 77

Hebrews

7:19 35
13:14 62

St. James

1:11 140

I St. Peter

2:11 101
4:1-2 103

I St. John

1:3 38
2:16 58
5:8 82 n.41

Apocalypse of St. John the Apostle

1:5 82
2:17 38
3:7 97
8:11 53
9:1-2 53
12:1 (cited as "Apoc. 14") 141-142
13:18 40
19:10 34
19:11 106
19:13 106
19:16 106, 109
21:6 38-39

Index of Names

In this index, the names of Biblical persons are listed in the forms used in the Douay-Rheims translation; the names of classical and medieval authors are given the forms used by the U.S. Library of Congress.

Aaron, 64
Abraham, 66-67, 69, 71, 94, 99-100, 145-146
Absinthium, 53
Acmonides, 83 n.46
Adam, 108
Agathocles, King, 105 n.52
Alanus de Insulis,
  Anticlaudianus ("Liber qui *Paradisus* dicitur"), 60
  De planctu Naturae, 81
Albinus (a character in Alcuin's dialogue), 10 n.23, 137 (P.22) n.1
Albinus (referred to in Pseudo-Boethius' *De disciplina*), 97
Albumasar (Abu Ma'shar), *Introductorium majus* (tr. John of Seville), 42
Alcuin, *Pippini Regalis disputatio cum Albino scholastico*, 9-11, 18, 21, 137 (P.22) n.1
Alexander (author of a commentary upon Ecclesiastes: possibly Alexander Neckham), 42
Alexander the Great, 86
Alfraganus: See al-Farghani
Ambrosius (St.), 124 n.1, 141
  Ad viduis, 58
  De Helia et jejunio, 43 n.53, 101-102
  De Nabuthae, 59, 63
  De virginibus, 31, 62, 141
  Expositionis in Lucam, 58
  Hexameron, 85, 140
Amon, 61
Ananias, 69, 99
Anselmus (St.) ("in quadam Oratione sua"), 109
Antichristus, 78
Antispiritus, 78
Aram, 146
Arcturus (also cited as "Arturus"), 54
Ares: See Mars

Aristoteles, mentioned as "The Philosopher," 55
  De caelo et mundo, 40
  Ethica Nichomachea ("Liber ethicorum"), 99, 139, 142-143
  Libri Physicorum, 16, 71, 102
Pseudo-Aristoteles, *Secretum secretorum* ("Epistola ad Alexandrum"), 86
Arrius, 86-87
Arsenius, 6, 52
Athens, 87
Augustine (St.), 17, 29 n.3, 103, 120 n.3
  De civitate Dei, 32, 58
  De doctrina Christiana, 45-46, 71
  De Trinitate, 81
  Epistolae, 59, 80
  Sermones, 33-34, 67-69, 74-75, 80, 102 n.41
  Tractatus in Evangelium Johannis, 73, 81
Pseudo-Augustine, "Sermo ad juvenes," 104
Averroes ("Averoyz"), 55

Bachus, 59
Bacon, Roger, 5, 7, 9, 42 n.47, 51 n.21
Balaam, 69
Balbi, Giovanni, *Catholicon*, 105 n.54
Balbus, John: See Balbi, Giovanni
Bale, John, 1-2, 7
Baltasar, 49
Bede (St.),
  De arte metrica, 38-39
  De tabernaculo et vestibus sacris, 29, 39
  De temporum ratione (cited as "De temporibus"), 17, 144
  Exposition in Evangelium St. Matt., 37 n.30
Benedict (St.), 6, 52
Bernard de Clairvaux (St.), 5, 96 n.9
  De consideratione ... ad Eugenium III, 105
  Sermones de tempore, 29, 32, 90-91

Sermones in Canticum Canticorum, 19, 30, 34, 36-37, 137 (P.20) n.1
Sermones super "Missus est", 41-42
Bernard of Chartres, 97 n.13
Boethius, 5
    De arithmetica, 17, 146-147
    De consolatione Philosophiae, 9-10, 17, 51, 57, 62, 69, 85
    De musica, 17, 142 n.12
Pseudo-Boethius, *De disciplina scholarium*, 16-17, 43, 45, 71, 97, 101, 107
Bonaventura (St.), "Legenda major St. Francisci," 37
Bozon, Nicole, 8-10, 127 n.1, 128 n.5, 129 n.6, 138 nn.1-5
    Contes moralisés, 9-10
    "Nine Verse Sermons," 8, 10-11, 18, 22-23, 127 n.1, 138 n.1
Brontes, 83
Brown, Carleton, 19 n.43, 21, 115 n.1, 118 n.1, 121 n.2, 123 n.1, 127 n.1, 129 n.6, 133 n.9
Byrinekoc, 138

Callio, 68
Cambridge, 1
Cana of Galilee, 29-30, 47 n.10
Cancer, 144-145
Capella, Martianus: See Martianus Capella
Pseudo-Cato (Cato, Marcus Porcius), Maxims, 104
Catton, Walter, 5
Ceres, 59
Chanaan, 116
Charybdis, 60
Chatton, Walter: See Catton, Walter
Chaucer, Geoffrey, 44 n.55, 122 n.1, 134 n.2
Chauntecleer, 44 n.55
Cheftondu, 138 n.1
Chrysippus, 105
Chrysologus, Petrus: See Petrus Chrysologus
Chrysostomus, Joannes (St.), "Sermo de Ascensione" (tr. Anniani Celedensis), 89
Cicero, Marcus Tullius (cited as "Tullius"), 50
    De amicitia, 54
    De oratore, 46, 87 n.59
    Paradoxa Stoicorum (cited as "De paradoxis"), 62
Pseudo-Cicero, *Rhetorica ad Herennium* (cited as "Rhetorica secunda"), 71

Codrus, 38
Crete, 48

Daniel, 49, 98, 104
David, King of Israel, 47, 61, 80, 94, 112, 114, 135-136
Degginger, Stuart H. L., 21, 23
Pseudo-Dionysius Areopagita, *De mystica theologia*, 72
Dioscorus, 80
Dis Pater: See Pluto
Dominic (St.), 6, 53
Duns Scotus, Joannes, 5

Edmund Rich, Abp. of Canterbury (St.), 3-4, 12, 18, 57 and S. 3 *passim*
Edward Rich ("Edwardus Dives," father of Edmund), 62
Egypt, 103, 115
Elias, 101, 139-140
Elisabeth (cousin of the Virgin Mary), 41, 136
Eliseus, 6, 35, 52
Emden, Alfred B., 2 n.4, 3 n.6, 5
Epicurus, 59 n.12, 59 n.14
Euclides, *Elementa*, 142
Eulalius, 6, 52
Eustratius, A Commentary on Aristotle's *Ethica Nichomachea* (tr. Robert Grosseteste), 99 n.25
Eve, 120
Ezechiel, 48

al-Farghani (cited as "Alfraganus"), *Differentie scientie astrorum*, 51
Fermor family, 11
Fortunatus, Venantius Honorius Clementianus, "Vexilla regis prodeunt," 82, 112 n.1
Francis of Assisi (St.), 6, 37, 52

Gabaon, 145
Gabriel the Archangel, 38, 64, 120, 123, 135-136
Galilee, 29-30, 135
Gehenna, 67
Gemini, 145
Gerard of Cremona, "Prologus *Almagesti*," 89
Giezi, 98
Gneuss, Helmut, 1 n.1, 5, 19 n.43, 20-21, 23, 117 n.1, 120 n.1, 130 n.1, 131 n.9

Gower, John, *Confessio amantis*, 132 n.2

Gratianus, *Decreta*, 43, 65

Greene, Richard L., 21, 113 n.1

Gregorius I Magnus (Pope and St.), 17, 54, 134 n.1
    40 Homeliae in Evangeliis (cited in one instance as "Moralia"), 39, 50, 60 n.17
    Moralia in Job, 16, 40, 54, 61, 78-86, 96, 104

Gregorius Nazianzenus (St.), *Orationes* (tr. Tyrannius Rufinus), 57, 78, 80, 85, 87

Gregorius X (Pope), *Constitutiones*, 34-35

Grosseteste, Robert (usually cited as "Lincolniensis"), 10
    Dicta, 16, 71, 74-75, 84-85, 100, 102-103
    Epistolae, 9, 11 n.28
    Hexameron, 51
    Sermones, 93

Hailperin, Herman, 31 n.9

Mount Hebal, 53

Heber, Richard, 11

Hendyng, *Proverbs*, 9

Hereford, 2-4, 6-7, 117 n.1

Hermannus Contractus, 122 n.1

Herod, King of Israel, 48, 111

Hieronymus (St.), 9, 48, 55
    Adversus Jovinianum, 65
    Commentarius in Isaiam, 51
    Epistolae, 17 n.40, 30, 36, 66-67, 104 n.46, 140
    Tractatus in librum Psalmorum, 36

Hilderbertus, Archbishop of Tours,
    Epistolae, 16, 42, 65, 78, 87
    Carmina, 40 n.38

Holkot, Robertus, 5
    Convertimini, 9-10
    Moralitates, 10 n.21

Horatius, *Satirae*, 62

Hrabanus Maurus,
    Allegoriae in Sacram Scripturam, 83 n.47
    Commentarius in Matthaeum, 37
    De naturis rerum (cited also as "De mistica rerum significatione"), 58, 83

Hue de Tabarie, 8

Hugh of Hartlepool, 12 n.30, 13

Hugo de Sancto Charo, 32 n.12, 82

Hugo of Saint Victor,
    De arca Noe moraliter (cited as "De archa sapientie"), 75, 79

"De arra anime," 76

Didascalicon de studio legendi, 49, 72 n.5, 96-97, 100, 103-105

De laudibus caritatis, 76

Huggucio Pisani, *Magnae derivationes*, 105

Hyades (see also "Pleiades"), 54

India, 98 n.20

Isidorus (St.), 17
    Etymologiae, 86, 95, 105
    Sententiarum (cited as "De summo bono"), 39

Israel (place name), 35, 37, 52, 91, 114

Jacob (Patriarch; also called "Israel"), 37, 49, 92, 136

Jacobus de Varagine, *Legenda aurea*, 47, 93, 106 n.56, 107 n.2, 111 n.9

Jericho, 61

Jerome (St.): See Hieronymus (St.)

Jerusalem, 36, 48, 78-79, 94

Jesus Christus,
    Attributes: Annointed one, 77; Creator, 123, 129; Filius Dei, 31-34, 46, 90, 101, 122, 126, 135; Judge, 22, 117, 119, 126, 130-132; King, 22, 48-49, 114, 126, 130-131, 135; Physician, 95, 104, 135; Redeemer, 113-114, 122, 123-124, 124-125, 126, 129-130, 130-131; Saviour, 36, 135; Sol, 51; Son of Mary/Father of Mary, 118, 123; Tree of Life in Paradise of the Church, 75; erbum Dei, 31, 33, 47, 106; Warrior, 123, 132
    Exemplar of Charity; teachings against avarice, 65, 69-70, 96
    Exemplar of Evangelical Life of Poverty, 6, 33, 52
    Life: Prophecies concerning, 34, 42; Annunciation, 38, 135-136; Nativity, 22, 111; Circumcision, 93 and S. 6 *passim*; Epiphany, 47 and S. 2 *passim*; Baptism, 47, 111; Fasting in the Wilderness, 101; Miracle at Cana, 29 and S. 1 *passim*, 47, 111; Last Supper, 73 and S. 4 *passim*; Passion, 22-23, 71-72, 119, 129-130, 133; Resurrection, 133; he cross, 71-72, 74-75, 102-103, 112-113, 115-116, 133; His blood, 76, 82; His testament, 105-106; His chartes, 118
    Name, as object of devotion, 16, 30, 32, 34-35, 38-39, 137

Jesus, son of Josedech: See Josue, son of Josedec

Jesus, son of Nave: See Josue, son of Nun

Jesus, son of Sirach, 35-36

Joannes XXII (Pope), 6, 11 n.28

Joannes of Damascus (St.),
   Dialecta, 50 n.19
   De fide orthodoxa (cited as "Sententiae"), 50, 94, 144

Johannitius (Hunayn ibn Ishaq al-'Ibadi), *Isagoge in Tegni*, 95

John of Salisbury, *Policraticus*, 16, 63-64, 72 n.5, 96-100, 102-104

John the Baptist, 6, 47, 52, 80, 92, 111

John the Evangelist (sometimes simply "the Evangelist"), 29-30, 49, 58, 81, 141

Jonas, 98

Jordan River, 15, 36, 47, 101

Jordanus Nemorarius, *De ponderibus*, 17, 143

Josaphat, 48

Joseph, husband of Mary, 135

Joseph, son of Jacob, 49

Josue, son of Josedec, 35-36

Josue, son of Nun, 35-36

Juda (place name), 35, 48, 94

Juda (Patriarch), 85

Julian, John, 112 n.5

Julianus, Emperor of Rome, 99

Jupiter, 55

Juvenalis, Decimus Junius, *Satirae*, 59

Kokenplu, 138 n.1

Lamuel, 31

Lazarus, 58, 67-68

Leland, John 1, 7

Leo, 144

Leo I, the Great (Pope), Sermones, 46

Levy, Brian J., 138 nn.1-5

Libra, 141

Little, Andrew G., 2-4, 11 n.28, 21

Lot, 16, 69

Lucanus, Marcus Annaeus, *De bello civili*, 59

Lucifer (also called "Satan," "Temptator" and "the veonde"), 89, 107, 120, 122

Lucrecia, 44

Luke (St.) (also cited as "the Evangelist"), 22, 107, 135-136

Malachy of Ireland, 9-10, 11 n.28

Mannyng, Robert, of Brunne, 22

Map, Walter, "Epistola Valerii ad Rufinum," 9, 43-44, 65, 86-87

Marcellinus, 59

Mardochai, 146

Marie de France, 22

Mars ("Ares"), 55, 141

Martianus Capella, *De nuptiis Philologiae et Mercurii*, 17, 139

Martinus (St.), 99

Martinus IV (Pope), 11 n.28

Mary, the Blessed Virgin, 8, 20, 22-23, 29-31, 38, 40-43, 47-48, 51-52, 57, 64, 92, 108-109, 118-120, 120-121, 122-123, 124, 125, 126, 135-136

Matthew (St.) (also cited as "the Evangelist"), 48, 98

Mercury, 55

Moses, 35-36, 64, 99, 145

Naaman, 15, 78

Naboth, 69

Nabuchodonosor, 91

Nazareth, 135

Neckam, Alexander, 42 n.45

Nicholas (St.), 92

Nicolaus de Lyra, 31 n.9

Noe, 43

Nun (also called "Nave": father of Josue), 35

Ofellus, 105

Mount Olympus, 131 n.6, 139

Orion, 54

Osee, 98

Ovidius Naso, Publius,
   Ars amatoria, 143
   Epistolae ex Ponto, 100
   Fasti, 83 n.46

Pseudo-Ovidius, *De vetula* (cited as "De mutacione vite"), 42

Oxford, 2-6, 12-13, 93

Palmer, Thomas, Hibernicus, *Manipulus florums*, 50 n.15, 60 n.15, 60 n.18

Paris, 2, 4, 12, 65, 79, 79 n.26

Paris, Matthew, 79 n.26

Parmenides Eleates, 103

Patuvius, 86-87

Paul (St.) (cited as "the Apostle"), 33-34, 39-40, 49, 64, 68, 76-77, 85, 93, 96, 98-99, 104

Payne and Foss, Booksellers, 11

Peckham, John, 77, 95

Pelster, F., 1, 4

Penelope, 44

Peter (St.), 37, 74, 98-99, 101

Peter of Blois, "Epistolae," 68

Petrus Chrysologus (St.) (cited as "Petrus Ravennas" or "Petrus Ravennatensis"), 16, 43, 61-62, 69-70

Petrus Comestor (cited as "Magister Historiarum"), *Historica scholastica*, 50

Phillipps, Thomas (Sir), 11

Phinees, 98

Pilate, 106, 116

Piracmon, 83

Plato, 81, 105

Pleiades (see also "Hyades"), 54

Pluto (cited as "Dis" and "Dives"), 59

Primasius, *Commentarius in Apocalypsin*, 40

Priscianus, 38 n.31

Ptolemaeus, *Almagestum* (tr. Gerard of Cremona), 17, 51, 89, 140, 142, 144

Pyracmon, 83

Quintilianus, Marcus Fabius, *Institutiones oratoriae*, 72, 97

Rabanus Maurus: See Hrabanus Maurus

Rashi: See Solomon ben Isaac, Rabbi

Remigius (St.), 92

Rich, Edmund: See Edmund Rich

Richard de Fournival, 42 n.47

Ridevallus, Joannes, 4, 5

Robbins, Rossell Hope, 21, 113 n.1

Robert de Basevorn, *Forma praedicandi*, 12-13, 14 n.36

Robinson, William H., Ltd., 9 n.18, 11

Roger of Wesham, 11 n.28

Rouse, Mary A., 60 n.18

Rouse, Richard H., 60 n.18

Rufinus, Tyrannius, "Prologus *Apologetici Gregorii Nazianzeni*," 87

Samson, 99

Saphira, 69

Saturn, 48-49, 55

Saul, King of Israel, 64, 69, 98

Schirmer, W. F., 21 n.48

Secundus of Athens, 21, 49

Sedulius Paschalis, 111 n.1

Seneca, Lucius Annaeus, *Ad Lucilium epistulae morales*, 59-60, 67

De ira, 83

De remediis fortuitorum, 68

Septentrione: See Ursa major

Serjeantson, Mary S., 23 n.53

Serlo of Wilton (cited as "quidam sapiens"), 92, 137 (P.21) n.1

Severus, Sulpicius, *Vita S. Martini*, 99 n.21

Shorelok, 138

Sidon, 99

Simeon, 52

Simon de Fresne, 9-10

Simon de Montfort, 11 n.28

Simon de Tournai, 79 n.26

Simon Magnus, 69, 98

Simon of Gaunt, 12 n.30, 13

Mount Sinai, 94

Smalley, Beryl, 4-5, 10 n.21

Socrates, 81-82

Solomon, 31, 35, 42, 44, 48

Solomon ben Isaac, Rabbi ("Rashi") (his work cited as "Glossa Hebraica"), 31 n.9

Solon, 103-104

Statius, Publius Papinius, *Silvae*, 83 n.46

Steropes, 83

Themistocles, 104

Tersites, 81-82

Thabit ibm Qurra (cited as "Thebit"), *De hiis quae indigent antequam legatur Almagesti*, 51

De quantitatibus stellarum, 51 n.21

Theodulfus, Bishop of Orleans, 113 n.1

Theodulus ("unus poete"), *Eclogam*, 48

Thomas the Apostle, 98

Thomas Becket (St.), 16, 139 and S. 7 *passim*

Thomas "of Eccleston," 2, 7

Thomas Wallensis, 5

Ticonius, "Super Apocalypsin," 40

Trevisa, John 134 n.2

Trussebut, John, 1

Twici, Guillaume, 8

Urias, 80

Ursa major ("Septentrione"), 51

Valerius Maximus, *Facta et dicta memorabilia*, 104 n.45, 105 n.52

Venus, 55

Victorinus, "Super Apocalypsin," 40

Vincent de Beauvais, *Speculum morale*, 143 n.19

Vergilius Maro, Publius, *Aeneis*, 63 n.32, 83 n.46, 98 n.19

Bucolica, "Eclogus 4," 48-49

Vretebœde, 138

Wadding, Luke, 1
Walter de Bibbesworth, 8, 10
Walther, Hans, 76 n.17
Warton, Thomas, 11
Whystlebóne, 138
Wieland, Gernot R., 125 n.5
William de la Mare, 31 n.9

William of Alnwick, 5-6
William of Ockham, 5-6
Wilmart, André, 76 n.17
Witelo, *Perspectiva*, 17, 142
Wood, Anthony, 3 n.6

Zachary, 99